图书馆资源建设与古籍整理修复

逄金英／著

中国商业出版社

图书在版编目（CIP）数据

图书馆资源建设与古籍整理修复 ／ 逄金英著.
北京 ： 中国商业出版社，2024.9. -- ISBN 978-7-5208-3160-4
Ⅰ．G25
中国国家版本馆CIP数据核字第20240W9Z75号

责任编辑：许启民
策划编辑：武维胜

中国商业出版社出版发行
（www.zgsycb.com　100053　北京广安门内报国寺1号）
总编室：010-63180647　编辑室：010-83128926
发行部：010-83120835/8286
新华书店经销
福建省天一屏山印务有限公司印刷

★

787毫米×1092毫米　16开　14印张　247千字
2024年9月第1版　　2024年9月第1次印刷
定价：68.00元

＊＊＊＊

（如有印装质量问题可更换）

前　言
PREFACE

图书馆是知识的宝库，古籍则是宝库中的珍宝。随着时代的变迁和社会的发展，图书馆资源建设的重要性日益凸显。在数字化、信息化、智能化的时代背景下，图书馆的资源建设面临着更多的挑战和机遇。如何更好地收集、整理、保存和利用图书馆资源，成为当代图书馆建设的重要课题。与此同时，古籍的整理与修复工作也显得尤为重要。这些古籍不仅是前人智慧的结晶，更是后人学习和传承知识的重要载体。只有通过科学的整理和修复，才能让这些古籍得以永久保存，为后人提供宝贵的精神财富。

本书对图书馆资源建设和古籍整理修复进行了深入的研究和探讨。首先，对图书馆的基本认识，包括其产生及发展、定义和类型以及构成要素和社会属性。其次，对图书馆信息资源建设进行了深入研究，涵盖信息资源的采集与配置、布局与整合以及共建共享。在新环境下图书馆资源建设部分，本书先探讨了数字资源、智慧资源以及短视频资源的建设。接下来，深入探讨了图书馆古籍及其开放服务，包括古籍的源流及种类、载体与形制以及图书馆中的古籍资源开放服务。此外，还详细讨论了图书馆古籍的整理工作，包括古籍版本的鉴别、采访与编目以及古籍整理的现代化发展。最后，研究了图书馆古籍保护与修复，包括古籍载体的损坏分析、保护策略、不同保护技术、修复原则与技法等。

本书旨在为图书馆资源建设和古籍整理修复提供全面的理论和实践指导，为相关领域的学者和研究人员提供有价值的参考，以促进图书馆事业的健康发展，为文化的传承与保护贡献力量。

笔者在写作本书的过程中，获得了许多专家和学者的帮助与指导，在此表示衷心的感谢。由于笔者的能力有限，加之时间紧迫，书中可能还存在一些不足之处，希望读者能够提供宝贵的意见和建议，以便笔者进一步修订，使本书更加完善。

目 录
CONTENTS

第一章 对图书馆的基本认识 01

第一节 图书馆的产生及发展 02

第二节 图书馆的定义及常见类型 08

第三节 图书馆的构成要素及社会属性 18

第二章 图书馆信息资源建设研究 27

第一节 图书馆信息资源建设概述 28

第二节 图书馆信息资源的采集与配置 33

第三节 图书馆信息资源的布局与整合 43

第四节 图书馆信息资源的共建共享 50

第三章 新环境下图书馆资源建设研究 59

第一节 图书馆数字资源建设 60

第二节 图书馆智慧资源建设 63

第三节 图书馆短视频资源建设 68

第四章 图书馆古籍及其开放服务 77

第一节 古籍的源流及种类 78

第二节 古籍的载体与形制 91

第三节 图书馆中的古籍资源 99

第四节 图书馆古籍资源开放服务 ... 101

第五章 图书馆古籍的整理工作 ... 105

第一节 古籍整理的意义及作用 ... 106

第二节 古籍版本的鉴别工作 ... 109

第三节 古籍的采访与编目 ... 124

第四节 古籍整理的现代化发展 ... 142

第六章 图书馆古籍保护与修复研究 ... 155

第一节 古籍载体的损坏分析 ... 156

第二节 古籍保护的方针及策略 ... 161

第三节 古籍保护的不同技术 ... 164

第四节 古籍修复的设备、工具与材料 ... 193

第五节 古籍修复的原则及技法 ... 200

结束语 ... 213

参考文献 ... 215

第一章
对图书馆的基本认识

图书馆,作为人类文明的载体,自古至今都承载着人类知识的沉淀与智慧。本章系统地阐述了图书馆的产生及发展历程,明确了其定义及常见类型,并深入剖析了图书馆的构成要素及社会属性。

第一节 图书馆的产生及发展

图书馆自产生以来，至今已有5000多年的历史，经历了古代图书馆、近代图书馆和现代图书馆三个时期的演进历程，汇集了极其丰富的图书文献，成为人类知识的宝库。每个阶段的图书馆，其形态、特征、作用都各不相同。

一、图书馆产生的原因分析

图书馆是人类社会在发展过程中衍生出的产物，其产生的必要条件是人类社会对于信息交流的需求，而社会生产力水平的不断提高则为图书馆的产生提供了基本保障。随着文字的产生和图书文献的出现，图书馆应运而生了。

（一）产生前提——人类信息交流的需要

人类信息交流主要是指人与人之间的信息交流，即社会信息的交流。社会信息的内容十分庞杂，凡是人类社会活动所产生的信息都可以称为社会信息。社会信息交流是人类社会存在和发展的动力。

人类信息交流的形式可以归纳为两种：直接交流和间接交流。直接交流指的是人们通过直接接触进行的信息交换，而间接交流则是指人们通过辅助工具进行间接接触所产生的信息交换。

直接交流的优越性在于生动、直观、感受性强。直接交流的媒介主要是语言，此外还有动作、表情等体态语言。直接交流的过程是人的感觉器官和运动器官综合作用的结果。在直接交流时，人们获取的信息也是综合性的，许多"只可意会，不可言传"的信息，也只能靠直接交流获取。而且，直接交流无须任何工具就可以进行，所以，比较方便、迅速、反馈及时。

但是，直接交流的局限性也是十分明显的。首先，它受时间和空间的限制。在异时异地，如果不能借助工具，直接交流就无法进行。其次，它的信息存储受到限制。人类直接交流的信息是大量的，但对它们的存贮却是有限的。没有存储起来的交流信息，就会随着时间和空间的演变而消散，无法重现。最后，直接交流受到语言本身的局限。由于民族地域的不同，语言的种类及语言的语音各有不同，因此，使用不同语言的人和同种语言不同发音的人，在进行直接交流时会受到限制。

正因为直接交流存在上述局限性，所以间接交流发展起来。间接交流的优越性，恰恰是直接交流的局限性，反之亦然。间接交流与直接交流的最大区别就在于，它要借助工具才能进行。

图书馆作为一种工具，正是为适应人类间接信息交流需要而产生的，因此，人类信息交流的需要是图书馆产生的前提。

（二）直接原因——文字和文献的产生

人类在征服自然、改造自然的社会实践中，创造了一种能有效地用来记忆和交流信息的符号——文字。人类发明文字，是五六千年之前的事，人们用文字记载他们的经验和知识。文字作为辅助工具的优点就在于，它能克服时间和空间的限制。此外，它还具有一定的稳定性，因而，用文字记载的文献，哪怕经过几十年、几百年，甚至几千年，人们还能够看得到、看得懂。

文字的出现必然伴随着相应的载体。在早期，除了甲骨和金石之外，竹和木是使用时间最长、最广泛的记录文字的材料。随着文字数量的不断增加，人们用文字表达的思想内容也变得更加复杂。当人们能够用文字完整地表达思想和感情，准确地记录事物的时候，最初的图书也就随之产生了。我国最早的正式图书就是写在用竹片和木板制作的简策和版牍上面的。随着图书的出现，如何整理、保存和利用这些图书成为一个问题。为了满足一定的需要，将一批图书保存起来的场所，就是最初的图书馆。因此，图书馆直接起源于保存图书的需要。一般来讲，人们将图书以及图书以外的各种附着在载体上的记录统称为文献。文献的外延要比图书大得多。因此，图书馆的实际收藏对象，确切地说，应当是文献、信息。现在我们可以看到这样的发展逻辑：文字是使人类社会发展到目前程度的必要条件，没有文字，也就没有现代的社会文明；而文字的功用是通过文献体现出来的，文献又是通过图书馆保存、利用的（图书馆是社会上担负文献保存的主要机构）。所以，图书馆就是人类文明的标尺，也可以这样说，文字的产生和文献的增多是图书馆产生的直接原因。

（三）推动力量——人类记忆的延伸

记忆是人类最基本的心理过程之一，是过去经验在人脑中的反映。从信息加工的角度来看，记忆是对输入信息进行编码、存储和提取的过程，是智力发展的必要条件。人们通过记忆将经验保存在自己的大脑中，并在需要时提取出来，以此为基础进行思维和想象活动。这些思维和想象的结果再次被存储为经验，成为进一步思维和想象的基础。记忆的功能在于能够使人的思维逐步深化、复杂化和抽象化，推动人的智力向更高水平发展。如果没有记忆，人对以前感知的事物就会变得陌生，无法进行思维和想象活动。因此，一个人失去记忆会在很大程度上失去自我；同样，一个社会如果失去了"社会记忆"，就无法进步和发展。

但是，记忆有其固有的局限性，就是它的对立面——遗忘。因此，人们在进行思维和想象活动时，总是要不停地同遗忘作斗争，以求得到长久的、稳定的记忆。当人们面对丰富的实践活动所带来的多种多样的经验，感觉到仅仅通过个体的记忆无法保存这么多实践经验的时候，便开始想办法借助工具来保存记忆了。在文字尚未出现之前，古人通过"结绳记事""刻本记事"等方式来记录和总结先前的经验。文字出现之后，人们开始利用文字来记录和传承经验，从而确保记忆得以延续，这也导致了文献的产生。文献的出现不仅增强了人们对过往经验的记忆，而且其作为思维的直接表现形式，也为人类智慧的积累和传承提供了重要的载体。图书馆的功能是负责对文献信息进行采集、整理、存储和利用，可以说，图书馆的产生是对人脑功能的一种无意识模仿，是人脑功能延长的初级形式，而电子计算机的问世，则可以说是对人脑功能的自觉模拟，是人脑功能延长的高级形式。图书馆使人类的文化得以保存和继承，在人类社会的进步过程中，起到了"记忆"人类共同经验的作用。

（四）基本保证——社会的发展与进步

生产力的发展是推动社会前进的根本动力，人类社会离开了生产力水平的提高很难取得进步。文字和文献的产生，本身就是生产力发展的结果。

首先，生产力的发展为文字和文献的产生提供了必要的前提。人们为了组织社会生产和生活，进行行政管理、记录生产经验、进行统计等，对文字的产生提出了要求。

其次，生产力水平的提高为文字和文献的产生提供了物质基础。书写工具和书写载体的出现，为文字和文献的产生提供了物质基础，不论这种工具和载体多么简陋，它们的出现本身就标志着人类社会文明的进步。

最后，社会生产力的提高为图书馆专职人员的出现创造了条件。图书馆活动并不直接创造物质财富，这种精神领域的活动之所以能够产生，只能是社会生产力有了一定的提高，社会的物质产品除了满足人类维持生存的基本需要之外还有剩余的结余。在这种条件下，部分人能够脱离物质生产劳动而生存，从而去从事精神领域的活动。而且随着生产力水平的提高，文献的生产、积累达到了一定的数量，客观上要求要有专门的机构和人员来收集、整理、保存各种文献，于是便产生了新的社会分工，图书馆专职人员正是在社会需要与生产力发展水平提高的基础上产生的。

综上所述，人类信息交流的需求以及为克服人脑记忆功能局限性的需求，构成了图书馆产生的必要前提。文字和文献的出现，则直接推动了图书馆的产生。而社会生产力的发展，则是图书馆产生的基本保证。在以上各个因素的共同作用下，图书馆的产生成为了人类历史上一件具有深远意义的大事，图书馆从诞生之初，便与人类文明紧密相连，其发展与演变，始终代表着人类文明进步的重要标志。

二、图书馆的发展

（一）图书馆发展的影响因素

图书馆的发展受到多方面的影响，需要社会各方面的支持和合作，这样才能实现可持续发展。

1. 发展的基础：社会生产力的发展

人类社会进步，离开了生产力的发展，是不可能实现的。生产力的发展是推动社会前进的动力，也为图书馆的发展提供了必要的物质条件。生产力的发展使人们生产出了较之甲骨、青铜器、简牍、缣帛更为轻便而廉价的纸张、胶片、磁带和光盘等，使文献的生产技术有了巨大的发展，文献的数量也迅猛增长。从古代的藏书楼到现代的图书馆大厦,从图书馆原始的简单而繁杂的手工劳动到图书馆自动化的实现,以及电子计算机、光学技术、声像技术和现代通信技术在图书馆的应用等,无一不是与生产力发展紧密相连。因此,图书馆的发展,在很大程度上是由社会生产力的发展水平决定的;图书馆的发展,是随着人类社会发展的进程而发展的。

2. 发展的基本动力:科学技术的发展

科学技术作为推动社会进步的重要力量,自其诞生之初就与图书馆建立了紧密联系。图书馆为科学技术的发展提供了丰富的研究成果和数据,为其创新提供了重要的支持。同时,科学技术的发展也为图书馆提供了新的文献信息、技术和方法,推动了图书馆的现代化和数字化进程。这种相辅相成、互相促进的关系,使得科学技术与图书馆在推动社会进步中发挥着不可替代的作用。

人类知识是历史长河的积累,是一代又一代人在认识和改造社会、改造自然的斗争中的经验总结。每一代人都是把前人或别人认识的终点作为自己认识的起点,然后通过自己的再实践获得新的认识,探索出新的成果。科学技术的发展都是在继承前人研究成果的基础上进行的,都是在了解、总结前人的成果基础上产生,并以此为基础去攀登新的科学高峰。随着科研成果的产生,凝结了人们聪明才智的新的文献又产生出来。所以,人们在利用图书文献进行科学研究和科学技术交流,以及传递知识,发明新技术、新成果的同时,又产生了新的文献,使文献数量不断增加,进而促进了图书馆规模的不断扩大。由于科学技术的发展,文献的生产技术也随之改进并有了很大提高。文献的生产技术大致经历了手工抄写、机械印刷、电子传递等过程,记录载体也由自然物体(龟甲、兽骨、石头等)发展到人工物体(泥板、纸等),再发展到电子装置。每经历一个阶段,文献的数量都会随之剧增,尤其是随着工业革命兴起,机械化印刷设备的出现使得文献的数量呈指数级增长。这一现象对于近代图书馆的发展产生了巨大的推动作用。

3. 发展的广阔前景:信息时代的到来

随着信息时代的到来和知识经济的悄然兴起,"知识"将在社会发展的进程中起到了越来越重要的作用,而知识的传播、积累和学习均与图书馆工作紧密相关。图书馆的作用将不断扩展,任务将更加繁重。此外,数字化和网络化以及互联网的发展,将从根本上推动图书馆现代化进程,图书馆工作的内容、手段和服务方式都会发生重大变革。

(二)图书馆发展特点的表现

图书馆作为人类社会的特殊产物,它一出现就有其自身的发展特点,主要表现在以下几个方面。

第一,从全球视角来看,图书馆的发展呈现出显著的不均衡特性,其数量的分布状况主要由国家的经济实力和文化水准所决定。在历史长河中,图书馆自雏形初现至今,已历经五千年的岁月。然而,图书馆的演进历程却相对迟缓。直至近代工业革命之后,图书馆的发展才得以迅速推进,而这仅是近百年的历史。在发展的过程中,图书馆与社会的政治、经济、科学、文化及教育等众多领域产生了紧密的联系,并深受其影响和制约。

第二,图书馆由封闭式向开放式发展。在古代,图书馆被少数皇家贵族所把持,只为他们提供服务,对社会大众则是封闭的。而现在,图书馆是对全社会开放的。随着计算机等现代信息技术在图书馆的应用,图书馆的收藏形式更加多元化,传递手段更加网络化,管理也逐步走向现代化,所有这些都大大提高了图书馆的服务能力,使人类的精神财富能够在更广阔的范围内实现资源共享。

第三,图书馆的职能在不断扩大。随着社会生产力的发展和科学技术的进步,图书馆的职能由最初的收藏图书为主发展到现在的开发利用信息为主,这使得图书馆由过去意义上的"藏书楼"发展成为现在的收集、整理、存储和利用文献信息,并成为社会经济服务的"信息中心"。它担负着进行社会教育的职责,是社会的教育中心和学习中心,是"没有围墙"的社会大学。

第四,图书馆的发展始终与人类文明的发展同步。图书馆产生于农业社会,完善于工业社会,在信息社会得到迅速发展。如今,飞速发展的通信技术、计算机技术、多媒体以及数字技术和网络技术,正从根本上改变了图书馆收集、组织、传递和利用信息的方式、方法,同时还将改变图书馆的内部机制、组织结构、服务模式和用户的需求行为。

第二节　图书馆的定义及常见类型

一、图书馆的定义

（一）"图书馆"一词的由来

图书馆的演进与变迁，与社会的经济发展与技术创新有着紧密的关系。以我国古代为例，由于受限于当时的社会条件，图书流通并不广泛，大部分的藏书均由各级朝廷或皇亲贵族所收藏。因此，古代中国都把收藏图书的地方称为"阁""殿""院""堂""斋""楼""轩"等，这些都表示"房屋""处所"。如西汉时，宰相萧何在未央宫正殿北面盖了三座藏书阁，其中"石渠阁"和"天禄阁"后来成了皇家藏书馆的别称。这种情况各个朝代都有，隋代有"修文殿""观文殿"，唐、宋有"崇文院""集贤院"，明代有"澹生堂""天一阁"等。到了近代，随着图书藏书热的兴起，社会上收藏的人越来越多，人们开始把这些藏书的地方称为"藏书楼"，如浙江的"古越藏书楼"等。

西方古代社会图书馆的状况跟我们也差不多。"图书馆"英文为"Library"，含义为藏书之所，源于拉丁文的"Liber"一词。早在公元前3000年时，古巴比伦的神庙中就收藏有刻在胶泥板上的各类记载。最早的图书馆是希腊神庙的藏书之所和附属于希腊哲学书院（公元前4世纪）的藏书之所。现在，我们之所以称"图书馆"，是因为它是一种外来语。1897年，日本的"东京书籍馆"改名为"帝国图书馆"，正式采用了"图书馆"这一名词。不久，"图书馆"一词由日本传入中国。1904年，中国相继出现了以"图书馆"命名的湖南省图书馆、湖北省图书馆。1910年，在清朝政府颁布的《京师图书馆及各省图书馆通行章程》中，明确规定了在中国各地藏书机构应一律采用"图书馆"的名称。自此，"图书馆"的概念与名称就在中国逐渐普及。

（二）图书馆的定义

在古代，人们对图书馆并不重视，研究得很少，人们关注的只是所藏的图书种类以及对图书的整理。到了近代，人们才开始认识到图书馆的作用和意义，开始研究图书馆，并把它的整个活动当作一门科学来研究。图书馆的定义具有广义和狭义之分。广义上，图书馆是对人类社会现象的一种总体描述，这是一般性的图书馆定义，适用于不同的社会制度、国家和时代。狭义上，图书馆是对特定时期、特定社会制度或某些特殊图书馆的具体定义。我们主要关注一般性的图书馆定义，因为它是更广泛的概念，包含了各种不同的图书馆形式。

1. 世界各国对图书馆的定义

世界各国对图书馆的定义各有不同，具体如下。

《英国百科全书》的解释是：图书馆是很多书收藏在一起，主要用于阅读、研究或参考。

美国学者 J.贝克在《情报学浅说》中给图书馆下了这样的定义：图书馆是收集各种类型的情报资料、系统地加以整理并根据需要提供使用的地方。美国图书馆学家巴特勒提出："图书馆是将人类记忆的东西移植于现在人们意识之中的一个社会装置。"美国另一位图书馆学家谢拉认为：图书馆是这样的一个社会机关，它用书面记录的形式积累知识，并通过馆员将知识传递给团体和个人，进行书面交流。因此，图书馆是社会中文化交流体系的一个重要机关。

法国的《大拉鲁斯百科全书》的解释是：图书馆的任务是保存用各种不同文字写成的、用多种方式表达的人类思想资料……图书馆收藏各种类别的、组织起来的图书资料，这些资料用于学习、研究或一般情报。

日本《广辞苑》的解释是：图书馆是收集、保管大量书籍，供公众阅览的设施。

《苏联大百科全书》的解释是：图书馆系统地从事收集、珍藏、宣传和向读者借阅出版物以及进行图书情报工作。

2. 我国对图书馆的定义

在我国，20世纪30年代就有一些图书馆学者相继给图书馆下了定义。刘国钧认为：图书馆乃是以搜罗人类一切思想与活动之记载为目的，用最科学、最经济的方法保存它们、整理它们，以便使社会上一切人使用的机关。

《辞海》中对图书馆的描述是这样的："图书馆是收集、整理、收藏和流通文献资料，以供读者进行学习和参考研究的文化机构。"

《图书馆学辞典》（1958年）对图书馆定义做了如下解释："图书馆系根据其特定需要，收集一切或一些人类文化在科学、技术、艺术及文学各方面所创造的精华记载，用科学的经济的方法整理保存，以便广大人民使用，并进而帮助其接受马列主义为完成社会主义建设所必需的知识的文化中心。"

黄宗忠、郭玉湘、陈冠忠在1960年发表的《关于图书馆学的对象和任务》中认为："图书馆是通过收集、整理、保管、流通和宣传图书资料，为一定的阶级利益和一定的政治路线服务的一个文化教育机关。"

吴慰慈在《图书馆学概论》（1985年版）中提出："图书馆是搜集、整理、保管和利用书刊资料，为一定社会的政治、经济服务的文化教育机构。"而《图书馆学概论》（2002年版）则是这样说的："图书馆是社会记忆（通常表现为书面记录信息）的外存和选择传递机制。换句话说，图书馆是社会知识、信息、文化的记忆装置、扩散装置。"

于良芝在《图书馆学导论》中提出："图书馆应该是这样一种社会机构或服务：对于文献进行系统收集、加工、保管、传递，对文献中的知识或信息进行组织、整理、交流，以便用户能够从文献文体、书目信息及知识三个层面上获取它的资源。"这也正是本书对图书馆概念的理解。

上面虽然对图书馆作了各种各样的解释，但基本观点是一致的，即都认为：①图书馆是收藏图书资料的地方；②图书馆收藏的图书资料供读者使用的。也就是说，对图书馆定义离不开收藏与利用这两部分，收藏与利用已构成图书馆的本质特征。这一本质特征在图书馆的概念中既不会消失也不会改变。图书馆收藏与利用的图书资料，其本质是信息、知识。

综上所述，图书馆这一社会现象是随着社会的进步而不断变化的，任何定义只能反映一定时期的"图书馆"的含义。因此我们给图书馆下的定义也是临时性的，但这并不妨碍我们认识图书馆、建设图书馆，让图书馆更好地为人类服务。即图书馆是对信息、知识的物质载体进行收集、加工、整理、积聚、存储、选择、控制、转化和传递，并提供给一定社会读者使用的信息系统。简言之，图书馆是文献信息的存储与传递中心。

二、图书馆的常见类型

现代图书馆由于设置机制和服务对象不同，导致馆藏资源和服务方式存在差异。这些差异似乎可以将图书馆划分为不同的类型，但实际上这种划分并不严谨。通常的做法是，首先将特征明显的图书馆划分成不同类别；其次将特征不明显或数量相对不多、难以归类的图书馆归为一个特别类别。特征明显的图书馆是指那些按照各自的管理体制、服务对象与馆藏特征等自然形成类别的图书馆，如公共图书馆、高等院校图书馆、学校图书馆、学术图书馆、军事系统图书馆等；而特征不明显的图书馆则是指那些在馆藏与服务上有其专门性的图书馆。值得注意的是，国家图书馆是一个特例，它的数量不多，照理说是难以成类的，加之在管理体制上，各国的国家图书馆也不尽相同，有些国家图书馆更接近于公共图书馆的管理体制，有些国家图书馆则接近于学术图书馆的管理体制，有少数国家用大学图书馆充当国家图书馆，但由于国家图书馆在馆藏与服务功能上有一些共同的特征，所以按照传统，把国家图书馆单独列为一类。

本书所讨论的图书馆类别并不包括所有类别，根据我国图书馆事业的现状，将讨论部分影响面较广的图书馆类型：国家图书馆、公共图书馆、高校图书馆和学校图书馆。

（一）国家图书馆

国家图书馆的主要职责是负责收集和保存本国所有文献的副本，并编制国家总书目。除此之外，国家图书馆还应具有下列全部或部分功能：尽可能多地采集和保存各国有代表性的、最新的文献和文件，承担国家书目信息中心的责任，编制联合目录，指导其他图书馆的管理并促进馆际合作、学术研究和服务。特别要说明的是，一个国家内，国家图书馆可以不止一个，只要具备上述功能的都可以称为国家图书馆。大多数国家图书馆都定位于保存本国文献和收集外国文献，充当国家总书库的职能。因此，其服务定位也大都是面向科学研究和国家决策，但也有部分国家的国家图书馆将满足公众的一般阅读作为自己的服务目标之一。

因此，我们将国家图书馆有别于一般图书馆的功能概括如下。

第一，保存文献。在一个国家的所有图书馆中，国家图书馆的保存功能是最为重要的。国家图书馆应该完整系统地收集本国文献和重要文件，充当国家的总书库；采集和收藏别国有代表性的文献，成为全国的外国文献收藏中心。

第二，编制总书目。由于国家图书馆对本国文献的收藏是最为齐全的，所以国家图书馆应该充当全国的书目中心，除了编制国家总书目外，还应该编制联合目录、回溯性目录等。

第三，推动全国图书馆事业发展。国家图书馆的特殊地位使其成为推动全国图书馆事业发展的中坚力量，在图书馆协作、古籍保护、联合编目、服务联盟等方面发挥着重要作用。此外，其还代表本国图书馆界和读者的利益加入国际图书馆组织，并发出符合本国利益的声音。

（二）公共图书馆

公共图书馆是由社区，如地方、地区或国家政府，或者一些其他社区组织支持和资助的机构，它通过提供一系列资源和服务来满足人们对知识、信息和形象思维作品的需求。社区所有成员都享有其服务的权利，而不受种族、国籍、年龄、性别、宗教信仰、语言、能力、经济和就业状况及教育程度的限制。根据这一定义，公共图书馆有三个特点：①由地方政府或国家政府主办，以公共财政拨款的方式建设和维持运行；②面向所有人服务，是所有人的图书馆；③给予任何人平等的服务。

1. 公共图书馆的目标

公共图书馆作为一个社会机构，必定有其社会使命。在实际运作中，人们通常把对公共图书馆社会使命的理解具体表述为公共图书馆的目标。根据国际图联（联合国教科文组织）发布的《公共图书馆服务发展指南》，公共图书馆的基本作用是通过提供各种形式的资源与服务来支持民众的信息获取与阅读行为，以满足其在教育、个人发展、休闲与娱乐方面的需要。因此，公共图书馆的目标包括以下几点。

第一，支持教育。既支持各级正规教育（包括小学、中学、专科、大学教育等），也支持个人的终身自学（非正规教育）。公共图书馆以资料、空间和服务等方式提供协助，以帮助人们顺利完成学业和终身教育。

第二，满足个人信息需求。尽管信息技术的快速发展已经极大地改变了人们获取信息的方式，但公共图书馆作为地区信息中心的功能并没有消失。对于相当一部分公民来说，公共图书馆是唯一没有门槛的信息中心，它不仅以传统资料的方式提供信息，而且还提供互联网信息服务，从这个意义上说，公共图书馆有助于消除数字鸿沟。

第三，培养个人的阅读习惯。公共图书馆对儿童提供服务，使他们从小获得阅读的机会和训练，这对于培养孩子的阅读习惯十分重要。

第四，提供个人发展的机会。通过公共图书馆提供的富有想象力的作品，以及公共图书馆开展的激发个人创造力的活动，有助于提升个人的发展能力。

第五，构建地区（社区）的公共文化空间。公共图书馆是地区（社区）的文化艺术活动中心，作为一个公共空间，它通过提供场地、组织活动等方式为地区（社区）成员创造参与文化艺术活动的机会。

第六，满足人们休闲娱乐需求。公共图书馆通过提供休闲读物、多媒体资料、文娱活动、休闲场地等方式，满足人们对高品质休闲娱乐服务的需求。

2. 公共图书馆服务的对象

公共图书馆面向所有人服务，这是由公共图书馆的体制决定的。一个由纳税人的税收维持运行的公共图书馆，理所当然面向所有纳税人开放。由于所有公民都是纳税人，包括任何年龄和任何身份的人，所以公共图书馆实际上是面向所有人开放的场所。

公共图书馆面向所有人开放，其意义在于保障所有人获取信息的权利。即使在信息技术高度发达的今天，公共图书馆的这一作用也没有过时，仍然发挥着它独特的作用。2013年国际图书馆协会联合会（简称"国际图联"，International Federation of Library Associations and Institutions，IFLA）发布了《国际图联关于图书馆与发展的宣言》，对公共图书馆在保障民众信息权利方面的作用作了如下阐述：信息获取是人的一项基本权利，可以打破贫穷的恶性循环，并支持可持续发展。在许多社区，图书馆是唯一一个可以让人们获取信息的地方，这些信息有助于改善他们的教育状况，开发新技能，寻找工作机会，建立企业，作出有关农业和健康的明智决策及洞察环境问题。基于公共图书馆这一作用，公共图书馆面向所有人开放不仅具有法理上的必然性，还具有积极的社会意义。

3. 公共图书馆的经费

公共图书馆的经费主要来自公共财政，这是公共图书馆的基础体制，这一体制保障了公共图书馆经费来源的稳定性和服务的公益性。

公共图书馆按地域设置，因此在经费体制的保障上，尽管各国具体做法略有不同，但总的规律是以地方公共财政拨款为主。比如在美国，公共图书馆的经费主要来自地方政府、少量来自州政府和联邦政府，另有少量来自其他渠道。在我国，公共图书馆的经费主要来自相同层级的地方政府，如省级政府负责省级公共图书馆的经费，市级政府负责市级公共图书馆的经费，县级政府负责县级公共图书馆的经费。此外，基层公共图书馆往往有机会获得来自垂直关系的专项拨款，既可能来自中央政府的专项经费，也可能来自省市政府的专项经费。

4. 公共图书馆的馆藏资源建设

公共图书馆的馆藏资源是其充分履行职责的前提。馆藏资源的形成需经由一个选择、购买、典藏的过程，这是一个动态的累积过程，这个过程通常称为"馆藏建设"。

公共图书馆馆藏建设应遵循以下两个基本原则。

（1）包容性原则。由于公共图书馆面向所有人服务，这就决定了它的资源体系必须具有包容性，以适应不同人群在教育、信息、休闲和个人发展方面的需求。馆藏资源的包容性要从几个方面来看：一是内容的包容性，公共图书馆的服务对象决定了它的馆藏资源不可能在内容方面有所偏好，比如偏重某些领域，或形成所谓特色馆藏等，这种偏好不利于公共图书馆面向所有人服务；二是对各种人群的适用性，比如让那些少数语言人群能够获得基本的读书需求以及让不同年龄段的人群能够找到适合自己阅读的资料；三是资源类型的包容性，除了人们习以为常的传统资源外，还应该顺应时代的发展，兼顾各种媒体形式的资源，以满足公众多元化的需求。

（2）持续性原则。持续发展的资源体系能确保人们源源不断地获取资源，以满足不断产生的信息需求与阅读需求，而持续的财政拨款是保证馆藏资源可持续利用的基础。此外，相对稳定且具备一定灵活性的馆藏建设政策也是必不可少的。也就是说，在资金保障的前提下，怎么选择入藏资源也很关键。选择的标准以图书馆的职业标准为基础，由专业人员根据当地居民的需求和利益而制定，并能反映社会的多样化。

（三）高等院校图书馆

与公共图书馆不同，高等院校图书馆（以下简称"高校图书馆"）是一个内部机构，只面向其母体机构的所有内部成员服务。高等院校的校内成员包括各种层次的学生（本科生、硕士研究生、博士研究生等）、教师、研究人员、管理人员及其他。

1. 高校图书馆的目标

我国教育部高等学校图书情报工作委员会（简称"高校图工委"）对高校图书馆的定义："高校图书馆是学校的文献信息中心，是为教学和科学研究服务的学术性机构。"根据这一定义，就很容易制定高校图书馆的目标。

第一，支持教学。这一目标也经常被表述为高校图书馆具有教育职能。传统意义上的支持教育主要体现在文献服务上，即以文献提供方式满足教学对扩展阅读等的需要。随着信息技术的发展，图书馆教育职能主要是通过提升学生信息素养以支持教学来体现，实际上就是将自身的工作纳入整个教学体系。

第二，支持科学研究。在高等教育机构中，图书馆作为知识信息的集散地，承担着为教师、研究人员、管理人员及学生等提供科学研究所需的知识、信息、文献等重要任务。除此之外，图书馆还应积极打造成为学校的学术社区，为师生提供一个可以进行深入讨论与交流的场所，以促进科学研究活动的顺利进行。

第三，支持个人发展。图书馆应该是一个支持想象、激发灵感的场所。图书馆广博的收藏使人们在这里可以获得智力上的支持，同时能够拓展兴趣，开阔视野，这对于成长中的学生尤为重要。

2. 高校图书馆服务的特殊性

对于高校图书馆而言，它的服务对象是确定的，它的经费来自其母体机构。一般而言，只要这个母体机构希望成为一所优秀的高等教育机构，就会重视对图书馆经费的保障。因此，高校图书馆的工作重心更多地是放在它所能提供的服务方面。

高校图书馆的业务活动大体上与公共图书馆是相通的，内部工作同样是采购与典藏，对外同样是服务活动，而服务通常也是分为文献提供与读者活动两大块。但由于服务对象有一定的特殊性，因此高校图书馆在服务上也表现了出其特殊性。

第一，文献提供方面更强调情报职能。高校图书馆提供的文献，在内容上偏重学术性、知识性，对休闲读物的保障相对较弱。在类型上，更重视对连续出版物的采购与提供。在数字化环境下，数据库的采购与提供服务正成为高校图书馆文献服务的重点。在服务方式上，高校图书馆通过馆际合作来扩大文献提供的范围，对于读者需要而本馆未收藏的文献，可以通过"文献传递"服务来获得。所谓文献传递服务，就是针对本馆未收藏而读者有需求的文献，向协作图书馆提出请求，通过在线传递、邮件快递等方式，远程获取文献全文的服务。

第二，更重视用户教育。高校作为教育机构，无疑会更加重视对人的能力的培养，这是国内外高校图书馆普遍重视用户教育的根本原因。高校图书馆的用户教育经历了从文献检索方法教育向综合性信息素养教育转换的过程。信息素养是指：知道自己什么时候需要信息；当面对问题时能够知道需要的信息是什么；能够找到所需的信息并对信息进行评价；能够对信息进行组织；有效地利用信息解决问题。

第三，服务上更重视参考咨询服务。参考咨询服务的内容包括：①图书馆利用方面的咨询解答，如馆藏文献咨询、查找咨询、读者权益咨询等；②知识、数据、事实咨询解答，如读者在某些统计数据、特殊文献（如国际专利、技术标准等）、某个历史事件、人物等的查询方面遇到困难，由图书馆专业人员利用自己娴熟的技能，快速为读者查询；③学科服务，即图书馆员参与到科学研究的过程中，协助科研人员收集专题信息、跟踪最新动态等。

以信息素养教育为核心的用户教育，不再局限于信息的查找，而是全面地设计信息利用全过程，并把这一过程融合于自主学习之中，由此形成的信息能力将伴随学生终身。终身教育，使信息能力成为一种终身的能力。

（四）学校图书馆

学校图书馆与高校图书馆在性质上相似，但所属机构存在差异。通常，我们将设立在中、小学内的图书馆称为学校图书馆。学校图书馆的主要服务对象是校内的师生员工，包括教师、各年级学生、管理人员等。更广泛地说，学生家长也可被纳入服务范围。

1. 学校图书馆的目标及任务

与其他任何类型的图书馆一样，学校图书馆也应该有明确的目标，学校图书馆的目标规定了学校图书馆所承担的核心任务，具体如下。

第一，支持和拓展学校的使命和课程设置中所制定的教育目标。

第二，培养和保持学生们的读书、学习的习惯和乐趣，并教会他们使用图书馆，这将使他们受益终身。

第三，帮助所有学生学习使用各种形式、各种格式或载体信息的学习实践技能（包括对社区内沟通模式的灵敏度）。

第四，在增强知识、理解力、想象力和娱乐身心方面，为学生提供体验的机会。

第五，提供地方、地区、国家和全球的资源，同时提供机会使学生接触多元化的思想、经验和观点。

第六，组织各种活动，提高学生对文化与社会的自觉认识和感受能力。

第七，与学生、教师、管理人员和学生家长共同合作，完成学校的教育使命。

第八，向整个校园以及校园之外的社区推广读书活动，并提供学校图书馆的资源与服务。

2. 学校图书馆的主要业务活动

学校图书馆的业务活动与一般图书馆的业务活动大体上是一致的，即包括馆藏建设、文献加工与典藏、服务（流通服务、参考咨询服务）、图书馆推广与阅读推广活动等几个部分。

（1）馆藏建设。学校图书馆的馆藏建设方针应该涵盖两个方面：一是收藏与教学相关的文献，以帮助教师和学生完成教与学的任务为目标；二是收藏以阅读拓展为目的的文献，包括知识性文献与文学类读物等。与其他任何图书馆一样，学校图书馆的馆藏建设应该最大限度地符合其服务对象的需求，并与学校的教育使命保持一致。因此，建立在广泛征询意见基础上的藏书计划更容易受到推崇。

充足丰富的馆藏资源是吸引学生利用图书馆的关键因素，但这一优势依赖于经费保障的支撑。国际图联（联合国教科文组织）推荐了馆藏标准，即每名学生应拥有10本书的馆藏，对于最小规模的学校，其馆藏资源中至少应包含2500种相关和最新的图书。强调藏书规模的重要性，原因在于考虑到学校内读者的年龄、个人能力和家庭背景等方面存在差异，只有广泛的藏书才能满足不同读者的基本需求。此外，学校图书馆的使命要求其藏书应包含一定比例与课程相关的非小说类图书，国际图联（联合国教科文组织）推荐这个比例不应低于60%。青少年正处于养成阅读习惯的关键时期，因此以拓展性阅读为目的的馆藏资源十分重要。除了知识类图书之外，拓展性阅读还包括以消遣为目的的资源，如畅销书、绘本、动漫、杂志等，这类文献有助于培养青少年的阅读习惯。多媒体资源更容易受到青少年的喜爱，适当的音乐、绘画、计算机游戏等资源有利于提高青少年利用图书馆的兴趣。

（2）文献加工与典藏。学校图书馆的文献加工与典藏和其他图书馆的标准一致，即按照国家统一的规范与标准进行文献的加工与典藏。小学图书馆根据儿童的特点，在馆藏陈列方面采用形象化的标识，有助于儿童获取他们喜爱的图书。

（3）服务。学校图书馆的服务对象包括学生、教师及其他管理人员，甚至还包括学生家长。图书馆的流通服务与参考咨询服务在内容和方式上与其他图书馆类似。在学校图书馆的日常服务中，学生是最大的群体，也是最重要的群体，所以，建立平等服务的观念是十分重要的，这有利于让学生在接受图书馆服务的过程中建立"知识面前，人人平等"的意识。即使面对未成年的读者，在提供服务的过程中也应该充分地尊重读者个人的意愿，图书馆员可以向他们提供帮助与建议，不宜扮演传统意义上的指导者的角色。

吸引学生利用图书馆并养成习惯是学校图书馆的一项重要且艰难的任务。学生之间存在差异，学校图书馆应该采取各种办法来提高学生对图书馆的兴趣，使他们学会使用图书馆。推广图书馆的方式很多，通常包括：①建立图书馆网页，鼓励和吸引学生来访问网页；②印制活泼、有趣的宣传单，及时传递图书馆的资源与服务的信息；③举办讲座，介绍图书馆的资源与活动；④向家长推介学校图书馆；⑤组织各种能吸引学生的活动，包括各种读书会、文献检索活动等；⑥与任课教师加强联系，配合课堂教学引导学生使用图书馆。

第三节　图书馆的构成要素及社会属性

一、图书馆的构成要素

图书馆通常由藏书、读者、馆员、技术方法、建筑与设备、图书馆管理六个要素组成，这些要素相互联系、相互作用，使图书馆成为一个有机整体（见图1-1）。

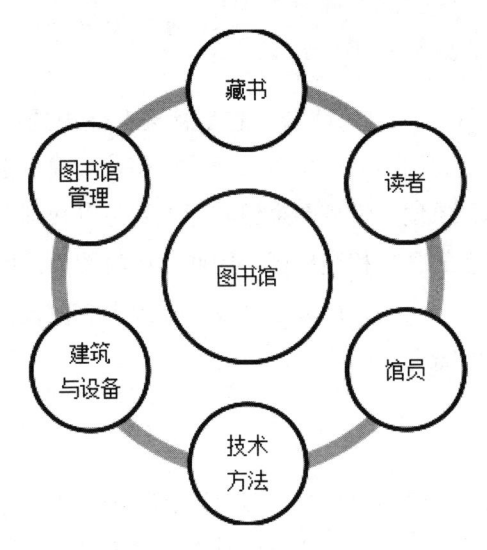

图1-1 图书馆的构成要素

（一）藏书

图书馆的藏书是一个综合性的概念，代表着图书馆所收藏的各种类型文献的总和。这些文献既包括传统的印刷型资料，也包括新型载体的视听资料、电子出版物等。藏书是图书馆存在和发展的基础，也是根据图书馆的性质、任务和读者对象的需求，有目的、有系统地收集各种文献，再经过科学的加工、整理，形成有重点、有层次的图书馆藏书体系。

图书馆的藏书是经过科学方法进行加工，按一定的体系布局排列，并进行合理的保管，最终提供给读者利用的文献资料。不经过加工的文献，不是真正意义上的图书馆藏文献，它不可能在图书馆流通和借阅，也无法在图书馆有序排列和保管。

（二）读者

"读者作为社会历史的产物，是随着社会经济的进步和人类文明的发展而形成的。读者作为一种社会性的概念，主要是指具有文献需求的阅读能力，从事阅读活动的社会成员。"[1]读者包括读者范围及读者类型。

---

[1]张枫霞.图书馆读者服务[M].北京：海洋出版社，2009：18.

1. 读者范围

图书馆的读者群属于特定的范畴，它是社会群体中的一部分，专指与图书馆发生关系的人，凡是利用图书馆从事活动的一切社会成员都是图书馆的读者，其中包括个人、集体、单位。学校图书馆实际上就是以教师和学生为主要读者对象；而公共图书馆读者的含义相当广泛。因此，应将图书馆的服务延伸至社会的各个阶层，服务所有社会成员，最大限度地发挥图书馆促进社会进步与发展的作用，以满足各类读者的需求。

2. 读者类型

读者类型一般是指图书馆的读者，是持有借书证的人。随着社会和科学技术的不断发展，特别是网络技术的普及以及人生存方式和休闲方式的多样化，图书馆的读者对象发生了很大变化。就目前来说，图书馆的读者有三种含义：一是现实读者。图书馆的现实读者可分为正式读者和临时读者。正式读者是指持有图书馆借书证或阅览证，与图书馆建立正式借阅关系的人；临时读者是指无图书馆借阅证，尚未与图书馆建立确定关系，偶尔利用图书馆的人。二是潜在读者，即一切造访图书馆的人，包括在图书馆休闲娱乐的人，听讲座、看展览以及没有任何目的走进图书馆的人。三是网络读者，指通过网络浏览图书馆网页的人。图书馆网络读者的特点是面广、数量多，且不受地域限制。网络读者的出现，要求图书馆加大文献数字化建设，以跟上现代信息技术的发展，满足人们对网络信息的需求。

（三）馆员

馆员是指图书馆内所有工作人员的统称，包括各级领导干部、行政管理人员以及技术业务人员。其中，技术业务人员包括图书管理员、馆员、助理馆员、研究馆员以及副研究馆员等。这些人员是图书馆各项工作的管理者和组织者，他们负责联系图书馆与社会各界，发挥着重要的媒介作用。图书馆社会作用的发挥以及工作成绩的优劣，很大程度上取决于馆员的综合素质。

随着知识经济时代的到来和信息社会的发展，图书馆的社会角色发生了很大变化，从单一的传递书刊、文献资料，发展到今天的信息查询、社会教育、传递科技情报、网络信息等多种服务形式。这些业务的延伸和拓展，对图书馆员的思想素质、综合素质及业务素质提出了更高的要求，这就需要原有人员不断更新知识才能适应时代要求。

（四）技术方法

技术方法是指针对图书文献的收集、整理、组织、管理、流通和利用的一系列技术方法，同时也包括各个业务部门工作的相关技术方法。技术方法构成了图书馆工作的方法系统，该系统包括传统手工操作的技术方法，以计算机技术为主要手段的现代信息情报技术。

（五）建筑与设备

图书馆的建筑与设备是其运营所需的物质条件，其建设规模、建筑风格及现代化设备的应用，对于提高图书馆的服务水平和能力具有重要意义。这些因素将促进图书馆服务工作向深度和广度拓展，实现服务手段的多元化发展，从而提高服务能力和效益。

目前，世界上绝大多数国家将国家图书馆、省市图书馆和高等学校图书馆作为图书馆建设的重点，将图书馆硬件建设作为教学、科研和国家城市文明进步评估的重要内容，并对其建设规模、藏书数量等有详细的评估指标。另外，图书馆的建筑风格和技术装备也有一定的要求。首先，是建筑风格有着明显的时代特征。随着图书馆读者服务工作内容、形式、技术设备的不断变化，图书馆的建筑也随之改变。从传统图书馆到现代图书馆，图书馆的技术设备随着服务方式的改变、新技术的应用不断发生着变化。其次，技术装备也有较大的改善，如计算机设备、电工设备、空调设备、消防安全设备及业务工作相应的技术设备等。

（六）图书馆管理

图书馆管理是指对图书馆工作中的人力、物力、财力进行合理规划、组织、控制和协调，以实现图书馆的既定目标，并完成图书馆任务的过程。只有通过科学管理，图书馆才能实现工作的合理化和科学化，成为一个具有特定功能的有机整体。

图书馆管理的内容有很多，如图书馆组织机构的管理、人事制度管理、业务管理、行政事务管理、图书馆的规章制度、管理的方式和方法等。这一切构成了图书馆整个管理体系，以保证图书馆事业科学、高效、可持续地发展和壮大。

二、图书馆的社会属性

事物的性质有本质属性（也叫基本属性或根本属性）和非本质属性（也叫一般属性或社会属性）之分。本质属性是事物本身所具有的内在的质的规定性，是这一事物区别于其他事物的根本所在，它决定这一事物是它本身而非其他事物。一般属性是本质属性的派生和反映，它从属受制于本质属性，依附于本质属性的存在而存在。

与其他事物一样，图书馆也具有本质属性和一般属性。图书馆的本质属性应该是图书馆这一领域所特有的，能将它与其他事物区别开来的属性。从这一点可以看出，图书馆的本质属性应该是藏用性，即对图书文献的收藏与利用，或称为知识信息的集聚与传递。

图书馆作为社会科学、文化、教育系统的一个组成部分，具有它所属系统的一些共性，这些共性就是图书馆的社会属性，或称为一般属性。图书馆的社会属性主要有社会性、学术性、服务性、教育性和中介性等。

（一）社会性

图书馆作为社会各界共同使用文献信息的一个组织机构，图书馆的文献信息本身就具有广泛的社会性。

第一，因为图书馆的文献资料是人们征服自然、改造自然和人类社会实践的历史过程的记录，它集聚了古今中外人类创造积累的知识，是人类智慧的结晶。因此，它是人类共同创造的精神财富。

第二，图书馆读者具有社会性。由于图书馆是面向全社会开放并为所有的社会公众服务的，所以图书馆的读者具有广泛的社会性。

第三，图书馆网络化是图书馆具有社会性的表现。目前，随着计算机和网络技术的发展，国家数字图书馆的建立，资源共享已成为现实，图书馆的社会性得以充分的展现，如编制联合目录、馆际互借等协作与协调活动等。

（二）学术性

1. 图书馆工作具有学术性

由于图书馆尤其是大型图书馆收集了大量从古代到当代的图书和最先进的信息资源，所以图书馆成为教学、科研和技术创新的窗口。图书馆的各项工作如图书的分类、编目、组织管理、文献检索等都具有一定的学术性，对图书馆的文献资料、读者群体、各项工作的技术方法进行深入的研究，从而摸索出规律，以不断提高工作质量和效率。特别是现代化图书馆的建设更需要研究新技术条件下图书馆的办馆理念、工作程序、技术方法等，以满足社会对图书馆文献信息服务的需求。

2. 图书馆工作是科学研究的基础

图书馆工作是科学研究不可或缺的前期劳动，是构成科研能力的重要因素。科学研究是一种社会劳动，具有显著的连续性和继承性。在进行科学研究时，科研工作者需要对所选课题进行大量的调研活动，这些调研活动主要以文献调研为主，以此为科研工作的选题、开展和推进提供依据和参考。因此，图书馆工作在科学研究中扮演着重要的角色，不仅为科研工作者提供了必要的文献资料和信息，而且还为科学研究的高效进行提供了保障。

图书馆及情报部门完整、系统地保存了记录人类知识和智慧的文献资料，是文献调研活动的主要承担者。所以说图书馆的工作是科研工作的一部分，是科研工作的前期劳动，具有学术性。

（三）服务性

图书馆作为信息服务的组成部分，旨在通过收集、整理、传播和利用文献资料，将一部分人的知识成果转移给另一部分人。在这个过程中，就充分体现了其服务性。同时，图书馆的服务性在文献的传播和交流过程中表现得尤为明显。因此，利用文献为用户服务正成为图书馆的根本职责和任务。

图书馆的服务性在文献传递的过程中得以体现。图书馆具有公益性的特征，免费为读者提供精神文化产品，服务的成果主要表现为社会效益，而非经济效益。

图书馆既然是一个服务性的行业，就要求图书馆的工作人员应该具备从事这项工作所必备的各种知识,包括专业知识、科学文化知识、外语知识、计算机应用能力等,并且熟悉馆藏、了解读者,具有良好的职业道德和奉献精神,只有这样,才能充分发挥图书馆在人类社会中的作用。

(四)教育性

图书馆作为社会教育机构,其核心功能是通过收藏和提供文献资料,传播科学文化知识,为公众提供终身学习的机会,从而促进社会的和谐发展。因此,图书馆具有显著的教育性。

图书馆为读者提供了一个学习场所,使他们能够利用文献资料不断提高自身素质,以适应社会科学技术日新月异的发展。这种教育功能不仅是对学校教育的补充,还是学校教育的延伸。

图书馆的教育形式灵活多样,包括推荐文献资料、辅导读者阅读,以及举办各种讨论会、学术报告会等。这些活动旨在激发读者的学习兴趣,满足他们对知识的多样化需求。

图书馆的教育对象广泛,涵盖社会各阶层人士。年龄、职业、种族、信仰或受教育程度不同的读者都可以根据自己的兴趣和需求,在图书馆丰富的知识库中获取所需的知识和信息。

(五)中介性

图书馆的中介性是其本质属性,它对图书馆的存在起决定性的作用。

图书馆是知识、信息和文化的存储和传播工具。作为"存储"和"传播"的媒介,文献在图书馆中发挥着重要作用。图书馆是文献传递的媒介,使文献在时空中得以传播。这种传播渠道被称为文献交流的正式渠道,而文献的直接传递则被称为非正式渠道。由此可见,图书馆在文献交流过程中确实扮演着中介的角色。在人类精神生产的过程中,图书馆处于流通领域的地位,在文献和读者之间架起了一座联系的桥梁,是人类文明进步的产物。随着信息化社会的到来,以及电脑、网络技术在图书馆中的应用,图书馆走上了电子化、数字化、虚拟化的发展道路。电子网络图书馆在信息的虚拟链接和信息的保存方面承担着其他信息机构所无法承担的责任。这样,人类的交流就会更迅速、更准确、更方便。

图书馆的中介作用是通过图书馆工作体现出来的。图书馆工作的实质就是转换文献信息，揭示文献的使用载体形态信息和表达人类思想和研究成果的内容信息。图书馆工作的任务就是充分揭示文献的形式信息和内容信息，从而使文献的内容信息得以传播。图书馆工作的各个环节，包括采购、分类、主题标引、编目、保存、借阅等，都是为了传播文献内容信息。因此，它们也都体现了图书馆的中介作用。此外，在商品社会中，文献作为一种商品，其价值可以被分割为两部分：一是商品价值，由文献的生产和发行部门来实现；二是内容价值，通过文献信息的使用来实现，即这部分价值要随着文献信息的使用价值的实现而实现。图书馆用户阅读文献资源实现了只是文献内容价值的一部分，还必须通过实践才能实现文献的全部内容价值。其途径就是创造出新的产品，由产品的价值和获得的资本价值来确定文献的价值，或者是创造出新的文献信息。图书馆的中介作用，主要体现在它能够实现文献的部分内容价值和使用价值，使用户能够通过图书馆获得所需的文献信息，为文献信息价值的开发与转化提供渠道。

第二章

图书馆信息资源建设研究

图书馆作为重要的信息机构，其信息资源建设至关重要。本章内容包括图书馆信息资源建设概述，信息资源的采集与配置、布局与整合以及信息资源的共建共享。这些内容可以帮助读者更好地理解图书馆在信息时代中的作用以及如何有效地管理和利用图书馆的信息资源，为读者提供更优质的服务。

第一节 图书馆信息资源建设概述

一、图书馆信息资源的概念及特性

信息资源是图书馆信息资源建设领域的基本概念之一，也是信息资源建设学科研究的逻辑起点。对信息资源的理解与表述，从整体上决定着信息资源建设的内涵和外延，决定着信息资源体系的展开。

（一）图书馆信息资源的概念理解

信息资源是一个具有丰富内涵的术语，综观国内外学术界对信息资源概念的定义，可以从广义和狭义两种角度来理解和分析。

广义上的理解，认为信息资源是信息活动中各种要素的总称，既包含信息内容本身，也包括与信息相关的人员、设备、技术、网络、资金等各种资源。广义的信息资源概念，把信息活动的各种要素全部纳入信息资源的范畴，有助于从整体上把握"信息资源"的内涵。它强调"信息资源"是经过人类开发与组织的信息集合，信息只有在实施管理后才具备成为资源的条件；强调信息要素价值的实现离不开信息生产者、信息技术等信息活动要素的综合作用。这也正是信息资源与自然物质资源的区别。

狭义上的理解，从信息的本体出发，认为信息资源是指信息内容本身。信息资源是经过人类选取、加工、组织、序化的有用信息的集合。狭义的信息资源概念，集中强调了信息要素在信息资源定义中的核心地位，而把信息生产者、信息技术与设施等信息本体之外的相关要素作为信息生产的外在条件，这样有利于把握信息资源的核心和实质。

从图书馆信息资源建设实用的角度出发，本书在讨论信息资源时所使用的信息资源概念取狭义上的理解，即信息资源是在人类活动中产生的，经过人为选取、加工、组织、序化的有用信息的集合。

（二）图书馆信息资源的基本特性

图书馆信息资源的基本特性主要包括以下几个方面。

1. 人工性

信息资源是人类开发与组织的信息，是人类脑力劳动和认知过程的产物。信息资源生产、组织、建设、开发、传播和利用的过程，信息技术和信息设施的发明创造，无不深深打上了人类加工的烙印。信息资源的人工性特点是我们建设、开发和利用信息资源的理论依据。

2. 有限性

信息作为事物的运动状态及其变化方式，伴随着事物的存在而存在，是普遍存在的、无限的、用之不竭的。信息资源只是信息中的一部分，是经过人类选择的有用的部分信息，其数量是有限的。因此，人类开发的信息资源数量虽然庞大，但对于特定的个人、组织或者任务来说，真正有价值且可以获得的信息资源往往是有限的。

3. 有序性

信息如浩瀚烟海般繁杂，其内容可能相互矛盾，也可能相互补充，这使得信息呈现一片混沌无序的状态。在这样的环境中，人们往往感到迷茫，难以确定哪些信息是有价值的。然而，信息资源都是人类智慧的结晶，是通过精心组织和选取，按照一定的次序形成的。这些信息资源具有高度的条理性、有序性和系统性，为我们的学习、工作和生活提供了极大的便利。因此，我们应该学会有效地利用这些信息资源，以便更好地应对复杂多变的社会环境。

4. 积累性

信息资源是有用信息的集合，一条信息不能构成信息资源，只有经过时间的积累使信息达到一定的丰度和凝聚度，才能成为信息资源。正是这种积累性，才使不断流散在空间和时间中的信息，能够汇集到信息机构，跨越时空限制满足人们多样化的信息需求。

5. 效用性

任何信息资源对人类都具有一定的效用，且易于扩散、传播和共享。信息资源随着开发深度和广度的不断拓展，其数量和利用价值也在不断增多和增强；对信息资源的需求和利用程度越高，信息资源的价值和效用也就越大。许多信息资源具有高度的时间敏感性和时效性，随着时间推移其逐步过时老化，并失去利用价值而成为无用的信息。

二、图书馆信息资源的主要类型

这里以信息资源的载体形式和记录方式作为划分标准，从文献信息资源和网络信息资源两个方面较为系统地介绍图书馆的主要信息资源类型。

（一）文献信息资源

文献信息资源即以文献为载体的信息资源，其是将信息知识内容以某种形式的符号记录在一定的物质载体上，并以一定形态呈现出来的物质实体。文献信息资源依据其记录方式和载体材料，可以作如下划分。

1. 印刷型文献

印刷型文献是指通过石印、油印、铅印、胶印、复印等印刷方式，将知识信息内容记录在纸质载体上的一种文献形式。

按照出版形式，印刷型文献可分为以下类型。

（1）图书。图书是以印刷方式单本刊行的非连续性出版物，它和连续性出版物一起构成图书馆实体馆藏的主体。图书往往是著作者在长期研究和学识积累的基础上，对某一知识领域进行较为系统和深入研究而形成的成果，编著和出版周期较长。因此，图书的内容比较完整、系统、成熟，是了解和掌握各学科系统知识的重要信息源。图书按照出版方式，可划分为单本书、多卷书、丛书等类型；按照内容性质和使用对象，可划分为学术专著、教材、论文集、资料汇编、科普与通俗读物、文学艺术作品、少年儿童读物、参考与检索工具书等类型。

（2）连续出版物。连续出版物是具有统一的题名，汇集多位著作者的多篇著述，以统一的装帧形式、卷、期或年、月标识，定期或不定期以连续分册形式出版，并且计划无限期地连续出版的出版物。它包括期刊（杂志）、报纸、年度出版物（年刊、年报、年评、年表、年历、年鉴等）、丛刊等，其中，期刊（杂志）和报纸是连续出版物的主要类型。

（3）特种文献。特种文献是指出版形式比较特殊的科技文献资料，介于图书与期刊之间。这类文献的特点是：内容广泛新颖，类型复杂多样，涉及科学技术、生产生活各个领域；现实性强，情报价值高，从不同领域及时反映当前科学技术的创造发明、进展动态、研究水平和发展趋势；出版发行无规律，有的有一定保密性，收集比较困难。特种文献主要包括科技报告、政府出版物、会议文献、专利文献、标准文献、学位论文、产品资料等。

（4）其他零散资料。其他零散资料主要是指档案资料、舆图、图片、乐谱等资料。档案资料包括文书档案和科技档案，是记录各种事实过程的卷宗资料，有一定的保密性；舆图包括地图、地形图、地质图、行政区划分和各种教学挂图等；图片包括各种新闻照片、美术作品等；乐谱指单张活页式音乐曲谱艺术作品。

2. 刻写型文献

刻写型文献是以刻画和手工书写为手段，将知识信息内容记录在各种自然物质材料或纸张等载体上而形成的文献，包括手稿、日记、书信、会议记录、原始档案、碑刻、简策、帛书等。许多稀有和珍贵的刻写型文献是图书馆特藏的重要组成部分。

3. 机读型文献

机读型文献是将文字、声音、图像、图形等信息以数字代码的方式存储在磁、光、电等介质上，通过计算机或类似功能的设备阅读使用的文献。机读型文献按其存储载体可分为光盘、磁盘、磁带等类型，其中光盘和磁盘是主要的机读型文献。

4. 缩微型文献

缩微型文献是利用光学记录技术，将文献的影像缩小复制在感光材料上而制成的感光复制品，包括缩微胶卷、缩微胶片、缩微卡片等。

5. 视听型文献

视听型文献是以电磁材料为载体,以电磁波为信息符号,将声音、图像和文字记录下来的一种动态型文献。它可分为视觉资料、听觉资料和音像资料等,如唱片、录音带、录像带、电影胶片(卷)、幻灯片等。

(二)网络信息资源

网络信息资源是指以数字化的形式将文字、图像、声音、动画等多种形式的信息存储在光、磁等非纸质载体中,并通过网络和计算机等方式再现出来的信息资源。随着计算机网络的发展,网络信息资源的数量日益庞大,内容纷繁庞杂,形式多种多样。依据不同的标准可将网络信息资源划分成不同的类型。

1. 依据信息资源的组织管理程度进行划分

(1)网络数据库资源。网络数据库作为高质量的学术、商业、政府和新闻信息的重要来源,已成为网络信息资源的主体。它是图书馆数字信息资源建设的主要对象及水平的标志,在现代图书馆信息资源建设中具有举足轻重的作用。

网络数据库资源按照维护和使用权限,可以划分为四种类型。①永久保存型数据库,如馆藏书目数据库、馆藏数字化全文数据库、自建的特色与专题数据库等。这类数据库从内容的取舍、组建到数据库的维护都是由图书馆负责,图书馆具有全部所有权,并提供全方位检索、阅览和存取服务。②镜像服务型数据库,如国内外一些大型的数据库,通过镜像的形式拷贝到图书馆内的服务器上供读者检索、阅览和存取。镜像服务型数据库的维护主要由数据库提供商承担,图书馆一般具有永久使用权。③网络服务型数据库,如远程数据库,存放在远程服务器上,由数据库提供商负责管理和维护,使用馆通过购买或协商取得该数据库的存取权限,并在图书馆主页上设置链接以利远程登录使用。对于这类数据库,图书馆只有永久或约定期限的使用权。④链接存取型数据库,如因特网上各类免费使用的数据库资源,保存在互联网上的某一位置,图书馆通过捕获、筛选和组织资源导航链接提供存取服务。这类资源一般无确切的边界,具有流动性、临时性的特征,图书馆虽然对其内容没有控制权限,但是可以起到丰富馆藏的作用。

(2)其他网络信息资源。电子书刊和报纸,指完全在网络环境下编辑、出版、传播的电子图书、电子期刊和电子报纸,包括印刷型书刊报的电子版和纯数字书刊报。

电子特种文献，如电子版科技说明书、电子版科技报告等。

站点资料，包括大学、科研院所、企业、公司、信息服务机构、行业机构、政府机构的站点资源等。

动态信息，包括各种机构发布的消息、政策法规、会议消息、论文集、研究成果、项目进展报告、产品目录、出版目录、广告等。

交流信息，包括电子邮件、电子公告、新闻组、用户组、博客、论坛等。

2. 依据网络信息资源的生产途径和发布范围进行划分

（1）商用网络信息资源。这部分也可称为正式数字出版物，由正式出版机构或数据库商出版发行，包括全文数据库、事实数值数据库、参考数据库等各类数据库，以及电子期刊、电子图书、电子报纸等。其学术信息含量高，易于检索利用，出版成本高，必须购买使用权才可以使用，在数字学术信息资源中所占比例最大，是图书馆数字信息资源建设的重点。

（2）网络公开学术资源。这部分也可以说是半正式出版物，完全面向公众开放使用，如各种学术团体、行业协会、政府机构、商业部门、教育机构等在网上正式发布的网页及其信息，包括重要学术网站资源、重要搜索引擎/分类指南、网络学术资源导航、图书馆馆藏联机公共目录（OPAC）等。

（3）网络特色资源。主要基于各教育机构、政府机关、图书馆的一些特色收藏制作，其在一定范围内分不同层次发行，不完全向公众发行，有时需要特别申请，如只在校园网内允许使用的教师教学课件、学位论文等。

（4）其他资源。如BBS、博客、电子邮件等。

第二节 图书馆信息资源的采集与配置

一、图书馆信息资源的采集

（一）信息资源采集的重要性

在当今知识社会，信息的爆炸性增长给图书馆提出了严峻挑战。不同领域的知识体系日新月异，呈现指数级的扩张。在这一背景下，图书馆作为知识传承和服务的中心，其信息资源的采集变得尤为重要。它需要紧密关注时代的脉搏，不断更新、充实其信息资源，以满足用户日益多样化的需求。

知识的急速更新和社会的不断进步，使得图书馆在信息资源的采集方面面临独特的挑战。每个领域都在不断涌现新的研究成果和知识范畴，这就要求图书馆具备及时、全面采集这些新兴信息的能力。只有通过不断强化信息资源的积累，图书馆才能在知识的浪潮中立于不败之地。

与此同时，图书馆通过采集丰富多样的信息资源，能够提高其服务质量。通过拥有全面的信息资源，图书馆能够为读者提供更广泛、更深入的知识支持。这不仅能够提高读者在特定领域的专业水平，还有助于培养综合素质，满足读者对知识的全方位需求。通过提高读者的信息获取效率和质量，图书馆更好地履行了其教育和文化传承的职责。

图书馆的信息资源采集不只是满足用户需求的手段，更是推动社会发展的引擎。随着信息时代的来临，信息资源的价值愈加凸显。图书馆通过积极采集信息资源，为社会提供了重要的智力支持。因此，图书馆作为知识和智慧的宝库，在社会中扮演了不可或缺的角色，为广大读者提供了深度、广度兼备的学术支持和文化服务。

（二）信息资源采集的多种方法

信息资源的采集方法多种多样，涵盖传统文献采集、数字化资源采集以及网络信息挖掘等多个方面。这些方法不仅互相补充，还随着科技和社会的发展逐渐演变，共同构建起了图书馆丰富多彩的信息资源体系。

1. 传统文献采集

传统文献采集是图书馆积累信息资源的最古老、最基本的方式之一。通过购买、捐赠和交换等途径，图书馆可以获取各类传统文献，如书籍、期刊和报纸等。这些纸质藏书构成了图书馆传统馆藏的主体，为读者提供了实体化的知识储备。购买新书、接受作者捐赠或者与其他图书馆交换，是图书馆不断充实馆藏的途径之一。这种方法保留了传统文化的痕迹，也为那些偏好传统阅读方式的读者提供了更为直观的阅读体验。

2. 数字化资源采集

随着数字化技术的飞速发展，数字化资源采集已成为图书馆信息管理的重要组成部分。图书馆逐渐将关注点从传统文献转向数字资源，包括数字图书馆、电子期刊、在线数据库等。数字图书馆通过数字化处理，将传统文献转化为数字形式，以方便用户随时随地获取。电子期刊和在线数据库则为图书馆提供了便捷的存储和检索平台，大大提高了信息资源的利用效率。这种数字化的转变不仅节省了空间，还提高了信息检索的速度，可为用户提供更为便利的服务。

3. 网络信息挖掘

随着互联网的普及，网络信息挖掘已成为图书馆信息资源采集的一项新兴手段。通过使用网络爬虫和信息挖掘技术，图书馆可以主动搜集互联网上的相关信息，包括学术论文、新闻报道、社交媒体的信息等。这一方法的优势在于具有及时性和全面性，使得图书馆能够更好地跟踪社会热点、科研动态以及用户的实际需求。网络信息挖掘技术的运用，使得图书馆能够从互联网的信息海洋中捕捉到有价值的信息资源，并能够确保馆藏的时效性和多样性。

4. 开放获取资源

开放获取资源是近年来备受关注的一种信息资源采集方式。通过倡导学术界、科研机构以及图书馆将研究成果以开放获取的形式发布，使得大量的学术文献和研究数据能够免费、开放地供学者和公众使用。图书馆可以通过积极收集这些开放获取的资源，进一步丰富其数字化资源的内容，降低用户获取知识的门槛。

5. 社群参与与合作

社群参与与合作也是一种积极的信息资源采集途径。图书馆与学术机构、研究团队、行业组织等建立合作关系，通过参与社群活动获取信息，这不仅能够获取前沿的学术研究成果，还能够深入了解特定领域的动态和趋势。这种方式使得图书馆能够更好地满足用户的专业化需求，提供更为精准的信息服务。

6.用户反馈与需求调查

用户反馈与需求调查是信息资源采集中不可或缺的一环。通过听取用户的建议和反馈，图书馆能够更好地了解用户的需求，调整采集方向，提高信息资源的针对性和实用性；通过定期开展调查，图书馆可以及时发现用户对于新兴领域、热门话题的需求，从而更有针对性地采集相应的信息资源。

综上所述，这些方法的综合运用，使得图书馆能够更全面、更及时地满足用户的知识需求，不断推进信息资源的多样化和智能化发展。在信息时代，图书馆的信息资源采集不仅是为了满足当前需求，更是为了构建可持续发展的知识体系，为未来社会的发展注入源源不断的智慧力量。

（三）信息资源采集的技术手段

信息资源采集的技术手段是图书馆在面对庞大而复杂的信息流时，高效获取、整理和利用信息的重要工具。在这方面，数据挖掘技术、自然语言处理以及人工智能辅助等先进技术的应用正逐渐成为图书馆信息管理的亮点和创新点。

1.数据挖掘技术

数据挖掘技术是一种通过分析大量数据发现隐藏在其中的模式和规律的方法。在图书馆中，数据挖掘技术的应用可以帮助图书馆更好地了解用户的阅读习惯和需求。通过分析用户的借阅历史、检索记录等数据，图书馆可以建立用户画像，了解用户的兴趣领域，从而预测用户可能感兴趣的内容。基于这些预测，图书馆可以精准地推送相关信息资源，提高信息服务的个性化水平。例如，如果数据挖掘分析显示某用户在特定领域频繁借阅或检索，图书馆可以主动向该用户推送相关新书、期刊或研究成果，满足用户的特定需求，提高服务的精准性和及时性。

2.自然语言处理

自然语言处理是一门研究人与计算机之间用自然语言进行有效沟通的领域。在图书馆信息资源的处理中，自然语言处理技术可以对文本进行语义分析，以提高对文献内容的理解和关联。通过深入挖掘文本的内涵，图书馆可以更准确地为用户提供信息服务。例如，自然语言处理可以用于解析用户的检索关键词，理解用户的查询意图，并通过智能算法推荐相关的书籍或期刊。同时，该技术还可应用于文献内容的摘要生成、主题识别等方面，为用户提供更为高效和精准的信息检索服务。

3. 人工智能辅助

人工智能辅助是指通过机器学习、深度学习等人工智能技术，建立智能推荐系统，并根据用户的兴趣和需求，推荐个性化的信息资源。在图书馆的信息管理中，人工智能辅助的应用可以大大提升用户体验。

通过分析用户的阅读历史、评价记录以及反馈信息，人工智能系统可以了解用户的兴趣点、偏好和阅读习惯。基于这些信息，系统可以向用户推荐更符合其兴趣和需求的图书、期刊或学术论文。这种个性化的推荐系统不仅提高了用户满意度，而且还使得图书馆的信息服务更具有针对性和吸引力。

总体而言，这些技术的引入不仅提高了信息资源的质量和利用率，还使得图书馆能够更好地适应信息时代的潮流，为用户提供更为便捷、个性化的信息服务。未来，随着技术的不断发展，图书馆将继续深化技术手段的应用，不断提高信息资源管理的水平，以便更好地服务社会和用户的信息需求。

（四）信息资源的管理策略

信息资源的管理策略是图书馆保障其馆藏信息质量和服务水平的重要手段。通过科学的分类与索引、定期的信息资源更新以及与用户的积极互动，图书馆能够构建起一个高效、便捷且用户友好的信息服务体系。

1. 分类与索引

（1）分类系统的建立与维护。图书馆在信息资源采集后，首要任务是对这些资源进行科学合理的分类。通过建立分类体系，将各类信息资源有序地组织起来，使其易于查找和利用。分类的原则可以根据主题、学科、形式等方面进行，确保信息的有序排列。

（2）索引的建设与完善。除了分类，建设清晰完善的索引系统也是至关重要的。索引通过关键词、主题词等方式，为用户提供了一个更直观、更快捷的检索路径。良好的索引系统可以在海量信息中精准定位用户需求，提高信息的利用率。同时，图书馆还需要定期检查和更新索引，以确保其与信息资源同步更新。

通过分类与索引的双重管理手段，图书馆能够建立起一个系统的、有序的信息资源管理体系，为用户提供更为高效的信息检索和利用体验。

2. 定期更新

（1）信息资源更新计划的制订。随着社会的不断发展和学科知识的不断更新，图书馆需要保持信息资源的时效性。制订定期的信息资源更新计划是必要的，这包括定期购入新书、更新数字化资源、替换陈旧信息等。通过制订科学合理的计划，图书馆能够确保其馆藏一直处于信息的前沿，不断为用户提供新颖、权威的知识。

（2）数字化资源的及时更新。在数字化资源的管理中，定期更新是尤为重要的一环。数字图书馆、在线数据库等数字资源的迭代速度较快，及时更新能够保证用户获取最新的学术研究成果和行业动态。此外，也需要关注数字资源的质量和可用性，以确保用户在信息检索和利用过程中能够得到良好的体验。

（3）专业人员的培训与更新。随着信息技术的飞速发展，图书馆工作人员的专业知识也需要不断更新。图书馆可以通过组织培训、参与行业研讨会等方式，使工作人员保持对新技术、新理念的敏感度，为信息资源的有效管理提供专业保障。

通过定期的信息资源更新，图书馆不仅能够持续提升馆藏的实用性和权威性，还能够提高用户服务的活力和吸引力。

3. 与用户互动

（1）建立用户反馈机制。了解用户的需求是图书馆保持信息服务高效性的重要手段。建立用户反馈机制，通过意见箱、在线调查、社交媒体等多种途径，收集用户对于馆藏信息的反馈和建议，以利于图书馆更深入地了解用户的实际需求，及时调整采集方向。

（2）定期调查用户需求。定期的用户需求调查是保持信息资源针对性和实用性的关键。通过问卷调查、座谈会等形式，图书馆能够直接了解用户对于不同领域、主题的需求，这有助于图书馆更有针对性地采集和更新相关信息资源。

（3）社交媒体和在线互动。利用社交媒体平台，图书馆能够与用户建立更加直接和实时的互动渠道。通过发布馆内资源的推荐、参与热门话题的讨论等方式，图书馆能够更好地了解用户的兴趣和动态，从而调整服务方向。

通过与用户的积极互动，图书馆不仅能够更好地满足用户需求，还能够提升用户对图书馆的认同感和满意度，促使图书馆更好地履行其文化传承和知识服务的使命。

在信息资源的管理策略中，分类与索引、定期更新、与用户互动是相辅相成的。分类与索引确保了信息资源的有序性和易检索性，定期更新则保持了信息资源的时效性和权威性，而与用户的互动则是确保信息服务符合用户需求的重要保障。这些管理策略的综合运用，使得图书馆不仅能够保持信息资源的高质量，还能够适应社会的发展和用户需求的变化，为用户提供更加优质的信息服务。

二、图书馆信息资源的配置

随着社会信息化的飞速发展，图书馆作为知识的仓库和信息的传播中心，在信息资源的配置上面临着新的挑战和机遇。

（一）信息资源配置的目标

"图书馆信息资源的配置旨在实现合理配置，即在兼顾效率与公平的原则下，权衡国家、地区、部门、组织和个体用户的信息需求，有计划、有侧重、有先后、有缓急地合理配置信息资源。"[①]这样可以使图书馆的信息资源成为国家的信息资源储备体系，为国家发展提供信息基础，为社会组织活动提供信息保证，为人类文明延续和发展提供知识源泉。在配置过程中，需要多个信息系统相互连接形成信息网络，因此需要从网络整体需要出发进行信息资源配置。

通过网络中各信息系统的协调合作，逐步形成一个互通有无、互相补充、方便用户的信息资源体系结构，从而在有限的客观条件下，利用群体优势，以尽可能小的投入发挥尽可能大的信息资源的整体效益。

在实现目标的过程中，图书馆要有市场竞争意识、经济意识，要讲求效益和效率，处理好社会效益和经济效益二者之间的关系。一方面，在兼顾效率和公平的前提下讲求效益，使有限的资源投入尽可能获得大的效益；另一方面，图书馆要充分认识到自身是公益性机构，要满足社会政治、经济、文化、科研、教育、

---

① 容海萍，赵丽，刘斌. 图书馆信息资源建设 [M]. 北京／西安：世界图书出版公司，2019：59.

生活等多方面的需求，以最终达到提高全民整体文化素质的目的。所以，图书馆信息资源配置要充分考虑社会效益，要二者兼顾。由于图书馆信息资源的配置必须与动态发展的信息用户需求相适应，因此，图书馆信息资源配置是一项具有导向性的长期任务。

（二）信息资源配置的内容

网络信息资源，在时间、空间、数量、类型、所有权等方面的配置状况、特征和要求构成了网络信息资源有效配置的内容。

1. 时间上的配置

时间上的配置在网络信息资源管理中占据至关重要的位置，其涵盖过去、现在和将来三个时段，并牵涉时段的大小和连续性。这一时序维度的精准配置对经济具有深远的影响，其中信息资源的时效性是其经济意义的决定性因素。及时获得的信息能够推动经济发展，而过时的信息则可能导致严重的经济后果。为了实现有效的信息资源配置，必须认识到不同信息资源的时效规律，而那些时效规律不明显的信息资源则需要更为深入的理论基础和实际配置经验。

在时间上的配置过程中，经济主体需要面对的难题之一是处理那些不具有明显时效规律的信息资源。这要求图书馆工作人员不仅要在理论上深入挖掘信息资源的特性，还需要通过实际的配置经验来解决这一问题。这样的努力不仅有助于提高配置的有效性，还为未来的网络信息资源管理提供了更为可靠的指导。

2. 空间上的配置

空间上的配置涉及网络信息资源在不同地区和行业部门的分布，强调信息资源在不同使用方向上的均衡分配。鉴于信息资源的不均衡性，配置过程必须充分认识到地区和行业发展的不平衡因素，有针对性地进行信息资源的配置。对于那些经济欠发达但具备潜力的地区，配置信息资源可以成为促进市场需求的引导手段，从而推动这些地区的经济发展。

在进行空间上的信息资源配置时，避免重复配置是一个重要的考虑因素。同时，必须确保信息在不同节点上的全面性，以充分发挥共享优势，方便不同用户的使用。这需要精心规划和协调，以确保配置的合理性和高效性。通过避免冗余配置，可以最大限度地优化网络信息资源的利用，从而为各个行业和地区提供更好的支持，实现信息资源的最大化利用。

3. 品种与类型的配置

信息资源在时间和空间上的配置必然要涉及信息资源的品种类型。在进行系统规模和服务能力的评估时，应全面考虑信息资源的多寡以及对网络用户信息需求的满足程度，而非仅仅以信息拷贝数量是否庞大为依据。有效的配置需要通过市场机制或人为手段，从技术、经济和人文角度对信息资源进行综合的组织管理。这意味着不仅要考虑资源的广度，还要关注其深度和多样性，以实现系统的综合性优化。

当前信息网络上的信息资源品种类型丰富，然而，其配置仍然面临一定的难度。在进行信息资源的有效配置时，必须综合考虑技术、经济和人文等多个维度。此过程需要不断适应市场变化，并通过各种手段确保信息资源的合理组织和管理。这涉及对信息资源进行全面评估，以明确其适应性、可用性和社会意义。因此，信息资源配置的复杂性要求在其配置过程中充分考虑多方面因素，确保系统能够灵活、高效地满足用户的需求。

4. 实体配置与虚拟配置

印刷型文献、网络信息资源、电子信息资源各具特色。在信息资源配置中，实体文献以其可靠、稳定、方便直接利用等特点，依旧占据主导地位。而电子信息和网络信息资源则以其获取不受时空限制，能缓解供求矛盾、满足用户需求，价格便宜，检索方便等优势，同样受到用户的青睐，成为不可或缺的信息资源组成部分。实体文献与虚拟信息资源优势互补，相辅相成，共同构成了信息资源配置的重要内容。

5. 数量与质量的配置

网络信息资源的数量配置包括存量、增量、总量和个量的配置，旨在满足广泛的用户需求。然而，要完全配置某一学科或知识点的信息是不现实的。我国信息商品质量需求呈增长趋势，包括对需求质量层次提升和高质量需求量增加的需求。在信息资源配置中，应当特别关注信息的质量问题，将其置于配置优先考虑的位置,以提高配置的有效度和优化度。最优配置需要综合考虑数量与质量,确保实现最高的社会效益和一定的经济效益。因此,配置过程中必须在数量与质量之间寻找平衡,以确保系统的可持续性和用户满意度。

(三)信息资源配置的策略

1. 对信息资源进行科学管理

信息资源需要进行科学管理,否则就无法利用,更谈不上有效配置。因此有必要从宏观和微观两个层面对信息资源进行科学管理。"宏观就是从大方向着手,解决存在的普遍问题。微观则是各图书馆情报部门研究、掌握各自部门内部各层次用户对信息资源的真正需求,合理引导各部门内部信息资源的流向,对实体资源和虚拟资源进行合理配置,科学管理。"[1]尤其是网络虚拟信息资源种类繁多,信息海量,结构复杂,良莠不齐,造成用户使用不便,科学管理信息资源的问题更为突出。

为了便于用户更有效地利用网络信息资源,出现了搜索引擎这一工具。搜索引擎不只是一个网站,更是一种信息查询工具,用于对网络信息资源进行组织和检索。用户通过输入特定的检索式,搜索引擎会迅速地与其所存储的网上信息特征进行匹配,并按照用户的要求将符合条件的信息记录以超文本的形式展示出来,供用户浏览和选择。因此,搜索引擎在某种程度上实现了对网上信息的有效控制,对网络信息资源进行了逻辑上的序化和优化,为用户利用网络资源提供了便利和帮助。

为了满足用户专业性较强的深度信息需求,图书馆、情报机构必须另辟蹊径,寻求更高级的信息资源组织形式。第一,采用都柏林核心元素集[2]网上资源编目的方法,可以逐渐实现对所有载体文献信息的有序化控制。当然,这一方法还有待进一步完善。第二,建立学科资源库。图书馆可以组织专业馆员通过对网上信息的浏览,重点收集参考价值较高的信息进行加工、组织、分类标引,分门别类地向用户提供如学术动态、科研成果、会议信息、电子论坛、科研论文等信息资

---

[1]游丽华.图书馆信息资源建设[M].北京:中国社会科学出版社,2008:96.
[2]都柏林核心元素集(Dublin Core Element Set,DC)是一个致力于规范Web资源体系结构的国际性元数据解决方案,它定义了一个所有Web资源都应遵循的通用的核心标准,其内容较少,也比较通用,因此得到了其他相关标准的广泛支持。

源。第三，组织专题资源库。首先，根据用户需求有针对性地做好选题工作；其次，确定某一专题信息的收藏范围和标准；最后，对收集的信息进行去粗取精、去伪存真的查重、过滤和整序，并发布于网页上。第四，建立重点学科导航数据库。以学科为单元对网络上的相关学术资源进行搜集、评价、分类、组织和序化整理，并对其进行简要的内容揭示、动态链接学科资源数据库和检索平台，并发布于网上。总之，图书馆、情报部门要对本部门的信息资源进行科学组织管理，提供针对性强的、适时对路的信息以供用户使用，以提高服务水平和用户的满意率。

2. 加强信息技术的发展与应用

信息技术是现代化图书馆信息服务发展的技术基础，也是信息资源的有机组成部分。从功能上可以分为信息的获取技术、信息的传递和存储技术、信息的分析处理技术以及信息的标准化技术四个方面。信息技术的发展和广泛应用不仅减少了人类的手工劳动，而且从根本上增强了人类的信息能力，提高了人类有效配置信息资源的水平。可以这样认为，信息技术是信息资源有效配置最有力的支撑手段。国家应积极借鉴国外先进经验，加强信息技术的发展与应用，加大对图书情报信息服务机构的投入力度。

第三节 图书馆信息资源的布局与整合

一、图书馆信息资源的整体布局

图书馆信息资源的布局是指全部馆藏文献资源按照学科性质、读者对象、载体形式、文献类型等特征，划分为相对独立又相互联系的若干部分，建立具有各种功能的书库，为每一部分藏书找到最适当的存放位置，以便保存和利用。馆藏文献布局不是主观意志的产物，而是图书情报信息机构规模不断扩大，用户对文献需求日益复杂和深入的客观需要。

（一）图书馆信息资源布局的要求

图书馆信息资源布局的要求有以下几方面。

第一，能够使藏书得到有效利用。图书馆应树立以下观念：图书馆的藏书是专为读者利用而购置的，图书馆的空间是专为读者利用图书馆的活动而建筑和布置的。图书馆的藏书是为了满足读者的使用需求，而不是仅仅为了收藏。藏书保存的根本目的是满足因为时间的延续而存在的潜在读者的使用需要。因此，藏书空间应与使用空间有机地联系起来，不能人为地割裂读者与藏书的联系，过分扩大图书馆员的中介作用。图书馆的藏书布局应尽量让读者方便利用图书，充分发挥藏书的作用。

第二，能够使藏书兼顾各方面读者的需要，便于读者迅速找到所需要的书刊，提高读者服务工作的效率。如公共图书馆把藏书划分为文艺书籍、社会科学书籍、自然科学书籍、少年儿童读物等，分别予以组织和流通，方便了不同类型的读者。

第三，在方便读者利用藏书的前提下，考虑方便图书馆工作人员熟悉和研究藏书，以提高工作质量，进行藏书的有效管理，如图书的入库上架、藏书的排列、检索、清点等工作。因为没有图书馆工作人员进行藏书的有效管理，要谈方便读者利用藏书、提高藏书的利用率也是不可能的事情。

（二）图书馆信息资源布局的空间结构

图书馆信息资源布局的空间结构，主要是根据书库的建筑方式规划和设计的，主要有以下三种形式。

1. 展开式水平布局结构

20世纪30年代以前，由于各国图书馆的馆藏信息资源不多，建筑规模也不大，图书馆建筑的三个主要部分——书库、阅览室和工作人员办公区处于一个水平面上。这种馆藏信息资源布局的书库，就称为展开式水平布局结构。这种布局结构比较适合小型图书情报机构，因此，目前小型图书情报机构仍然采用这种结构形式。

随着图书馆藏书量的不断增长和书库面积的扩大，传统的水平结构形式已经无法满足图书馆的发展需求。因此，一种分层式的水平结构应运而生了。这种结构按照大的学科将藏书和借阅分为多个楼层，每层仍然是水平结构。这种结构在建筑上显得较为灵活，在同一平面上，书库和阅览区可以任意分割，然而，这种结构形式要求建筑同层高、同负荷，因此占据空间较大，建筑造价相对较高。

2. 高层式垂直布局结构

随着馆藏信息资源布局理论和技术的不断发展，馆藏信息资源布局从一个水平面的布局发展到多层布局，出现了塔式书库。塔式书库为高层式垂直布局结构，这种布局形式能使藏书在最小的空间内得到最大限度的集中。

塔式书库作为图书馆的基本书库，经常与图书馆的其他建筑分开，无论是被阅览室所环绕的书库，还是与阅览室相连接的书库，都通过专门的通道或运输线路与图书馆其他部门发生联系。这样不仅能保证藏书的安全，还能使书库藏书与读者保持短距离的联系。我国大多数大中型图书馆采用了这种布局模式。但高层式垂直布局也有其缺点，这种布局结构灵活性较差，不便调整，且书库管理人员工作不便，如让一人管理多层书库，频繁地上楼、下楼会消耗大量体力。

3. 立体交叉式的混合布局结构

近年来，为了吸收水平布局和垂直布局的优点并减少其缺点，许多藏书结构复杂的大型图书馆采用水平与垂直混合布局的方法。混合布局是将常用书和呆滞书分开的一种布局方式。它将常用书放在同一水平面上，使这部分藏书能直接被读者方便地利用，将呆滞书放在书库中不与阅览室相连的垂直位置上，因而这种布局方式在空间上是呈三维立体方向伸展的。

（三）我国图书馆信息资源布局的形式

书库的划分是图书馆藏书布局的核心，图书馆可以根据不同的需求和标准将馆藏进行划分，组成各种系列的书库。划分书库的方法都是着眼于某一方面。实际上，确定某一图书馆的各种书库时是要综合考虑各种因素的，因而一些大中型图书馆各种书库的名称不一定是某一单一系列的名称，而可能横跨各种系列。但是，在考虑书库划分时，一般注重某一个方面，如我国图书馆界习惯按藏书的用途及使用方式，把书库划分为基本书库、辅助书库和专门书库。

1. 基本书库

基本书库是图书馆藏书的基础，也称为总书库，在全馆藏书中它处于总枢纽、总调度的地位，其主要功能有对藏书全面收藏、长久储备，临时调阅参考以及剔除处理等。

基本书库收藏了馆藏所有的书刊品种和类型，为读者的各种文献需求提供各种服务，如调阅补配、复制、参考及交换等。基本书库中既收藏常用的书刊，也收藏供研究用的参考性书刊和不常用的偶尔备查的资料性书刊。基本书库收藏的文献类型是多种多样的，既有印刷型文献资料，也有诸如缩微、音像、光盘等非印刷型文献资料。

作为图书馆藏书基础的基本书库，担负着满足读者各种文献需求和对辅助书库、专门书库的藏书进行及时调节的任务，其与采编机构、辅助书库、专门书库的关系密切，因而设计基本书库的位置时要充分考虑各种行动的方便。基本书库位置不宜太偏，否则不利于与辅助书库、专门书库的书刊交流。

我国众多的大中型图书情报机构已实施保存样本制度。该制度要求将入藏的每一种图书提取一个复本，并将其专门收藏为样本，组织成为样本书库（样本书库是基本书库的一部分），不提供外借服务。尽管图书馆界有人对一般图书情报机构实行保存样本制度表示怀疑，但从公平和提升读者服务质量的角度考虑，样本书库的优点远多于其可能存在的缺点。

2. 辅助书库

辅助书库是指图书馆为借书处、阅览室、研究室等读者服务部门设置的书库。它是基本书库的补充，以方便使用为原则，使读者最需要的藏书接近读者，其藏书最具实用性和较高借阅率。它一般依附于用户服务部门，具有相对的独立性和稳定性。其藏书在流动中保持稳定，即根据读者需求不断地补充那些具有实用性、推荐性和参考性的新书，剔除陈旧的、利用率不高的图书。辅助书库的设置要根据图书馆的规模和性质灵活安排。大中型图书馆可根据需要设置专科性、专题性等针对性较强的辅助书库，以满足读者专门性的借阅和参考文献的需要。

3. 专门书库

专门书库又称特藏书库，它作为图书馆特色馆藏部分，主要是为了满足读者的特殊需要或解决某些特殊文献的保管而设置的。专门书库的设置视图书馆规模和性质而各不相同，其收藏文献资料的范围较广，包括图书馆的善本、珍本、稿本、地方文献、特种文献、声像资料、缩微资料、光盘资料等。

专门书库的设置体现了具体图书情报机构的馆藏信息资源特色和服务特色，如北京图书馆的手稿专藏、善本书专藏，省级图书馆的地方文献专藏，高校图书馆的博士、硕士、学士论文库及学校一些专业特色的文献库。不是每一个图书情报机构都要设立专门书库。历史较短、规模不大，缺少相应专业工作人员的图书情报机构，并不具备建立专门书库的条件。

二、图书馆信息资源的整合

信息资源的整合是将各种分布、异构和多样化的数字资源系统中的数据对象、功能结构及其互动关系进行融合、类聚和重组，重新结合为一个新的有机整体，形成一个效能更好、效率更高的新的数字资源体系，以实现信息资源的有序组织、快速定位和有效揭示。在网络环境下，图书馆信息资源整合是信息服务从大众化向个性化发展的需要，是面向用户信息服务发展的必然结果。信息时代，图书馆需要拓宽思路，充分开发和利用多样化的信息资源，提供主动、全面、系统的高质量服务，延伸图书馆服务触角，推动图书馆业务再上新台阶。

（一）信息资源整合的必要性

1. 多样化的信息资源需要进行整合

多样化信息资源整合是在拓展馆藏和满足用户需求方面发挥积极作用的重要策略。然而，这一多元性也引发了一系列查询难题，包括不同形态信息资源之间关联不足、存在重复冗余信息导致查准率下降等问题。在这一背景下，信息资源整合成为一项迫切而必要的任务。通过有序化和剔除冗余，以及统一检索方式和界面，信息资源整合有助于提高查询效率，解决信息资源分散无序的问题，从而更好地满足用户的信息需求。

现代图书馆已经摆脱了仅注重文献保存与传递的传统观念，转而更加强调信息资源的开发与利用，图书馆员的角色由服务提供者逐渐演变为信息的管理者和导航员。通过信息整合，图书馆为用户提供了有序且优化的知识获取途径。图书馆信息服务的目标不只是保存和传递信息，更是增强信息资源的活性与利用价值。通过对信息的深度分析研究，图书馆将研究成果提供给社会，实现信息的增值。图书馆的角色转变不仅是为了适应信息时代的潮流，更是为了更好地服务社会，促进知识的创新与传播。

2. 信息资源整合是图书馆信息服务的要求

通过有效的信息资源整合，图书馆能够更好地满足用户的多样化需求，提高信息查询的效率，进一步强化图书馆在知识传递和创新推动方面的作用。这一演变不仅对图书馆自身的发展具有深远影响，同时还为社会提供了更加便捷、高效的知识获取途径，从而推动了信息社会的进步与发展。

（二）当前图书馆信息资源整合的形态

1. 跨库检索系统

跨库检索系统是一种集成不同学科专业数字对象的信息检索系统，具备统一的组织结构和检索方法。该系统采用先进的数字技术和网络技术，具有远程、快速、全面、有序、智能和特色六大服务优势，能为用户提供卓越的检索体验。例如，在中国科学院的系统中，用户有权在资源列表中选择数据库数量，从而实现对多个数据库的数据检索。

2. 印刷型期刊与电子资源的整合

为实现印刷型期刊与电子资源的整合，在期刊的机读编目中，增加了856字段。856字段是用于电子资源定位的，它可以记录印刷型期刊网络版的URL地址。通过在印刷型期刊的机读编目中增加856字段并将其指向图书馆的电子资源，我们可以实现两种版本之间的有效链接。这样，当读者通过图书馆OPAC检索印刷型期刊目录时，他们可以直接点击进入电子版界面，浏览电子版的信息，并获取电子版的回溯信息。

3. 全文电子期刊和电子期刊论文索引、文摘的链接整合

秉持提高检索效率的理念，全文电子期刊系统通过直接链接到全文数据库（如中国期刊网和维普科技期刊全文数据库）与检索工具，实现了二者的无缝连

接。这一创新设计避免了用户在文摘数据库中查找论文后需要退出并重新进入全文数据库的烦琐步骤，为用户提供了一站式检索的便捷体验，用户可从检索工具直接链接到全文，从而更为迅速地获取所需信息。

4. 学科信息门户整合

学科信息门户作为一种基于学科的信息聚合平台，集成了研究机构、实验室、电子资源等信息。用户通过学科信息门户能够进行一站式检索，轻松获取该学科领域的高质量资源。该门户能够提供更为专业、深入的数据库检索，弥补了搜索引擎的冗余和检索率不足，为用户提供了方便快捷地获取专题网络信息的途径。

总之，图书馆信息资源整合存在不同的类型、不同的形态，具体操作中又不可避免地出现交叉整合现象。因此，在推动图书馆信息资源整合的过程中，要重视制定统一的规划和技术标准，从大方向上规范信息资源整合的行为。政府高度重视并充分肯定了信息资源整合对社会、经济发展的作用，从政策上对图书馆信息资源的整合给出了支持和引导。图书馆信息资源整合是一项系统工程，既要考虑图书馆界的整体发展方向，又要顾及局部的适用性。我们不仅要重视研究信息资源整合模式和技术支撑是否有利于信息的增值，还要把握好整合基本概念的导向作用。

（三）图书馆信息资源整合的发展方向

其一，完善信息体系，开展全方位文献信息服务。在信息服务领域，追求全方位的服务是一项系统性的工作。需要进行系统化的设计，以网络资源为基础，为用户提供多维度的信息服务。通过有机融合馆际互借与文献传递的个性化服务系统，实现全面的信息咨询功能。为了更好地满足用户需求，进行二次开发是必要的，可引入语音和视频交流功能，实现双向网页推送，以提高个性化咨询服务的质量和效益。在这一过程中，还需要不断完善知识库功能，以确保信息服务的全面性和深度。

其二，个性化的知识服务。以信息资源为核心对象，个性化知识服务着眼于用户需求，通过信息分析、综合、转化、创新与重组等方法实现服务的个性化。概念检索和知识挖掘技术的引入有助于改善检索效果，而数据仓库技术的应用则实现了异构资源的整合，为基于内容的推荐提供了支持。机器学习的运用能够跟踪用户行为，提取个性特征并进行跟踪推荐。同时，数据挖掘和知识发现技术的深度分析与挖掘动能，则实现了基于知识的推送，从而能够更好地满足用户的个性化需求。

其三，建设搭配合理的高素质文献信息队伍。在图书馆信息资源整合中，人才队伍建设是核心。因此，建立结构合理、素质优良的文献信息队伍，对推动资源整合至关重要。定期组织专业培训，提高图书馆员的信息素养、技术能力和服务水平，以确保他们掌握所需技术和方法；加强职业道德教育，培养敬业精神、服务意识和团队合作精神，以确保以读者为中心；吸引和留住高素质人才，提供良好工作环境、优厚待遇和广阔发展空间；建立考核机制，客观评价并奖惩，激发工作积极性和创造力。

其四，开发可动态更新的网络系统。构建可动态更新的网络系统，需要运用基于平台和服务器独立的动态交互网页应用开发技术。这种系统应当具备高安全性、快速内容更新和强大导航功能，以为用户提供更为便捷、安全、高效的服务。支持热链接导航和智能搜索功能，并定制标签，有助于用户更精准地获取所需信息。同时，支持多种类型的数据库，整合数据库进行动态学术资源推荐，使得用户可以获取更全面的学术资源。为了确保系统的稳定和可持续发展，建立资源长期保存机制是必不可少的，这是图书馆可持续发展的基础。

第四节　图书馆信息资源的共建共享

"信息资源量的迅猛增长，使图书馆面临极大的挑战，任何一个图书馆都难以收藏如此众多的信息资源。传统的办馆模式已经不适应信息时代的要求，走图书馆信息资源共建共享的道路已成为图书馆事业发展的必由之路。"[1]这样不仅可以解决信息资源建设的有限性和读者需求的无限性的矛盾，还可以充分发挥图书馆的社会价值，创造更大的社会效益。

一、信息资源共建共享的必要性分析

图书馆馆藏资源是支撑图书馆服务读者、满足其信息需求的基础保障，也是

---

[1]李昕.图书馆信息资源的共建共享[J].中国新技术新产品，2009（24）：259.

图书馆持续发展的关键。然而，由于图书馆在馆藏资源建设方面的资金有限，馆际合作共建共享的开展成为缓解经费不足的有效途径。这一合作不仅可以有效地整合各图书馆的资源，还有助于在馆藏资源建设中形成合力，避免不必要的重复建设。

馆际合作共建共享的实施，具有显著的经济效益。通过资源共建，图书馆可以有效地降低采购成本，充分利用各馆的优势资源，避免资源浪费。合作共享还能够促进图书馆之间的良性竞争，激发馆藏资源建设的活力，提高资源的质量和水平。同时，合作共享也为图书馆带来了更广泛的读者群体，提升了图书馆的社会影响力。

在馆际合作共建共享的框架下，图书馆能够更好地实现资源的合理配置和互通有无。这种合作模式不仅能够增加图书馆的馆藏数量，还能够丰富馆藏内容，满足读者多元化的信息需求。馆际合作使各图书馆的资源得以互通，读者可以更便捷地获取所需信息，从而提高了馆藏资源的利用率。

馆际合作共建共享对于图书馆信息服务能力的提升具有重要意义。通过充分发挥各图书馆的专业特长，合作共享能够提供更全面、更深入的信息服务。这不仅满足了读者对于知识的追求，而且还为他们提供了更广阔的学术研究和学习空间。因此，这种合作模式有助于图书馆更好地履行其信息服务职责，提高服务质量，增强对读者的吸引力。

综合而言，馆际合作共建共享是解决图书馆馆藏资源建设资金有限问题的有效途径。通过协同努力，图书馆可以在资源整合、成本降低、服务提升等方面取得显著效果，为图书馆的可持续发展奠定坚实基础。

二、信息资源共建共享的内容

图书馆信息资源共建共享的内容和方法有多种，但确定什么内容和采取何种方法，要根据特定的环境和条件而定。

（一）编制信息资源的联合目录

馆藏信息资源联合目录在信息科学领域扮演着至关重要的角色，其重要性体现在多个方面。首先，该目录系统地揭示和报道了信息资源共享网络内各图书情报机构的馆藏情况，为用户提供了获取信息资源的重要途径。其次，作为共享网络内的关键工具，目录的存在促进了信息资源的广泛传播和利用。

馆藏信息资源联合目录的多样性是其优越性之一。该目录不仅涵盖全国性、地区性和系统性等不同范围，还包括中文、外文、综合、专科、现期、回溯等多种文献类型和学科领域。这样的多样性使得用户可以根据自身需求和研究方向，灵活选择目录范围和内容，实现个性化的信息检索。

然而，我国编制的联合目录还存在一些不足之处，如全国性和综合性目录相对较少，地区性和系统性目录相对较普遍。尽管地区性目录在信息资源共享中发挥了一定作用，但无法满足全国范围内更高层次的共享需求。

为推动更全面的联合目录编制，地区和系统性的图书情报机构应根据各自的条件、用户需求和馆藏情况，通力合作，共同努力编制更多类型的全国性和综合性目录。这一努力的目标是编制能揭示全国范围内馆藏信息资源，囊括中文与外文、综合与专科、现时与回溯、印刷型与机读型等多维度的联合目录，以更好地满足用户的不同需求。

综合性目录为用户提供了丰富的信息资源共享检索工具，能够满足用户多样化的检索需求，推动信息资源在更广泛范围内的共享。通过这些工具，用户可以更方便、高效地获取所需信息，促进信息资源在更大范围内的传播和应用。因此，馆藏信息资源联合目录的建设与完善对于信息社会的发展和知识传递具有深远的影响。

（二）发放通用借阅证

通用借阅证在地区内发挥着重要作用，成为实现信息资源共享的关键手段。在此背景下，直辖市、省属地（市）以及规模较大城市范围内通用借阅证的应用显得尤为关键。该证的使用具有诸多优势，如利用地理距离短、交通便利等有利条件，使用户能够在同一地区内的任何图书情报成员机构外借或室内阅览馆藏信息资源。

为确保通用借阅证的有效发放，相关程序应具有严肃性和协调性。发放程序的步骤包括形成共同意向、协商制定管理办法和借阅规则、最终签发证件。此过程的严密性是保障通用借阅证运作的基石。借阅规则的明确性也是不可忽视的方面。其规定了借阅范围、期限以及馆藏文献的赔偿办法，以确保证件的良好使用。

通用借阅证的签发要求对其有效性至关重要，需要注明使用范围，并须由签发机构盖章方为有效。联合盖章也是可行的，但必须由图书情报成员机构进行联合盖章，以确保发放程序的一致性和协同性。

在通用借阅证的服务与管理中，成员机构应热情、周到地为持证用户提供无偿服务。同时，严格教育用户遵守规则，违规应予以处理，以保证通用借阅证的严肃性。这种平衡的服务与管理模式有助于确保通用借阅证在地区内得以有序而有效地使用，为用户提供更广泛的信息资源利用机会。

（三）馆际互借

馆际互借是指图书情报机构之间运用互借馆藏信息资源的方式，实现互通有无，以满足用户需求，并最终达到信息资源共享的目的。这一实践既可在本地区、本系统信息资源共享网络中展开，也可超越地域，覆盖更大范围，甚至扩展至全国。在实施馆际互借之前，必须在自愿的基础上，双方建立良好的馆际互借关系。

馆际互借的实施流程，包括当用户需求无法通过本地通用借阅证满足时，借入方向借出方发出需求函，借出方随后将所需馆藏信息资源邮寄给借入方。这一过程的成功实施建立在自愿的基础上，确保了合作关系的良好运转。

馆际互借是一个较为复杂的过程，通常由任务较重的图书情报机构负责执行。因此，为了确保工作的正常进行，馆际互借需要由专门的人员负责，并建立相应的馆际互借制度。这些专业人员将负责处理复杂的馆际互借事务，以保障信息资源的高效流通。

在馆际互借的原则与费用分担方面，应当遵循互利、无偿的原则。对于负担较多费用的借出方，借入方可承担邮寄等费用，以维持双方间的平衡。这种合作模式旨在实现资源共享，促进图书情报机构之间的良好合作，共同满足用户对信息资源的需求。

（四）馆藏信息资源复制

信息资源复制是一种有效且便利的信息资源共享方式，特别适用于那些在某个图书情报机构未收藏但使用频率较高的信息资源。该过程主要通过复制其他机构的馆藏信息资源，以满足用户的信息需求。这种形式的信息资源共享通常在信息资源共享网络中展开，如果共享网络中的机构未收藏所需文献，也可通过复制网外机构的馆藏信息资源来实现共享。

馆藏文献的复制程序包括需求方向供应方发出需求函，供应方在接到需求后进行复制，并随后邮寄回需求方。当供应方与需求方距离较近时，也可选择直接派人前往进行复制。复制的方法包括静电复制、缩微复制和复录，需要根据文献的类型选择适当的复制方法以确保质量和准确性。

在进行馆藏信息资源的复制时，必须遵守法律规定，不得复制法律禁止的资源。需求方在提出复制要求时应避免违规请求，而供应方也不得从事违法复制活动。此外，供应方需要承担设备、材料等费用，因此可以向需求方收取一定的费用。然而，收费应当以成本费为限，与以营利为目的的文献复制有所不同。这种收费的目的是确保信息资源的合理共享，并促使供应方合理收取费用，以维持复制服务的可持续性。

（五）编发馆藏信息资源内部刊物

图书情报机构通过编发馆藏信息资源信息内部刊物，如《馆藏信息资源信息通报》《馆藏信息资源信息汇丛》《半月文献荟萃》《每日文献要闻》等，向社会传递馆藏信息资源信息。这些刊物旨在促使用户主动利用馆藏信息资源，实现信息资源共享。因此，各类型图书情报机构应高度重视编发馆藏信息资源内部刊物，以更好地实现信息资源共享。

（六）文献数据库资源共享

文献数据库资源共享，作为一种高水平的信息资源共享方法，与传统手段存在显著的差异。这一方法涵盖了计算机可读的、有组织的文献信息，主要通过二进制编码和计算机存储实现，使得信息能够通过通信网络进行联机检索和利用。

文献数据库的构成主要包括文献数据库、索引数据库、书目数据库、全文数据库以及混合数据库。目前，文献数据库资源共享的关注焦点主要集中在书目数据库和全文数据库上，这些是图书情报机构自主或合作构建的关键领域。部分发达国家已经在文献数据库领域建立了大量数据库，而我国也已经建设了一定数量的文献数据库。未来，我国文献数据库资源共享的核心任务应当着力于全文数据库的建设，有计划地将馆藏中重要而常用的信息资源转化为全文数据库，并向社会提供共享服务。

随着电子出版物数量的增加以及全文信息开发技术的成熟，以数据形式呈现的全文数据库在图书情报机构中将迎来广泛的应用。这一趋势表明，电子出版物的普及和信息技术的进步，将进一步推动全文数据库在文献资源共建共享中发挥重要作用。

三、信息资源共建共享建设存在的问题

在当前信息资源共建共享的背景下，存在的问题主要是：共建共享的理念意识不足；传统图书馆的发展理念对共享实施形成了一定的制约；本位主义思想盛行，缺乏全局观念和协同意识，使共享理念未能在图书馆运作中得到充分体现；存在"搭便车"心理，即成员普遍缺乏实际行动，可能导致共享服务的动力不足，进而影响整体效益的实现。

信息资源建设方面的规范化和标准化问题也是制约共享的重要因素。规范化和标准化被认为是信息资源共享的前提和基本保障，然而，目前却缺乏对其认同和重视。不同标准的存在导致信息资源建设的混乱，妨碍了共享服务的效果和目标的实现。这一状况迫切需要图书馆界增强对规范化和标准化的认知，并在实践中加以贯彻实行。

另外，传统的图书馆管理体制制约了其发展空间。管理体制作为图书馆发展的关键因素，但却滞后于时代潮流，仍然沿袭"条块分割"的制度，缺乏权威协调机构，各系统独立运行，沟通不畅，导致资源共建共享效果差，整体效益难以实现。因此，为了促进图书馆共享服务的顺利实施，迫切需要更新和优化管理体制，构建更具协同性和高效性的组织结构，以推动图书馆系统间的资源共建共享，扩大信息资源利用和服务的范围。

四、信息资源共建共享的保障体系

第一，加强共建共享理念的普及与实施。信息资源共建共享是国家信息化进程的必然趋势。在信息资源建设中，应树立全局观念，以打破各自为政的局面，形成相互合作、相辅相成的服务体系。强调资源共建共享的优势互补整体化，推动信息资源的充分开发利用，从而扩大共享范围。

第二，加强资源共建共享工作标准化和规范化。标准化和规范化是资源共建共享的必备条件，各成员单位应按照国家标准进行工作，注重标准和规范的实施。

只有在标准化、规范化的基础上,才能实现信息资源的转换、交流、兼容,实现不同系统资源的通畅共享。

第三,建立法律法规保障体系。制定完备的法律法规体系是信息资源共建共享工作的行动指南。各部门协作需要相应的政策法规,以规范各方行为,保障共享合作的有效性和有序性,保障各合作方的权益。

第四,加强技术创新。网络技术为信息资源共建共享提供了必备的技术支持,要制定网络资源操作规程和行为规范,改进资源传输手段。鼓励自主创新和集成创新,以获得更多的主动权和资源产品竞争力,推动信息资源共建共享的良性循环和持续发展。

第五,提升馆员服务素质。对图书馆工作人员进行专业化、系统化的培训,以提高其业务水平。通过技术手段的运用,使馆员能够捕获网络资源并进行深层次的开发,以提供更丰富的信息资源并提升服务效果。

第六,加强读者的引导。加大宣传力度,向读者推销馆藏资源,尤其是特色资源。对用户进行数字化、网络化基础知识、图书馆服务设备基本操作技能和软件使用技巧的培训,以提高用户的操作水平,促进资源的充分利用。通过这些关键点的实施,可以构建一个健全的信息资源共建共享保障体系,促进信息化事业的顺利发展。

五、信息资源共建共享的发展趋势

趋势一:数字化和网络化。这一趋势突破了传统信息载体的限制,使文献信息能够实现跨越时空的存取,从而促进了信息的共享。这为图书馆信息资源共建共享提供了基础和前提条件,使得信息流通更加便利和高效。

趋势二:制度化、规范化和科学化。通过建立制度化的管理体系,采用规范化的管理方法以及科学化的决策,可以有效提高资源管理的效率。这有助于确保共建共享活动在有序和高效的状态下运行,从而推动整个信息资源领域的健康发展。

趋势三:市场化和产业化。将信息资源看作能够盈利的商品,通过市场机制运作,实现资源的最大化利用。这样,不仅能带来社会和经济效益的双赢,还能促进信息产业的稳步发展,为图书馆提供重要的支撑和保障。

趋势四:智能化。提供智能化的信息资源已成为满足用户需求的必要条件。

通过建设智能化资源库，应用智能化搜索引擎提高用户在海量信息中获取有用信息的效率，能够更好地满足用户深层次的需求。推动信息资源的共建共享朝着智能、便捷的方向发展，不仅使信息检索更加智能，而且为信息资源的共享提供了更加高效和便捷的途径。

在信息资源共建共享实践发展过程中，共建共享机制尚未成熟，共建共享在管理、技术、权利等方面存在的问题尚未得到妥善解决，还需要在共建共享活动过程中不断总结、改进、完善、提高。在数字化、网络化的信息环境中，依托计算机网络等先进技术，建立良好的信息资源共建共享服务体系，能够最大限度地满足用户广泛的信息需求，促进图书馆事业的整体发展和进步。

第三章

新环境下图书馆资源建设研究

随着科技的进步和社会的发展,图书馆资源建设面临着新的机遇和挑战。在数字化、智能化和社交化的趋势下,图书馆需要不断创新和拓展资源建设的方式和内容。本章分别探讨图书馆数字资源建设、智慧资源建设和短视频资源建设等新兴领域,以期为未来图书馆资源建设提供新的思路和方向。

第一节　图书馆数字资源建设

随着信息时代的来临，互联网已经成为人们生活中不可缺少的一部分。网络信息技术不仅深刻地改变了人们的价值观念、生活方式，而且一定程度上改变了人们的学习习惯。作为国家信息资源中心，图书馆除了固有地提供纸质文献资源外，还有必要积极建设数字文献资源，尽可能满足人们对数字资源的需求。

一、图书馆数字资源建设存在的主要问题

如今，"数字资源占馆藏的比重日益增大，在确保文献发挥作用方面发挥着至关重要的作用，因而对数字资源建设和管理的要求越来越高"[①]。受多种因素的影响，当前图书馆数字资源建设还面临着诸多问题。

第一，我国图书馆数字资源呈现明显的不均衡分布，这一现象在经济相对较差的偏远地区表现得尤为突出，呈现出数字资源与地区经济水平密切相关的趋势。由于这种不均衡，公共文化资源无法实现均衡发展，制约了全国范围内公众享有相对平等的信息获取权利。

第二，商购资源在图书馆数字资源中占据主导地位，形成了知名数据库产品的垄断态势。例如，中国知网、万方数据库等产品在图书馆中的占有率相对较高。然而，由于版权问题，图书馆在数字资源建设中受到与资源商合同的限制。这限制了图书馆对于数字资源的自主管理和开发，对推动全民阅读也带来了一定的阻碍。

第三，图书馆数字资源服务模式存在较大差异。不同图书馆采取的服务模式各异，包括仅在图书馆馆内使用、持证读者在图书馆以外地区使用、网络实名认证后可在图书馆以外地区使用等多种模式。目前，仅在图书馆馆内使用的服务模式最为普遍，但这种模式严重制约了数字资源的普及与利用。

第四，数字资源在图书馆面临利用率低和查找渠道单一的问题。调查表明，许多需要学术资源的人更倾向于从身边寻找资源，而不选择前往图书馆。这导致

---

① 黄让辉.新时期下图书馆数字资源建设的困境与对策[J].城建档案，2020（1）：22-23.

了数字资源查找渠道的单一性，使得一些多媒体设施的利用率较低。这不仅影响了图书馆数字资源的整体利用率，还减缓了数字化学习环境的建设与发展。

综上所述，目前落实馆外数字资源利用是极为关键的，只有如此，才能有效提高数字资源的利用率。一些经济较发达的城市已经拓展了馆外数字资源利用渠道，但使用的人数仍然较少，主要在于了解的人较少。因此，加大宣传力度是推广数字资源利用的重要方法之一。

二、加快图书馆数字资源建设的策略

图书馆的基本职责是满足读者对文献资源的需求，因此建设文献信息中心是图书馆的核心任务。在新时代背景下，公共文化服务体系建设的精细化和深化，对图书馆的数字资源建设提出了更高的要求。换句话说，为了让更多人有机会利用数字资源，图书馆肩负着重要使命。

（一）加强统筹协调，促进资源服务均衡发展

作为国家公共文化服务的重要组成部分，图书馆面临数字资源地区分布不均衡的问题。要解决这一问题，省市级政府应积极参与，通过平衡数字文献资源，确保各地图书资源的均衡配置。这既需要政府的统筹规划，也需要各级图书馆的积极配合，共同推动图书馆事业的全面发展。

（二）推动集中采购，扩展商购资源服务范围

数字资源具有便捷性，但在建设数字资源时必须考虑知识产权保护问题。高校间的合作是一个可行的途径，可以通过集中采购的方式，扩大商购资源的服务范围。在服务评估过程中，应以服务对象和资源种类为依据，确保服务的全面性和专业性。

（三）政府制定相关政策，推动自建资源全面开放

图书馆作为知识产权的拥有者，政府有责任制定政策推动自建资源全面开放。当前，许多自主知识产权图书馆尚未实现资源网络的开放，因此，有必要加强相关政策的制定，推动图书馆自建资源全面开放。这不仅有助于提高资源利用率，还可以促进文化知识的传播。

（四）建设公共阅读服务平台，实现数字资源共建共享

建设公共阅读服务平台是一个创新举措，其意义在于将商业和自建的资源进行有效整合，以实现资源的共建共享。这一平台的出现，打破了传统阅读方式的局限性，为读者提供了更为便捷、全面的阅读服务。

目前，虽然已经有不少地区开始着手建设公共服务平台，但这些平台对读者仍存在一定的使用限制。这无疑削弱了公共阅读服务平台的影响力和实际效果。因此，需要采取进一步措施，扩大公共阅读服务平台的推广范围，以确保更多的读者能够享受到数字资源的便捷服务。

为此，需要制定科学合理的推广策略，包括线上和线下的宣传活动、举办阅读推广活动以及提供专业的阅读指导服务等。同时，我们还需要加强与各类图书馆、书店以及相关机构的合作，共同推动公共阅读服务平台的普及和发展。

（五）注重服务推广宣传，推进数字资源发现利用

为了使数字资源服务真正融入人们的生活，需要采取一系列措施来加强对数字资源的认知和推广。首先，图书馆可以积极发布国家图书馆的开放资源，为读者提供更多的数字资源选择。其次，图书馆应该设立办证处，为读者提供更加便捷的服务，以便使更多人能够方便地利用数字资源服务。此外，网络媒体也是推广数字资源服务的重要途径。图书馆可以利用社交媒体、网站等网络平台，积极宣传数字资源服务，提高人们对数字资源的认知度。最后，图书馆可以与各大网络平台合作，推出各种优惠活动，吸引更多人使用数字资源服务。总之，要使数字资源服务真正融入人们的生活，需要加强对数字资源的认知和推广，提高人们的数字素养，使更多人能够充分利用数字资源服务。

综上所述，推进图书馆建设，有利于营造书香氛围，增长人们的知识与智慧。新时代，必须充分利用数字文献资源，让图书馆建设进入快车道。建设数字资源，是未来图书馆的重点工作之一。数字资源的有效利用，有助于打破传统的阅读模式，让更多的读者通过网络平台阅读。基于我国数字资源分布不均衡、使用不全面的现实，要努力发动社会各界分工协作，做好图书馆数字资源的宣传推广工作，让更多的群众了解和利用数字资源，真正实现文献资源共有、共建、共享，让新时代的文化惠民工程进入千家万户。

第二节　图书馆智慧资源建设

在当前的泛信息时代，由于数据资源的结构复杂、数量庞大、处理要求高，传统的数据处理方式已无法满足现代数字资源建设和管理的要求。在数据资源处理环节过度投入可能会削弱其他服务环节的力量，从而影响整体服务质量。因此，相关部门需要采取协同管理的方式，运用现代技术手段，充分发挥整体效应，以应对这一挑战。互联网、大数据、云计算等技术在公共文化行业中的融合与应用，促使图书馆转变传统发展思路。在数字网络环境下，图书馆需要建立多元信息服务平台，以应对海量异构数据和新媒体发展带来的数据处理压力和竞争威胁。

图书馆的数据资源建设与管理正朝着智慧化方向发展。为了应对这一趋势，图书馆需要敏锐感知用户的动态资源服务需求变化，利用"互联网+"思维，积极构建多元共享的智慧资源网络。图书馆应提升资源供给侧服务属性，为用户提供便捷、精准的知识资源，以提高阅读服务质量。

一、技术要素对图书馆资源建设与服务的影响

（一）技术要素对图书馆资源建设的影响

图书馆数据资源建设经历了从最初的藏书建设到信息化资源建设的演进过程，取得了全馆数据资源集成化和精准化管理的显著成果。这一演进不仅体现在实质性的资源建设中，还表现在资源建设理念与管理模式的根本性变革。在技术迭代的推动下，图书馆文献资源建设涉及宏观和微观两个层面。宏观层面包含地区和馆际的协作与协调发展；微观层面包括资源的收集、整理和存储等环节。

技术要素在图书馆的作用日益凸显，其初步的应用解决了纸质资源数字化难题，实现了文献的快速组织和布局，从而显著提高了资源的存储和检索效率。新媒体技术和互联网的迅猛发展使网络资源和多媒体资源呈指数级增长，同时也实现了大规模的数据资源共享，信息的自动化管理水平快速提高。

在计算机管理系统的应用方面，图书馆自动化集成系统（ILAS）、汇文信息服务系统、ALEPH系统等，成为图书馆资源自动化管理中常用的计算机管理系统，为图书馆提供了强大的管理工具和技术支持。

多样化建设与资源体系的发展得益于大数据、云计算、虚拟现实等技术的不断发展和融合应用。这些技术的推动使图书馆得以实现文献资源的多样化建设，使实体资源和虚拟资源相互融合构成图书馆资源体系。这一发展初步凸显了资源供给侧的服务属性，为图书馆提供了更为多元和综合的资源服务。

（二）技术要素对图书馆资源服务的影响

在当今时代，技术的快速发展推动了信息获取方式的多元化，其中大数据和云计算等先进技术的应用为民众提供了更加广泛的信息获取途径。与此同时，这些技术的不断演进也使得民众对信息服务质量提出了更高的期望。

作为知识教育和文化传播的中心，图书馆在适应时代变迁和读者需求的同时，需要灵活调整服务方式。其服务目标逐渐演变为在智慧环境中优化实体功能，通过信息技术实现需求感知、人机交互等服务，构建多元共享的多主体共享网络资源体系，同时提供特定情境下的个性化服务。

在数据资源管理方面，技术的介入优化了图书馆的数据资源，实现了对海量异构数据的结构化重组与规范管理。不仅数据资源得到了优化，资源的种类也得以丰富，如引入了3D互动立体图书、VR体验阅读以及动漫阅读体验区等多样化的数据资源类型。

为实现更高水平的服务，图书馆积极构建基于混合云环境的信息服务平台，该平台由IasS、PaaS、SaaS和客户端四个部分组成。在阅读推广等服务中充分利用新技术和新媒体，图书馆服务的覆盖面得以扩大，从而推动了个性化服务水平的提高。这个信息服务平台不仅为读者提供了更广泛的服务选择，还为图书馆在信息时代的快速变革中找到了适应和创新的路径。

二、图书馆智慧资源特征与建设策略

（一）图书馆智慧资源特征

从资源层面分析，图书馆资源建设应具备便利性、高效性和互联性三大特征。在现代信息技术的支持下，图书馆可以实现对数据资源的精准统计，以制订个性化供给服务方案，最终满足用户需求。

用户导向是图书馆智慧资源建设的指导思想，其核心是"以用户为中心"，以满足新时期用户对资源服务的具体需求为目标。实现用户需求的满足被视为资源建设的最终目标。

当前图书馆资源建设与管理的关键在于数据结构的优化。随着资源类型的增加，用户获取文献信息的方式发生了变化，因此，图书馆需要提供个性化检索服务，以提升文献服务的品质。

资源管理对图书馆数据资源建设具有巨大的影响。在泛信息环境下，资源协同管理理论在图书馆领域发挥着关键作用，可以提高数据资源管理的效能。

基于多元主体协同理论，各主体参与图书馆数据资源建设，充分发挥自身资源、技术和管理优势，避免资源重复建设、实现相互监督，并推进资源建设审核与互相监督，以维持高效率的扁平化结构，更好地应对多变的外部环境，这种多元主体协同的方式有助于实现资源的共享和高效利用。

（二）图书馆智慧资源建设策略

制定标准化的数据资源管理规范，有助于图书馆系统地划分和配置其内部资源，以确保资源在形式上协调、合理。这一标准化框架旨在提供一个明确的指南，使得图书馆能够有效管理其丰富的资源，并确保这些资源在系统中能够被准确识别和利用。

同时，制定数据资源服务标准是为了考虑到各种资源的保存、浏览和预览格式。通过明确资源后期加工、程序选择和基本操作规范，该标准化不仅实现了馆际协调，避免了信息的孤立存在，还促进了大规模数据资源的共建和共享。这有助于图书馆更有效地利用各类资源，提高服务的效益。

以用户为中心的构建要求通过技术融合应用，优化和整合网络环境下的数据资源，以最大限度地提升资源供给的便利性和高效性。这一理念确保了图书馆服务效益的最大化，使得用户在获取信息时能够更加便捷和高效。

为了更好地满足用户需求，图书馆需要精准调查用户行为偏好，利用大数据技术等系统来分析用户对资源的需求，为构建采访决策模型提供有力的数据支持。

个性化资源供给服务导向则要求图书馆围绕读者最迫切的服务需求，实现从数量保障到质量保障的提升。通过借鉴最先进的信息组织与管理手段，图书馆可以为数据资源建设提供更深层次的服务，使用户能够获得更高质量、更个性化的服务体验。

通过以上措施的综合实施，图书馆能够建立科学的规范化服务框架，实现对用户需求的精准满足。这有助于促进数据资源的优化与整合，最终提高图书馆的服务效能和服务质量，使其在信息时代更好地发挥社会服务职能。

三、图书馆智慧资源服务需求与开展策略

（一）图书馆智慧资源服务需求

"互联网+"战略和现代信息技术的深入推进为图书馆智慧化服务提供了有力支持。在这一发展背景下，图书馆积极应用大数据、云计算等先进技术，旨在构建基于数字互联网络的多元信息服务平台，以实现资源服务的智慧化。智慧化资源服务的首要需求是建立统一的数据资源处理平台，以满足民众对高效信息获取的迫切需求。通过采用技术手段，如可视化处理、科学整理与数据集成，图书馆致力于形成具备实时获取资源功能的云端数据资源池。

为满足读者对多元化服务渠道的需求，图书馆应充分发挥自身资源优势，通过跨界合作等方式构建涵盖采集、编目、借阅、阅读和购买等全流程服务的综合性服务体系。在这一服务体系中，多元化服务渠道将为读者提供更加便捷和全面的服务体验。

数据资源的开放、共享与交流是提升数据资源利用率的关键。图书馆应当积极推进数据资源的开放，吸引社会力量参与，提高共享资源的质量，以实现资源利用效益的最大化。通过开展开放式数据共享和交流活动，图书馆可以促进学术界和社会各界的合作，推动信息资源共建共享的进程。

智慧资源服务的具体内容包括智能化资源管理、智慧检索服务、精准书目推荐和体验感知服务等。这些服务内容将进一步提高图书馆的服务水平，为用户提供更为个性化和智能化的图书馆体验。通过不断创新服务方式和整合先进技术，图书馆将更好地适应信息时代的需求，推动图书馆事业朝着更加智慧化、开放化和服务化的方向发展。

（二）图书馆智慧化资源服务开展策略

新技术对图书馆智慧资源服务的推动在当前具有重要意义。图书馆面向泛在化、智能化、个性化的方向迎接新技术，注重在服务中体现人文关怀的理念。在

多元数据资源服务平台建设方面，通过物联网、大数据、云计算等技术的有机结合，图书馆致力于构建具有全面感知功能的智慧服务模式，以提供沉浸式感觉体验，有效突破时空限制。

在实体资源管理方面，采用物联网、RFID等技术实现实体馆藏资源的智能化定位与跟踪，配合智慧书架和三维导航系统建设，全面实现了实体资源的智能化管理。在数据资源的层次化整合与分析方面，充分应用大数据和云计算等技术，对用户行为和资源进行层次化整合与分析，从而提供多样化的检索方式，以满足用户多样化的需求。

为实现线上线下一体化服务，图书馆运用"互联网+"思维，构建一体化的融合服务平台，以按计划采购资源的方式为用户提供多元化的检索与阅读服务，降低采购成本并拓展联合服务渠道。同时，图书馆强化与出版社、杂志社、数据库供应商、物流企业的合作，通过合作降低资源采购成本，实现资源的高效获取与传输。

图书馆还重视读者的参与与反馈机制，建立了广泛的读者信息反馈渠道，形成了覆盖全部读者的资源评价体系，以激发读者积极参与图书馆服务的热情。这一系列举措标志着图书馆正积极应对新技术的挑战，不断提高服务质量，以更好地满足社会大众的信息需求。

（三）数据资源与服务共享策略

数据开放与共享是未来图书馆资源建设与服务的重要内容，也是后续扩大服务覆盖范围、提升资源服务品质的重要支撑。数据的开放与共享分为两个层面：

一是数据资源的融合共享，即制定一致的元数据交换标准显得尤为紧要。通过规范化行业内图书馆元数据和著录标准，可以提高数据资源制作的标准化水平，为行业内资源交流与合作奠定基础。这不仅有助于提高数据的可互操作性，而且为跨图书馆资源的有效整合创造了条件。

二是数据资源服务共享强调图书馆在数据资源开发、共享和价值延伸方面的跨界合作。其中与专业性社会服务主体的合作成为关键，旨在最大限度地满足用户需求，实现各合作主体的价值共赢。这种合作模式能推动图书馆摆脱狭隘的资源壁垒，实现全面服务用户的目标。在服务理念上，多元数据资源服务体系构建是不可或缺的。以图书馆为核心，与专业性社会服务主体合作，创建多元数据资源服务体系，为读者提供方便快捷的知识服务。这一体系的建设既涵盖了多样化的信息来源，也充分发挥了各合作主体的专业优势，确保了服务的全面性和高效性。此外，采用"图书馆+"形式与文旅部门展开深度合作，通过新媒体宣传提升文献资源的利用价值，成为推动阅读服务与文旅部门协同发展的有效途径。这种创新合作模式不仅能够拓宽图书馆服务的影响范围，而且还为文旅事业注入了新的活力，实现了双方的互利共赢。

第三节 图书馆短视频资源建设

"计算机技术的发达促使信息传递手段更加多样、直观化，短视频已成为信息传递中'短、平、快'的代表形式，被广泛应用于电子商务、社交等领域。"[1]在图书馆界，利用短视频的资源优势，发展多种形式的"短视频+"服务，改善用户体验也成为一种趋势。

一、短视频作品制作概况及特点

部分图书馆会根据抖音平台的传播特点，专门制作在抖音平台上发布的作品并进行推送。例如，江西省图书馆发布的"旺宝与图图的日常"短视频合集，以该馆两台智能机器人与读者的互动为内容，成为该馆抖音号吸粉和获赞的最主要视频合集。此外，各馆均注重将平台对视频时长、作品内容的要求与自身特点相结合。

（一）作品内容的多元多样

图书馆发布的短视频内容涵盖多个类别，以满足广大读者的需求。

读者指南类视频致力于介绍图书馆的基础服务，包括开馆、闭馆时间和区域调整的详细解释，以及图书馆空间布局、馆室功能和馆藏借阅方法等方面的全面信息。通过这类视频，读者能够深入了解图书馆的运作和提供的各种服务。

服务宣传类视频旨在推广图书馆的特色服务，视频内容包括对新增数字资源的介绍、使用方法和服务理念的详尽阐释。通过展示日常工作场景，强调图书馆

---

[1] 周瑶. 高校图书馆短视频服务研究[J]. 智库时代，2023（9）：253-256.

以人为本的服务理念，这类视频旨在吸引读者积极利用图书馆的各项特色服务。

推介展示类视频专注于宣传图书馆举办的阅读活动，视频内容涵盖预热宣传即将举办的活动以及展示已经举办活动的效果。通过这种方式，图书馆能扩大阅读活动的影响力，吸引更多读者积极参与，以推动阅读文化的传播。

图书推荐类视频反映了图书馆的基本职能，展示了多样的推荐方式，视频内容包括与阅读推广活动相结合的推荐以及对特定图书的深度解读。推荐主体涵盖馆员、馆长，不同年龄层、职业和阅读背景的读者，还包括名家、名人等，以满足不同读者群体的阅读兴趣。

知识分享类视频具有普及教育的功能，例如，国家图书馆抖音号推出的"阅览室的视听科技"系列，通过馆员利用丰富的视听资源和多样的阅览空间，结合读者关注的知识点进行拍摄制作。这类视频通过直观的视听体验，为读者提供有趣的知识分享，促进了知识的传播和学习。

（二）作品制作风格各不相同

短视频平台在要求创作者遵循作品时长限制的同时，对于视频品质和摄制设备等方面的要求相对较为宽松。这种相对低门槛的要求为不同类型的创作者提供了参与的机会，促使各个领域的专业机构积极参与短视频制作。

针对图书馆抖音号作品特点，各图书馆在发布作品时充分整合自身行业特点和社会职能，形成独具特色的"抖说"风格。这种风格凸显了图书馆在社会中的角色和使命，通过短视频媒介传达知识、推动阅读，引起观众的兴趣和关注。

短视频制作主要分为以下三种类型。

一是由资源商、其他媒体或机构主导制作的短视频，图书馆负责转发。这些视频通常带有"超星名师讲坛"的标记，内容精彩且能在规定时间内完整呈现知识点和趣味性。

二是报道型短视频，主要依托图书馆举办的各类阅读推广活动。这些视频由现场照片、掠影、参与者互动等剪辑而成，旨在呈现图书馆公益活动的举办情况和社会效益，具有简介功能。

三是原创型短视频，由图书馆作为主体摄制。这些视频根据主题完成构思、采访、拍摄、剪辑等制作流程，具有较为清晰的创造性和目的性，以期待受众认可和接受为出发点。

（三）短视频资源建设更具特色

当今社会，短视频媒介深刻影响着公众，推动了知识领域的拓宽，能将隐性知识转化为显性知识。这一趋势引起了图书馆的高度关注，它们充分认识到短视频传播的优势，并积极利用这一媒介将馆藏资源传递至大众面前。许多图书馆积极在短视频平台分享丰富的知识类和原创视频，形成以馆藏资源为特色的原创视频群体。为更好地满足受众需求，部分图书馆还充分利用抖音等平台，将馆藏资源组合成主题鲜明的系列短视频合集，定期推送给广大受众。图书馆短视频作品在命名上注重形式规范，采用"主标题+小标题"的方式，以体现作品之间的联系和共性特征。例如，绍兴市图书馆的"传承传统文化"、嘉兴市图书馆的"老浦识字"以及长沙图书馆的"百优工匠"等系列，这些作品既凸显了地域文化的传承，又弘扬了文明与教育的理念。

"图书馆+短视频"是图书馆自建资源的一种创新形式，具有如下特点。

第一，制作门槛较低。相较传统媒体制作，短视频的制作门槛较低，使用手机等简单工具即可完成，且制作周期短，操作容易。这使得图书馆能够以相对较低的成本快速产出内容，为用户提供多样化的信息资源。

第二，获取用户反馈快。与传统资源建设相比，短视频在发布后能够迅速获得用户反馈，包括实时更新的粉丝数、获赞数、评论数、播放量等指标。这一即时反馈有助于图书馆更灵活地调整制作方向，更好地迎合用户需求，实现与用户的互动与沟通。

第三，资源传播潜力大。通过在短视频平台发布内容，图书馆的优质资源可以得到更广泛的传播。以抖音为例，国家图书馆和浙江图书馆的合集播放次数惊人，彰显了在短视频平台上优质资源的传播效应，有助于提升图书馆的文化传播功能和影响力。

第四，形象塑造人格化。通过更为生动的表达方式和更具个性化、人格特质的推广手段，图书馆得以突破传统平台对机构形象的限定。这样的立体化形象不仅有助于吸引更多的用户，还拉近了大众与图书馆之间的距离，增强了公众对图书馆的认同感。

第五，职业价值感受强。通过在短视频平台上进行资源建设，图书馆员不仅提高了工作积极性，还通过受欢迎的作品直接获取用户反馈，进一步提升了职业价值感知。短视频平台在大众生活中的重要性也为馆员提供了更充沛的创作动力，激发了更高水平的工作热情。这样的反馈机制有助于构建更有活力和有吸引力的图书馆文化。

二、短视频资源建设存在的问题

（一）缺乏建设意识与规划

图书馆在推广方面主要依赖于微信、微博等社交平台，然而其对于短视频平台传播功能的认识存在缺陷。虽然通过短视频平台成功吸引了大量用户，但图书馆未充分认识到短视频资源建设的紧迫性。一些图书馆已经在尝试开展短视频资源建设，但这一努力仍然处于初步探索阶段，缺乏系统的整体规划。

同时，在短视频作品的制作和发布方面存在一系列问题。首先，缺乏统一规划导致短视频作品形式的多样性，同一主题的作品在制作方式和质量上存在较大差异。此外，部分图书馆在抖音等平台上的更新频率较低，甚至有的在初期发布后疏于维护，导致作品在新媒体环境中难以持续获得关注。

（二）资源制作没有充分考虑平台特性

在资源制作方面，图书馆在短视频制作中存在一个显著的缺陷，即未充分考虑到手机短视频平台的特性，多数制作采用横屏模式。这一决策降低了用户的阅读体验，使得用户在观看过程中感到不适应。即便是一些采用竖屏模式的作品，虽然符合"草根性"的特点，但由于质量不高，未能吸引目标受众，导致错失完播机会。

（三）发布的作品未体现行业个性

一些图书馆发布的短视频作品只是简单拼凑，缺乏美感，未能达到传播的基础水准，使得作品在竞争激烈的短视频平台上难以脱颖而出。同时，作品之间的关联度较低，定位不明确，难以直观地体现图书馆短视频资源建设的目的。这使得受众很难获取与自身兴趣相关的作品，从而降低了整体的观众吸引力。

（四）缺乏短视频资源建设的专业人才

在图书馆向新媒体资源建设的转型中，一大难题是缺乏相关专业人才。馆员的创新和创作能力不足，使得他们难以找到现有馆藏与短视频之间的契合点，制约了资源建设的突破。由于人员紧张，短视频制作周期不稳定，更新频率无规律，这对作品质量和受众留存造成了影响。馆员缺乏新媒体传播技能培训，既得不到专业指导，又缺乏专业制作设备支持，导致制作的短视频作品质量较差，难以吸引受众。

（五）知识产权保护意识有待加强

在图书馆发布的内容中，存在微信、微博、短视频平台以及官方网站上未经授权使用网络图片且未标明出处的问题。这种行为构成侵权，可能导致法律责任及经济赔偿。图书馆普遍缺乏对原创短视频资源的保护意识，未采用原创保护技术，仅有少数图书馆在标注位置标注本馆标识。因此，加强知识产权保护意识，如使用原创保护技术和标识，对于保障图书馆在新媒体领域的合法权益至关重要。这将有助于避免法律风险，并建立良好的原创短视频资源形象，提高图书馆在社交媒体平台上的声誉。

三、图书馆短视频资源建设的策略

（一）感知传播潮流，规划资源建设方向

在新媒体环境下，图书馆的角色至关重要。其应保持对新媒体发展的敏感性，及时了解社会趋势，将各类新兴媒体纳入发展战略，以促进图书馆自身的不断发展。在文化传播中，图书馆扮演着不可或缺的角色，因此需要提高对文化传播媒介发展的认知，以免脱离公众关注的文化传播潮流。

在短视频资源建设方面，图书馆在利用各种平台进行资源与服务宣传推广时，必须明确建设目标，把握建设方向，确保所建设的内容与预期社会效益一致。根据整体发展规划，图书馆需要转变传统资源建设观念，以特色馆藏资源为出发点，找到更易于大众接触、接受的方式，使短视频资源建设成为连接大众与服务的新桥梁。

在资源建设的过程中，图书馆需要确保其稳定性和长效性，避免不规律的

更新频率和制作周期。依据整体发展规划，应转变传统资源建设观念和模式，将短视频资源建设有机融入整体发展策略，以促进规划的实施和推进。这样的战略性资源建设不仅有助于图书馆适应新媒体环境的发展，还能够更好地满足公众需求，实现有效的文化传播。

（二）抓住平台特性，把握优质资源要素

在当前短视频平台盛行的背景下，以"内容为王"为核心的原则成为制胜法宝。在此语境下，图书馆在短视频资源建设中迫切需要充分挖掘这一特性，以赢得受众的认可和关注。

在选题上，图书馆应立足特色馆藏资源和服务，通过精心挑选符合短视频平台发布标准的话题，寻找通俗易懂、生动形象的切入点。这一过程旨在确保内容既能引发受众兴趣，又能与馆内资源相契合。

在形式上，图书馆需有针对性地制作适用于短视频平台的独特资源，包括充分发挥短视频的影像传播特点，使其与其他平台区别开来。通过精心策划和制作，图书馆可有效提高自身在短视频领域的可辨识度。

在发布频次上，短视频创作发布需有规律性，以保持图书馆对受众的影响力。定期发布短视频有助于推动与受众的持续沟通和互动，从而形成更为稳固的社区关系。

在设备上，尽管短视频制作门槛相对较低，但图书馆仍需一定设备和专业能力的支持，才能满足大众对短视频品质的要求。这包括对摄影、剪辑等技术的熟练掌握，以确保作品在技术层面上达到专业水准。

在作品呈现效果上，要善用短视频的封面功能，通过直观的封面让受众快速理解资源的新意，从而激发其观看兴趣。同时，应考虑手机用户，采用竖屏模式呈现，以提供更好的观看体验。

在作品时长设定上，图书馆需在确保内容完整表达的同时，注意受众对短视频观看的特性。制作精致且内容丰富的短视频更容易吸引关注。

在作品表达方式上，要根据目标人群的心理特点选择合适的内容叙述方法、语言表达方式和画面效果。通过激发受众的关注欲望，图书馆可以实现更好的传播效果，从而在短视频平台上取得成功。

（三）明确专业要求，提升资源建设品质

图书馆在开展短视频资源建设的过程中，迫切需要充分整合自身信息采集和数据分析等专业能力，以确保及时获取用户反馈。通过对抖音号相关数据趋势的精准把握，图书馆能够灵活调整作品发布的频次与形式，从而精准制作受众关注的高质量资源。在承担引领文化社会职责的同时，图书馆在短视频创作中需要以提升公众文化品位为首要目标。制作幽默且有内涵的内容，以此赢得受众的关注，将成为实现社会使命的关键策略。

图书馆资源建设的核心目标是为读者提供方便快捷的检索途径，以提高资源利用率。通过采用便利的检索方式，图书馆能够更有效地满足读者需求，实现资源的高效利用。一些图书馆已在短视频平台上采用系列短视频资源的合集形式展示，通过以话题作为标题前缀，成功实现了对关联内容的快速浏览。这种方式不仅提升了用户体验，而且增加了资源的可访问性，对于扩大图书馆影响力至关重要。短视频平台提供了便捷的检索途径，图书馆应当深入挖掘这些可利用的建设渠道，以进一步提高资源建设的效益。通过充分利用短视频平台的搜索功能，图书馆可以精准定位目标受众，提供更具吸引力的资源，从而实现资源建设效益的最大化。

（四）挖掘馆员潜能，建立资源建设团队

图书馆员的综合能力培养已成为当代图书馆事业发展的迫切需求。在新时期和新环境中，馆员的角色不仅是传统专业技能的执行者，更需要具备广泛的综合能力，包括但不限于互联网应用和新媒体运用等能力。为适应这一趋势，图书馆应有意识地将这些内容纳入业务培训中，通过广泛的合作资源，邀请传统和新媒体专业人士进行有针对性的培训，从而激发馆员的创新和创作潜能。在这一过程中，特别强调馆员在短视频平台资源建设中的主观能动性，以推动其积极参与并充分发挥其个体优势。

加强团队协作，在图书馆进行短视频资源建设时也非常重要。建设团队不仅需要熟悉本馆资源的优势和特色，还应当掌握短视频制作和媒体设备运用技术。而且文案、创意、审美和洞察等方面的组织策划能力也是不可或缺的。通过团队的协同努力，图书馆能够更好地实现短视频平台资源的高质量建设。

此外，图书馆应主动充分利用已有的读者群体和志愿者团队中的专业力量，以馆员为主导，吸纳读者和志愿者参与短视频平台资源建设。可以借鉴传统图书馆服务中读者直接参与的建设模式，如沙龙、读书分享、书评创作等；采用读者荐购、决策采购等赋能建设模式，以整合多方优势，提高专业水平，以确保短视频平台资源的品质和建设的实际价值。这一参与模式不仅能够有效吸引更多的读者和志愿者，而且有助于实现资源建设的全面、多维度发展。

（五）增强版权意识，重视法律权益保护

图书馆在开放平台发布自建资源，应增强法律意识，注重保护自身与相关群体的法律权益。

一方面，资源建设的首要考虑因素是确保原创性，以杜绝侵犯他人权益的可能。对于与他人合作建设的资源，应明确著作权归属及各方权限，以规避潜在的法律风险。在涉及他人素材如音乐、图片等的使用时，必须合法获取使用权限，以免发生侵权行为。在短视频资源建设中，对于人物肖像权及隐私权的保护也是至关重要的。在资源的使用协议和商业合作中，与资源商签订采购协议时需明确资源的使用范围，规范其在短视频平台上的合理使用方式。在商业合作中，应提前就资源复制、发行方式、发布平台选择等方面的权限进行明确定义，对资源署名权和修改权等进行明晰规定，以防止潜在的法律纠纷。

另一方面，图书馆要加强自身权益保护。尽管图书馆的资源服务于公众，但不可被无原则滥用。在数字技术和版权开放平台的辅助下，图书馆应当保护其原创作品的版权，从而降低维权成本。在法律允许的范围内，图书馆应通过合理使用手段实现资源所蕴含的文化价值和经济价值。

图书馆这一系列举措旨在在资源建设过程中凸显对法律的尊重与遵循，同时在与他人合作和商业合作中保持合法性和规范性，并保护自身原创作品的版权。

（六）加大宣传推广，扩大资源传播范围

在充分利用图书馆现有广泛用户群体和宣传手段的基础上，推动短视频资源宣传推广，以提升用户知晓度。第一，在数字视听领域和公共阅览区域配置便捷的视听阅览设备，以方便读者深入了解和有效利用图书馆的短视频资源，提升用户的关注度。第二，在资源建设主题的指导下，设计并实施读者参与的活动，

旨在加强与读者的互动，激发大众对图书馆短视频资源共建的热情。第三，通过精心选择话题素材，根据粉丝留言中的需求发布短视频，以增加用户的黏性，如广东省立中山图书馆抖音号的冷门成语系列短视频；为拓宽短视频平台的宣传推广范围，可通过地理位置信息设置提高资源检索命中率，并将易受大众认可的视频资源置顶，吸引粉丝的关注；还可充分利用平台的视频推广功能，如"DOU+"，扩大资源的推荐范围，从而增加短视频的播放概率。第四，进一步进行标签化资源管理，将短视频关联到各类平台话题上，如将图书馆发布的冷门成语系列短视频纳入抖音平台的"萌知计划"话题活动，通过关联内容扩大推送范围，以提高短视频的曝光度。这一系列策略的综合实施将有利于提升图书馆短视频资源的影响力，并扩大受众群体。

总而言之，通过短视频平台来建设图书馆特色资源，不仅可以借助平台强大的传播力，吸引大众对图书馆公共服务的关注，提高图书馆馆藏资源的知晓度和利用率，还可以促进图书馆与公众以更为亲近的方式进行沟通与交流，提升图书馆在公众心中的价值与地位。随着短视频在公众生活中发挥着越来越重要的作用，利用短视频平台开展资源建设必然成为图书馆事业发展中的重要组成部分，从而助推图书馆的公共文化服务功能。

第四章

图书馆古籍及其开放服务

古籍作为图书馆的重要资源,具有极高的历史和文化价值。本章从古籍的源流及种类、载体与形制等方面进行探讨,阐明古籍的基本特征和图书馆中古籍资源的状况。此外,还重点探讨了图书馆古籍资源的开放服务。通过本章的学习,读者将更好地了解古籍的价值和图书馆在古籍保护与传承方面所作的努力,同时也能使读者更好地利用图书馆的古籍资源,为学习和研究提供更多的支持和帮助。

第一节 古籍的源流及种类

一、古籍的源流

（一）产生书籍最早的国家

书籍是人类文明的标志。古代中国、埃及、巴比伦和印度是世界上产生书籍最早的国家。

文字的发明是书籍产生的前提。据新华社1987年12月12日的报道，在我国河南舞阳县贾湖新石器时期的遗址中，出土了一批龟甲、骨器和石器，这些器具上刻有与河南安阳殷墟甲骨文相似的文字符号。经过测定，这些文物的年代被确认为八千多年前。这一重大考古发现，不仅将我国文字的产生时间提前了一千多年，也将全球文字的产生时间提前了一千多年。因为在之前的研究中，只有在我国的山东大汶口和西亚两河流域等地发现过距今六千多年的文字。

有了文字便能产生书籍。古代埃及有一座闻名世界的狮身人面金字塔，就在这座金字塔建筑时代（约公元前27世纪）的前后，埃及已经出现缮写在纸草上的书籍。纸草不是纸张，而是一种生长在沼泽地带的水生植物的茎秆薄片。古代埃及人把写了字的纸草一片一片连接起来，卷成一个轴子，像一卷壁纸，读的时候就展开来。在这个时期，古代巴比伦也创造了刻画在泥板上的书籍，古代印度则用一种叫多罗树的叶子写书。这个时候，中国尚处于传说中的三皇五帝时期，先秦古籍《左传》上说，当时我国已经有了《三坟》《五典》等古书，只是至今尚没有实物可以稽考。

（二）我国现存最古老的书籍：甲骨文龟册

我国第一种有实物可以稽考的古籍，是出土于河南安阳的甲骨文龟册。这是距今三千多年前殷商时期的遗物，可以说是我国现存最古老的书籍。

甲骨文龟册是一种用若干刻有文字的龟甲连缀而成的书籍。甲骨文是殷商时期刻在龟甲、兽骨上的文字,也叫作"殷墟书契""卜辞",多为商代王室占卜吉凶的记录,一直被埋于地下,至清光绪二十五年(1899年)始被发现,现已出土10万余件。近代董作宾在整理甲骨时发现有两块连接在一起的龟板,揭开一看,上面刻有"册六"字样(见董作宾《新获卜辞写本后记》)。除此之外,甲骨卜辞上还有"禹册""祝册"等文字,这表明殷商时期已有用龟板装订成册的书籍。这也证明《尚书·多士》中说的"维殷先人,有册有典"和《史记·龟策列传》中"龟册"的记载是有事实根据的。

不仅殷商时期存在甲骨文,西周时期也有甲骨文。在陕西扶风、岐山一带出土的西周早期甲骨共计15000多件,其中有100多片刻有文字的卜骨。这些卜骨上凿有小孔,可以穿连绳子,并出现了"典册"字样。这表明西周早期存在由刻有文字的甲骨装订成册的古籍。

(三)殷商、西周时期的金文与石刻

殷商、西周时期,除了甲骨文龟册,还有金文与石刻。

金文又称为"钟鼎文",就是铸刻在青铜器上的铭文。殷商时期的金文,字体略似甲骨文,西周时期的金文字体变得弯弯曲曲,在文字学上称为"籀文"或"大篆"。现在发现的铸有金文的青铜器,已有10000多件,多属祀典、锡命、征伐、盟契的记事,是研究古代历史的重要文献。

石刻就是雕刻在石头上的文字。据史书记载,夏商周三代,都有帝王镂石铭功的活动。先秦古籍《管子》中说,春秋初期,管仲就在泰山上看到过72种刻石,其中有60种年代久远的石刻,文字无法辨认。但现在这些石刻已消失在历史的长河中。

自西周以来,铸刻金属文字和镂石铭功的习俗仍然盛行。青铜铭文一直延续到西汉,同时也出现了铸刻文字的铁器,石刻的习俗则一直延续到近代未衰。

初期的金文和石刻,字数很少,而且多系单件,似不能把它们看作古籍。后来金文、石刻的字数渐多,西周晚期出现了篇幅很长的记事金文,著名的如《毛公鼎》,字数达497个。春秋晚期,郑国和晋国都铸过"刑鼎",上面刻有系统的法律条文。又如著名的石鼓文,是刻在十块石鼓上的,内容为记述秦国国君的游猎活动,文字前后连续。这些金文、石刻,实质上是一种没有装订的古籍。至于汉代的"熹平石经",共有石碑46块,上面刻有《诗》《尚书》《周易》《春

秋》《仪礼》《论语》等儒家经典，简直是一部规模宏大的石头丛书了。

（四）用玉片和石片制成的古籍——侯马盟书

在春秋时期，金文和石刻广为流传，与此同时，还发现了一种由玉片和石片制成的古籍。这些古籍于1965年在山西侯马晋国遗址中被出土，其内容主要记录了晋国赵氏家族的盟誓，因此得名"侯马盟书"。这些古籍具有极高的历史价值，为研究当时的社会、政治、文化等方面提供了珍贵的资料。

侯马盟书的数量很大，包括碎片、断片，共5000多件，其中三分之二为玉片，三分之一为石片。玉片、石片都呈长方形，上面尖，下面方，大小不一。大者约为32厘米×4厘米，小者约为18厘米×2厘米，厚度不到1厘米，最精巧的薄如纸片。这些玉片、石片上多写有朱红色的文字，也有少量黑色的文字，现在可以辨认的有6000多件。从这批可以辨识的玉片、石片所记载的文字看，侯马盟书的主持人是晋国的大臣赵鞅，他是晋国统治阶级中的改革派，为了同旧贵族的联合势力作斗争，他与赵氏家族共同对天立下盟誓，要求赵氏家族加强团结，共同对敌。盟誓中还规定，奴隶在对敌战争中立下军功的，可以获得释放。这部用玉片、石片做成的古籍，不仅对古代历史的研究具有非常重要的价值，而且是我国古代图书发展史上的珍贵文物。

（五）用竹简和木简做的古籍——简策

由于甲骨文、金文和石刻书籍制作困难且阅读不便，人们将竹子和木头削制成细长的小片，用作新的书写材料，即"竹简"和"木简"。书写好的竹简、木简用皮索、麻绳或青丝等材料串联起来，形成"简策"或"简册"，即竹、木制作的书籍。

简策的历史渊源也很久远。《礼记·王制》有"大史典礼，执简记"；《诗经·小雅·出车》有"岂不怀归，畏此简书"。这都表明至少在西周时期，简策就已经相当流行了。

春秋战国时期，随着社会经济的发展，思想文化领域出现了"百家争鸣"的兴旺局面，这是我国文化史上光辉灿烂的时代。随着文化事业的兴旺发达，简策也大为普及。《史记·孔子世家》中说，孔子晚年"读《易》，韦编三绝"，韦编就是用皮索串编竹简。史书还记载墨子、孟子等出门时，身后常有装载简策的车子随行。《庄子·天下》中说，庄子的朋友惠施有五车简策，所以后世形容一个人有学问，就称为"学富五车"。由此可以想见当时简策广泛流传的盛况。

在秦汉时期，简策作为书籍的主要形式，其使用仍然非常普遍。《史记》中曾有记载，秦始皇每天处理的简策重量达100多斤。直到东汉后期，简策被用纸张制作的书籍取代。这一转变标志着书籍形式的一次重大变革，对于后来的文化传承和学术研究都产生了深远的影响。

简策的实物，历代都有发现。汉武帝时鲁共王刘余在孔子故居屋墙的夹层中发现了一批战国时的简策，是用蝌蚪文书写的《尚书》《礼记》《论语》等儒家经典。晋武帝时有人在汲郡（今河南新乡一带）发掘战国时期魏王的墓，得到了几十车竹简，这就是史书上所说的"汲冢书"。现在流传的《竹书纪年》《穆天子传》等，就是从这些简策中整理出来的。1930年，在内蒙古额济纳河流域的居延故址又发现了10000多枚汉代木简，其中有东汉永元年间的《器物簿》，它是用七十多枚木简串编起来的，出土的时候绳子还没有烂掉。后来又在居延附近地区发掘出汉代木简2万多枚，其中有70多个完整的或比较完整的簿册，有些簿册还穿着绳子。

古代简策最重要的发现，是1972年在山东临沂银雀山汉墓出土的4900多枚竹简。其中，不仅有已经失传1700百余年的《孙膑兵法》，还有其他先秦古籍《孙子兵法》《六韬》《尉缭子》《管子》《墨子》《晏子春秋》等。1975年在湖北云梦睡虎地秦墓发掘出1000多枚竹简，大部分是法律文书，还有一部《编年记》，记载了秦昭王至秦始皇时期的历史事迹。其他各地零星的发现还有很多。

从出土的实物看，古代的竹简、木简有长有短，尺寸不一，最长的为古尺三尺（约67.5厘米），还有二尺四寸的（约56厘米）、二尺的（约47厘米）、一尺二寸的（约27.5厘米）、一尺的（约23厘米）、八寸的（约18.5厘米）、六寸的（约13.8厘米），最短的仅古尺五寸（约11.5厘米）。

古代竹简、木简的用法大概有某种规定，三尺简多用于书写皇帝诏书、律令，所以古人把法律称为"三尺法"；二尺四寸简多用作抄写儒家经典或法律文书；一尺简多用于写信或作医简，所以后人把书信称为尺牍；八寸、六寸、五寸简多用作一般记事。每枚简只写一行，字数多少不一，最多的是敦煌出土的《急就篇》，每枚简上有60多个字，少的只有一二个字，一般为二十几个字。人们在竹简、木简上写字的时候，常用小刀来削改写错的地方，所以后世把修改文章称为"册削"。从现在出土的竹简或木简上，有时还可以看到古人削改的痕迹。

（六）用丝织品做的古籍——帛书

在简策流行的同时，还出现过用丝织品做的古籍，这就是帛书。相传我国从黄帝时期起，就会养蚕织丝。丝织品轻薄柔软，作为书写材料，它比竹简、木简更为轻便且易于使用。帛书究竟起于何时，现在已无可稽考，但《论语·子张》中有"子张书诸绅"的话，这里"书诸绅"就是在丝帛上写字。《墨子·明鬼》中亦云："书之竹帛，传遗后世子孙。"这里"竹"指简策，"帛"就是帛书。由此可见，最晚在墨子生活的春秋时期，帛书已经和简策并存了。

丝织品如缣、素、缯等常被用作书写材料，因此帛书又有"缣书""素书""缯书"等别称。其中，缣书是最为常见的形式。缣是由两根丝线交织而成的细密绢织品，相较于单丝织的绢，它更牢固、细密，且不易漏水，易于上色，非常适合使用毛笔蘸墨进行书写。

帛书的缺点是价格昂贵，用它做的书成本很高，只有皇室、贵族或富有之家才置备得起，所以帛书不能像简策那样普及。帛书除了价格昂贵外，其他方面都比简策优越。简策笨重，西汉东方朔有一次给汉武帝写一篇文章，用了三千根竹简，他自己没有办法把这么多的竹简送到皇帝那里去，只好请两个人把它们抬到皇宫。3000根竹简可以书写的文字才6万字左右，要是用轻便的丝织品来写，一束缣帛就可以写完。帛书在阅读和书写方面也比简策方便得多。简策大小很呆板，帛书可以按照篇幅长短随意剪裁。简策要串编，收藏也不方便，帛书卷起来就可以成为一卷书，还可以随意折叠，收藏非常方便。直到今天，我们还在沿用帛书的"卷"来作为书籍的计量单位。

相较简策，帛书在形式上更为美观，部分帛书还有色彩鲜明的朱丝栏和乌丝栏。朱丝栏是通过在帛书上画横线、边栏及字间直线的方式，使用朱砂进行绘制；乌丝栏则是采用青绢作为帛书的护首。这种红色的栏线与青色的护首，与书法精美的毛笔字相得益彰，形成了朱红、青、黑三色的和谐映照，使得阅读过程能带来愉悦的感受。后来，还流行过使用朱墨色丝线织成的缣帛，其栏目界道相[①]较用笔画的朱丝栏、乌丝栏更为美观、自然。

---

① "界道"一词，在古籍或书法领域中，通常指的是用来划分行格或界栏的线条。这些线条可使书写或排版更加整齐美观。

由于帛书具有这么多优越性,所以它的流行时间远比简策长久。纸张发明以后,简策逐步被淘汰,但帛书仍然历久不衰。

帛书容易风化、腐烂,不易长期保存,我国出土的完整帛书不多。1971年年底到1974年春,考古工作者在湖南长沙马王堆的西汉古墓中发掘出一批保存良好的帛书,弥补了这方面的空白,这批帛书都是用平纹丝织品横摊着书写的。丝织品的纹路细密、均匀,有整幅和半幅两种,整幅的高48厘米,半幅的高24厘米,出土时有的卷在竹木条上,有的折叠放在漆盒里。这批帛书共有20几种,字数达12万余个,内有《老子》《战国纵横家书》《周易》《经法》《五星占》《五十二病方》等,其中有一部分是久已失传的重要典籍,有些连司马迁、班固、刘向也没有见过。从这些情况可以看出,帛书的出现,在中国古代图书发展史上实为一大进步。

（七）纸张的发明与写本书

我国是世界上最早发明用植物纤维造纸的国家,造纸术和指南针、火药、印刷术同为我国古代四大发明。

纸张的发明在文化史上具有重要地位,它为书籍提供了最适宜的书写和印行材料。相较竹简、木简或各种丝帛,纸张的优点更突出,因此它的出现使我国古代书籍面貌发生了巨大变革。

相传纸张是由东汉宦官蔡伦[①]发明的。《后汉书·蔡伦传》说:"自古书契多编以竹简,其用缣帛者谓之为纸。缣贵而简重,并不便于人。伦乃造意,用树肤、麻头及敝布、渔网以为纸。元兴元年（105年）奏上之,帝善其能,自是莫不从用焉。故天下咸称蔡侯纸。"但从一些出土文物来看,早在蔡伦以前,已经有了用植物纤维制作的纸张。

《汉书·外戚传》有用以包裹药丸的"赫蹄"的记载,应劭在注中说"赫蹄"就是薄纸。但那时的造纸技术还制作不出这样的薄纸。所谓"赫蹄",实际是一种丝棉纸。它是打制丝棉时留在竹席上的一层形如纸张的薄纤维,这种丝棉纸的制作方法与植物纤维纸相似,但它本身不能算是纸张。

---

① 蔡伦（61/63—121年）,字敬仲。汉明帝永平末年入宫给事,汉和帝即位,蔡伦升为中常侍后,蔡伦又以位尊九卿之身兼任尚方令。蔡伦总结以往人们的造纸经验革新造纸工艺,改进了造纸术,终于制成了"蔡侯纸"。

1933年，考古学家在新疆发现汉宣帝时的麻制纸张，可惜实物毁于战火中，无法做进一步的考证。1957年，西安灞桥出土了汉武帝时的麻纸，经化验，认定是用麻类纤维制造的纸张，近年来也有人认为这是麻类织物压成的薄片。但1978年又在陕西扶风县发现汉宣帝时用麻类纤维制造的麻纸，这种纸质地粗糙，与麻类织物全然不同。与此同时，考古学家还发现蔡伦生活年代以前的东汉麻纸，上面写有隶体字，纸的质地比西汉时期的古纸精细。这些实物的发现，证明早在蔡伦以前，我国劳动人民就已发明用植物纤维造纸的技术了。但是这些发现并不能否定蔡伦在推进造纸技术方面的重大贡献。他作为东汉王朝宫廷生产事业的主持人，能够及时总结前人的造纸经验，采用官府的设备加以改进、提高和推广，使我国的造纸技术得到进一步的发展，这些功绩是彪炳千秋的。

在纸张的初制时期，其质量相对较低，然而，由于价格低廉，兼具竹简、木简和缣帛的优点，使得其既方便书写、装帧，又便于携带、保管和庋藏。因此，纸张受到了广大人民的普遍欢迎，并很快被广泛用于大量抄写书籍。这种由纸张抄写的书籍称为写本书，又称为抄本书。

最早见于记载的写本书，是《左氏春秋》①。《后汉书·贾逵传》说："汉章帝曾指令贾逵教学生学习《左氏春秋》，并给予'简、纸经传各一通'。"这就是说，那个时候已经有用纸张书写的《左氏春秋》了。

东汉时期的其他史料中还有不少记载可以证明当时已有用纸张书写的书籍了。如书法家崔瑗（77—142年）给朋友葛元甫写信说："今遣奉书……并送《许子》十卷，贫不及素，但以纸耳。"这封信里明白地把纸和素作了区别，说明崔瑗送给葛元甫的书是用纸张写的。但东汉时期，简、帛仍是书籍的主要书写材料。魏晋以后，随着造纸技术的进步和产量的增加，纸张才逐渐成为书籍的主要书写材料。西晋文学家左思的《三都赋》发表后，轰动洛阳，大家纷纷买纸抄写，一下子把商店里的纸价抬高很多，这就是所谓"洛阳纸贵"的故事。这个故事说明了西晋时期用纸书写的普遍性。东晋以后使用纸张写书更为广泛。东晋末年，桓玄干脆下令废简用纸："古者无纸，故用简，今诸用简者，宜以黄纸代之。"（《初学记》卷二十一）这标志着纸张已正式取代简、帛，成为最通用的

---

① 《左传》实质上是一部独立撰写的记史文学作品，它起自鲁隐公元年（公元前722年），迄于鲁哀公二十七年（公元前468年），以《春秋》为本，通过记述春秋时期的具体史实来说明《春秋》的纲目。

书写材料了。

现在我们能够看到的最古老的纸张写本书,是晋人写本《三国志》残卷和新疆出土的西晋元康六年(296年)佛经残卷及《晋人田赋残笺》,还有西凉建初元年(405年)的《律藏初分》和北魏太安四年(458年)的《戒缘》。此外,日本还保存有我国六朝写本《史记》残卷。

唐代是写本书的最盛时期。1966—1969年,考古工作者在新疆唐墓中发现了唐人写本《论语》残卷。但数量最大的唐代写本书,还是甘肃敦煌石窟里保存的大批儒、佛、道家的经典和文学、医学等方面的著作,这批写本书总数有4万余卷。这些书大部分已流散到国外,留存在国内的有10000多卷。近代罗振玉等辑有《敦煌石室遗书》《鸣沙石室佚书》等。由此可以想见唐人写本书流传之盛况。

由于写本书的流行,私人藏书的数量也随之增加。在唐代,名相李泌收藏的写本书达到了3万卷以上,大臣苏弁收藏的写本书有2万余卷,柳公绰的藏书也有10000余卷。进入宋代以后,由于印刷术的发明和推广,写本书的作用逐渐降低,但在社会上仍然流传着各式各样的写本,而且数量相当庞大。一些著名的藏书家,他们的主要收藏仍是写本书。北宋的大藏书家王钦臣拥有5000多卷精美的不肯外借的"镇库书",全部是写本书;南宋的大藏书家陈振孙收藏的5万余卷古书,也大多是写本书。

明清时期写本书依然盛行不衰,江南文人尤为重视。叶德辉在《书林清话》里数列的明代江南著名抄家,就有长洲吴宽(丛书堂)、长洲文徵明(玉兰堂)、金坛王肯堂(郁冈斋)、吴县沈与文(野竹斋)、常熟杨仪(七桧山房)、无锡姚咨(茶梦斋)、常熟秦四麟(致爽阁)、常熟钱谦益(绛云楼)等几十家。有些抄家"竭一生之力,交换互借,手校眉批,不独其抄本可珍,其手迹尤足贵",他们在古籍保存上的功绩是不可磨灭的。1962年,在福建还发现了一部清代道光年间弹词小说《榴花梦》的抄本,作者是女作家李桂玉,全书共360卷,近500万字。这部书是我国古典小说中最长的抄本,对研究我国古典文学具有重要意义。

(八)印刷术的发明与印本书

社会经济、文化的发展引起了人们对书籍的大量需求,写本书费工、费时,无法充分满足这种需求，这就使人们产生改革书籍生产方法的愿望。无比勤劳、智慧且具有卓越创造才能的劳动人民，终于在7世纪发明了大量生产书籍的新技术——印刷术。

在人类文明发展史上，印刷术的出现具有里程碑式的意义。早期的印刷技术，即将文字和图像雕刻成版，然后利用水墨印刷在纸上，这为书籍的大规模制作和广泛传播提供了可能，极大地推动了人类文明的进步。这一伟大发明对思想学术的传播产生了深远的影响，对于推动人类社会进步起到了划时代的作用。这种雕版印刷技术，可以追溯至先秦时期的封泥、印章以及石刻碑文的拓印。这些复制方法至今仍然可以在我们的日常生活和书法篆刻艺术中见到，它们对于人类文明的传承和发展产生了深远的影响。

根据历史记载和考古发现，雕版印书始于唐代。明代史学家邵经邦在《弘简录》中说，贞观十年（636年），唐太宗曾下令雕印长孙皇后编写的《女则》，这说明唐代初期即开始有印本书。只是《女则》的雕印，未见于新旧《唐书》，其真实性尚待考证。但唐代中后期，雕版印书已经逐渐普及。很多史料都说当时长安、敦煌以及四川、淮南、江南等地都有雕版印书，所刻印的有历书、字书、佛经、诗集、文集、阴阳占卜、杂记歌曲等。长庆四年（824年），诗人元稹在为白居易的《长庆集》作序时说，当时市场上已有雕版的白居易诗文集印行出售。

现存最早的唐代印本书实物，是四川唐墓出土的卞家印制的《陀罗尼经咒》，以及敦煌石窟发现的王玠刻印的《金刚经》。前者刻印有梵文经咒和佛像，大小为33.3厘米×33.3厘米，刻印时间大致在至德二年（757年）以后，雕印颇为精细；后者刻印有汉文《金刚经》全文，大小为53.3厘米×33.3厘米，由七张纸连成一卷，扉页是一幅精美的释迦牟尼说法图，上面注有刻制时间"咸通九年"，咸通九年即868年。

现存的唐代印本还有乾符四年（877年）和中和二年（882年）刻印的历书，以及在浙江龙泉塔中发现的《妙法莲华经》等。此外，1966年韩国曾发现唐代中期的汉文印本书《无垢净光大陀罗尼经咒》，这也是唐代已有印本书的有力佐证。

五代时期，雕版印书发展迅速。长兴三年（932年）后唐宰相冯道等人建议雕版印刷儒家经典，当时计划刻印九部书，即《易》《诗》《书》《春秋左氏传》《春秋公羊传》《春秋穀梁传》《仪礼》《周礼》《礼记》。经过22年的努力，到后周广顺三年（953年）终于全部完成。这是我国历史上第一次由政府出面主持的大规模印书活动。

五代时期民间雕版印书事业也大有发展，著名的有四川印家毋昭裔在明德二年（935年）刻印的《文选》《初学记》《白氏六帖》等，还有乾德五年（923年）后唐僧人周德刻印的《禅月集》等。现存五代印本书的实物有敦煌石窟发现的《唐韵》《切韵》和从雷峰塔中出土的吴越国王钱俶刻印的《宝箧印陀罗尼经》等。

宋元是我国雕版事业兴旺发达的时期，政府、书院、书坊、私家都在从事雕版印书。这个时期印本书数量之大、品目之多、版本之精都是空前的。卷帙浩繁的四大名书——《太平御览》《文苑英华》《太平广记》《册府元龟》和司马光等编纂的历史名著《资治通鉴》，都是这个时期由政府主持雕版印刷的。由政府主持出版的大部头书中，还有一部佛教经典《大藏经》，这部书有5048卷，雕版就有13万块。《大藏经》的刊印，始于北宋初期开宝年间，最初为四川刻本，以后又有福州刻本、溪刻本、碛砂刻本等，辽、金、元各代也都有刻本。此外，由政府主持刻印的还有《五经正义》《七经义疏》《史记》《汉书》《后汉书》《三国志》《千金翼方》《金匮要略》等，这些书的印刷质量都很高。

宋元时期的书坊、书院、私家刻书也很出名，它们除翻刻经文外，主要出版文集和民间日常生活用书。宋元刻书地点几乎遍及全国，除首都汴梁、临安、大都外，浙江、安徽、江苏、福建、江西、四川、湖北、广东、山西等地都有刻书中心。

宋元版刻书因印刷技术精湛，错别字相对较少，故被誉为"宋元旧椠"，且一直被视为珍贵的善本。现存宋元时期的善本书籍共有1000余种，详细信息可查阅由顾廷龙主编的《全国古籍善本总目》。

明清时期雕版印书更为普及，印本书已经成为人们文化生活中不可缺少的内容，即如海南岛这样的边远地区也有印书中心。这一时期由于书籍印数的大幅度增加，有许多书的印刷质量较之宋元时有所逊色，但也有一些书雕印很精美，著名的如官刻的《十七史》、藩刻的《史记集解索引正义》、游明家刻的《资治通鉴》、袁氏嘉趣堂的《六臣注文选》以及常熟毛晋汲古阁刻印的各种书籍等。此外，明清时期印本书中还有一类值得注意，就是各种小说、戏曲和笔记丛刊，它们不但是当时市民普遍喜爱的读物，而且为推动我国古典文学事业的发展作出了重要贡献。

11世纪，随着社会生产事业的发展，我国出版界又发生了一项重大的技术改革，就是北宋庆历年间平民发明家毕昇发明了活字印刷术。毕昇是一位雕刻工匠，他经过无数次试验，创造了一整套用胶泥活字排版印刷的新技术。这项新技术节省了书写、雕版和印书的时间，提高了印书效率，是一种省工、省料且方便灵活的印刷方法。这项发明为后来出现的木活字、铜活字排版印刷术，以至现代的铅活字排印技术，开辟了道路。

宋元时期是活字印刷术的萌芽时期，根据历史记载，毕昇用泥活字印过一些书，效果很好。但是现在已无仿本。元人王桢和马称德，分别用木活字印成《旌德县志》和《大学衍义》等书，但也不见传本。

活字印刷术的发展时期是明清两代。明代弘治年间（1488—1505年）无锡华氏会通馆和嘉靖年间（1522—1566年）无锡安氏桂坡馆都用铜活字排版印制过许多书籍，现在存世的铜活字珍本古籍有《锦绣万花谷》《容斋随笔》《艺文类聚》《颜鲁公文集》等。明万历年间（1573—1620年）又广泛流行木活字排版印刷术，《太平御览》《太平广记》等大部头书都有木活字印本。

清代用铜活字和木活字排版印制的书籍更多，著名的有雍正四年（1726年）的铜活字本《古今图书集成》，全书共10000卷；乾隆年间有木活字排印的《武英殿聚珍版丛书》138种、2300多卷；还有更多的小说、戏曲作品如《红楼梦》《西厢记》等，也都有木活字本。

明清时期的印刷术，还有不少属于特种工艺方面的发明，如朱墨套印、饾版印刷（分色分版套印法）、拱花印刷（凸凹版嵌合印刷法）等。

产业革命以后，西方资本主义国家以先进的技术改革了从中国输入的古老印刷术。19世纪中叶以后，现代印刷技术开始输入中国，并逐步取代了中国古老的印刷技术，但是中国传统的印刷技术在古典文献和木版水印方面仍能保持固有的特色。

二、古籍的基本类型

古籍的类型划分，尤其是古籍版本的类型划分，名目众多，可以成为一门专门的学问。对于图书馆古籍工作者来说，首先应当掌握图书馆古籍工作在书库典藏、分类编目、读者服务方面经常会遇到的一些基本类型，然后根据工作需要进行深入的学习。

在图书馆古籍工作中，根据古籍的价值、内容、来源、载体等经常会遇到以下类型，即普通古籍、善本古籍、地方志、抄校稿本、尺牍、谱牒、舆图、金石拓片、历史档案、专藏等，其中普通古籍与善本古籍是最基本的类型。

（一）普通古籍和善本古籍

普通古籍是相对于善本古籍而言的，馆藏古籍总数中除去善本古籍，余下的就是普通古籍。如中国国家图书馆、上海图书馆等在普通古籍书库的基础上专门辟有善本书库，许多图书馆还根据古籍的特点设立了古籍阅览室和善本阅览室。

（二）地方志

地方志，通常简称为"方志"，是指记述地方情况的史志，这些地方情况包括历史沿革、山川气候、风土人情、名胜古迹等。地方志可以分为全国性的总志和地方性的州郡府县志两类。总志如《山海经》《大清一统志》等，以省为单位的方志称为"通志"，如《山西通志》。元代以后著名的乡镇、寺观、山川也多有志，如《南浔志》《灵隐寺志》。

地方志是古籍中记载一地之史的重要历史文献，许多图书馆都十分重视地方志的采访与收藏。

（三）抄校稿本

抄校稿本实际上可细分为三种古籍类型，即抄本、校本和稿本。抄本是手工抄写的古籍，也称为写本，古代的竹简和帛书可视为最早的抄本。如首都图书馆收藏的鼓词、杂曲等通俗文学书籍中，未经刊印的手抄本就有280余种。校本是指书籍中留有不同版本校勘文字或批语的古籍，也称为批校本。如上海图书馆收藏的清刻本《困学纪闻》二十卷，曾经清代校勘名家顾广圻校勘并在书中勘录了清钱大昕的批校文字。稿本是书籍发表印刷之前的底本，又可细分为初稿本、修改稿本、定稿本和清稿本等。如甘肃省图书馆就收藏有《甘肃通志稿》，在湖北省图书馆1959年接收的湖北藏书家徐行可捐献的古籍中，也有不少稿本和批校本。

（四）尺牍

尺牍即书札，是古籍中的一个重要类型，特别是许多尺牍长期深藏于书库之中，尚未公开发表，其学术史料价值难以估量。尺牍以明清至民国初年较多，一些图书馆将其列为专藏。如上海图书馆就对馆藏的元代至民国初年的近11万通尺牍辟有专藏，并全部列入善本库中，作善本看待；民国初年以后的尺牍则归入"中国文化名人手稿馆"中，作为现当代文化名人手稿列为专藏，归近代文献部管理。

（五）谱牒

谱牒是古籍中记载一族一家之史的文献，不少图书馆将谱牒作为古籍的专门类型加以采编、收藏和阅览。如中国国家图书馆于1987年专门成立家谱整理小组，编录了《北京图书馆藏家谱提要》《北京图书馆藏满族宗谱叙录》等；上海图书馆建立了专门的家谱书库，并于1996年12月新辟了全国首家"家谱阅览室"，还于1997年11月专门成立了谱牒部，以加强谱牒的采访、服务、研究与开发。

（六）舆图

舆图是指古籍中的单幅历史地图与地图册。由于舆图大小长短不一，且多为卷轴形式，与一般古籍的外形和大小不尽相同，所以在图书馆中多将舆图列为专藏或设专架保管。中国国家图书馆、上海图书馆、广东省立中山图书馆、南京图书馆、大连图书馆等都形成了舆图的馆藏特色，中国国家图书馆曾于1997年在香港九龙举办了以馆藏舆图为主的"河岳藏珍——中国古地图展"。

（七）金石拓片

金石拓片是利用中国传统捶拓方法将历代金石器物上的图像铭文复制下来的一种历史文献，一般分为拓本和拓片，如北京大学图书馆就收藏有缪氏艺风堂和张氏柳风堂的藏拓。

（八）历史档案

历史档案是指图书馆古籍中所包括的民国以前的专人档案、契约表册、手稿函件、诏令奏章、科举试卷、传单文告等，如湖南图书馆就收藏有曾国藩、左宗棠、蔡锷等人的手稿、抄本、信札、日记、电讯稿等；大连市图书馆收藏有清代珍贵档案，系顺治至光绪年间的清官总管内务府所收存的诏令、奏章、外国表章、历科殿试试卷等。

（九）专藏

专藏是指在图书馆中列为专门收藏的古籍，一般是指具有特殊来源、文献价值高且自成体系的古籍，如中国国家图书馆的甲骨文专藏、上海图书馆的盛宣怀档案专藏、北京大学图书馆的李盛铎木犀轩专藏、南京图书馆的清末四大藏书家丁丙八千卷楼专藏、浙江图书馆的文澜阁《四库全书》专藏等。

在图书馆古籍工作中，经常遇到的古籍类型还有敦煌经卷、活字印本、丛书、朝鲜本、和刻本、年谱等。以上古籍类型的介绍完全是从图书馆古籍工作的实际出发进行的分类，如果按照学术研究的角度，应该有更为科学细密的分类方法。

第二节　古籍的载体与形制

一、中国古籍的载体

（一）甲骨与金石

早在4200年前的龙山文化，已经出现了刻在陶片上的文字，这样陶片就成了中国文字最早的载体之一。到了商代早期，即迄今3500年的时候，人们开始将占卜的文字刻写在龟甲和兽骨（主要是牛的肩胛骨）上，这种卜辞有的可以达100字，其内容包括占卜的时间、占卜者、占问的内容、占卜结果、验证情况等。甲骨卜辞形成之后，由当时的史官专门进行管理，这样就形成了中国文献较早载体的甲骨文献。中国社会科学院历史研究所汇集了1899年以来80年间安阳殷墟出土的甲骨，编印出版了《甲骨文合集》（中华书局1979—1983年版），收录了公私收藏以及流传海外的甲骨共41956片；此外，还有《小屯南地甲骨》（中华书局1980年版、1984年版）以及1977年在陕西发现的周原甲骨。据此可以了解甲骨文献的概貌。1986—1989年，在西安还曾发现了西汉时期用动物骨头制成的骨签3万多片，总字数达数十万字。

从商代开始，以青铜器为载体的文献开始出现。青铜器的类型很多，主要有烹饪器、盛食器、酒器、乐器、水器、兵器、度量衡器等。青铜器上铭文产生的方法是在青铜器浇铸之前，先将需要记载的铭文反刻于器物内范上，再随器物浇铸而成。铭文的内容多为纪念先祖、记述战功、册命赏赐、誓盟订约等。商代青铜器的铭文字数较少，至西周时铭文内容字数增多，如西周宣王时期的《毛公鼎》，腹内铭文多达32行、499字（一说497字）。中国社会科学院考古研究所于1984年开始编纂出版《殷周金文集成》（中华书局），收录国内外公私收藏的铭文拓片及图像多达10000件，可据以了解金文文献的概貌。

与甲骨文献及金文文献差不多时期，以石为载体的文献开始出现。石刻文献大致可分为碣、碑和摩崖三种类型。现收藏于故宫博物院的石鼓，就是代表性的古代石刻文献。石鼓又称为石鼓文，因石形状似鼓而得名，又因其文字内容记载狩猎，人们又称其为猎碣，一般认为是战国时期的秦国刻石。在西安碑林中完整保存至今的唐代《开成石经》，也是著名的古代石刻文献。春秋战国时期，人们还利用玉石作为文献的载体，如1965年在山西侯马市晋城遗址所发现的5000多件盟书，就是用毛笔书写在玉石片上的。

有的学者认为，甲骨、青铜器以及石刻等载体的文献还不能算是真正的古籍图书，但由于以上文献载体及其内容与以后的竹帛纸张载体及其内容有许多内在的联系，而且有些图书馆还收藏有甲骨、青铜器和石刻文献，因此对于以上文献的载体也应有所了解。

（二）简牍与缣帛

继甲骨、金石之后，至晚在战国初期就出现了以竹简为载体的文献。竹简就是竹片，截竹为简，便成为书写材料。由于青竹有许多水分，所以在书写前，先要在火上炙去其汁，以防虫蛀，也便于书写，这道工序叫作"杀青"或"汗简"。一根竹简可以写几十个字，如果一根竹简写不下，可以将竹片的宽度加大，写作两行，或增加竹片的长度。一般来讲，儒家经典写在长简上，子部百家的书写在短简上，而国家的法律则写在最长的简上，以示庄严。由于一根竹简容纳的字数有限，所以一篇长文章要用许多根竹简书写，中间再用麻绳、丝绳、皮条等横向编连起来，如同现在"册"字的形状，编连的道数有2道、3道，甚至4道、5道，依竹简的长度而定。1975年湖北云梦睡虎地11号墓出土的秦代竹简，就是用丝绳3道编连的。有的竹书在编连的最前面用空白简加以保护，这就是后来书籍扉页、护封的起源。

牍是经过书写的版片，如果是一尺见方的"牍"，就称为"方"。方版为木质制成，所谓"断木为椠，析之为板，力加刮削，乃成奏牍"（《论衡·量知》）。版牍成四方形，平面比竹简大，所以古代多用其来画图，或记载日历，故今仍有"版图"之称，如1986年在甘肃天水放马滩就曾出土了7幅绘在松木板上的秦国地图。牍也用来记录户籍，或用作通信，所以古代信件也称为"尺牍"，即以其一尺见方而名。

无论是竹简还是木牍，均十分笨重，于是从春秋时期开始，人们开始用丝织品作为书写的载体。缣帛较为轻便，且篇幅宽长，可根据书写内容随意裁剪和舒卷。帛书的题记方式多与竹简相同，书写后呈折叠形式。1973年湖南长沙马王堆3号汉墓出土的29件帛书，大部分就是被折叠成一幅幅的长方形，也有个别卷在木片上的。

以简牍与缣帛为载体的古籍文献历年来均有发现，是古籍文献宝库中的珍品。以《老子》一书为例，除流传千年的今本《老子》外，1973年在长沙马王堆出土了《马王堆汉墓帛书老子》，1994年又出土了《郭店楚墓竹简老子》，从而使《老子》形成了以文献载体相区分的三大版本体系。

（三）纸张

关于纸张的发明，一般认为是从东汉蔡伦开始的。20世纪30年代至80年代，在新疆罗布淖尔汉代烽燧亭故址、西安市郊灞桥古墓、甘肃居延肩水金关汉代遗址、陕西扶风县西汉窖藏、甘肃天水放马滩5号墓等处均发现了比蔡伦更早的麻质纤维古纸。其中，甘肃天水放马滩1号秦墓出土的秦始皇八年（前239年）地图成为现存最早的纸质文献之一。据《初学记》卷二十一引桓玄《伪事》："古无帋(纸)，故用简，非主于敬也。今诸用简者，皆以黄纸代之。"这样，纸张作为文献的载体开始逐渐取代竹帛，成为延续至今的书写印刷主要材料。

二、我国古籍的形制

我国古籍的形制从编连成册的竹简和折叠成方的缣帛开始，先后经历了卷轴装、旋风装、蝴蝶装、包背装和线装等形制。现存古籍中，又以线装占绝大部分。

（一）卷轴装

卷轴装的古籍形制是伴随着竹帛文献和纸质文献的出现而产生的。古时竹书即多呈卷册状，简册书写完毕，便自左向右卷起，首简的篇题向外，以便检索。1972年，在山东银雀山出土的汉简就是呈卷册的形状，从长沙马王堆汉墓出土的帛书的存放形制来看，也有将帛书卷在木片上的情况，这些可以视作卷轴装的起始。从先秦至汉代的出土文献及《汉书·艺文志》著录图书时篇卷并称的情况可以推知，当时竹帛并行，而竹书与帛书都有卷轴的形制。[①]

卷轴装的流行普及是在南北朝和唐代，在敦煌千佛洞发现的数以万计的古写本书差不多都是用的卷轴装。这种卷轴形式一般由卷、轴、褾、带、帙等部分组成。卷就是卷子本身所用的纸，一般需要经过装裱。轴就是在卷首用一根细木作轴，以便舒卷。隋炀帝时，曾将秘阁中抄写的副本卷子分为红璃璃轴、绀璃璃轴和漆轴三品。卷子首端接上一块质地坚韧的素，称为"褾"，起保护作用，褾头上系一根带子，作捆扎卷子之用。许多卷子合在一起，用布包上，称为"帙"，也称为书衣。为便于在架上检索，在卷轴朝外的一端往往挂上一块象牙的签，上刻书名和卷数。

卷轴装的古籍形制是伴随着竹帛文献和纸质文献的出现而产生的（见图4-1）。

图4-1 卷轴装

（二）龙鳞装、旋风装与经折装

由于卷轴装展卷查检不便，于是从唐代后期开始，卷轴形式向册页形式过

[①] 王世伟. 图书馆古籍整理工作[M]. 北京：北京图书馆出版社，2000：34.

渡。随着雕版印刷术的发明，文献以版面进行印刷，不必如卷子需要连成长卷，即使两面都书写雕印的书页，看起来也十分方便。这种古籍形制先后出现了龙鳞装、旋风装和经折装。现收藏于故宫博物院的唐写本《刊谬补缺切韵》就是目前已知国内仅存的"龙鳞装"实物，为宋宣和年间装裱而成，后明洪武年间又重装。这种古籍形制是用一条狭长的命纸作底，以首页全幅粘裱于作底命纸的卷端（右端），第二页接续首页尾，仅以右端纸边粘于命纸上，其余各页均以右纸边依次向左相错粘裱，四相粘处间距均约1厘米。这种古籍形制在展卷时，每页鳞次相积，故称为"龙鳞装"。这种形制虽然没有完全脱离卷轴装，但显然比卷轴装有了一定的进步，它既保留了卷轴装有利于保护书页的长处，也缩短了版面，更便于翻阅。

与此同时，人们针对卷轴装的不足，将长长的纸卷一正一反折叠起来折成数寸宽的长方形折子，并在前后加上较硬质的纸板或木板，包上一层锦、布或彩纸作为书面，从而把原先古籍的卷子形变成了册页形。读者可以方便地随意翻阅，由于从头至尾翻阅一遍也快如"旋风"，于是人们将这种古籍形制称为"旋风装"，如图4-2所示。由于这种将纸卷一正一反折叠成册的古籍形制，成为雕版印刷术出现后刻印佛经常用的形制，因此也有人将这种快若旋风的折子称为"经折装"或"梵笑装"，如图4-3所示。中国国家图书馆所藏宋刻本《经律异相》就是保存至今的被称为梵笑装形制的古籍。也有学者认为，旋风装即龙鳞装，因龙鳞装在收卷时，书页鳞次朝一个方向旋转，宛若旋风。这种古籍形制在展卷时，每页鳞次相积，故称为"龙鳞装"(见图4-4)。

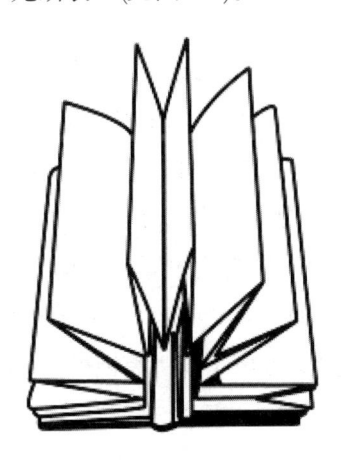

图4-2 旋风装

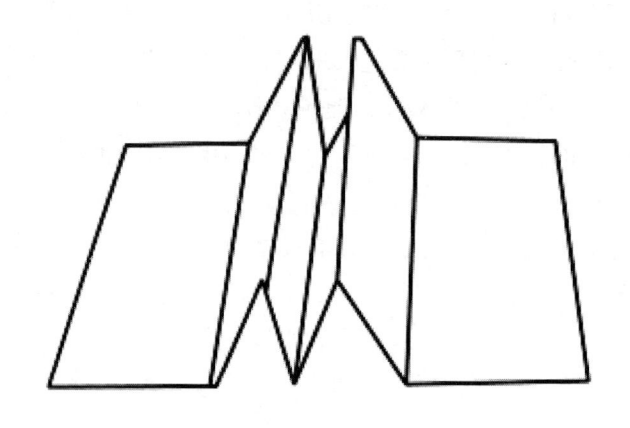

图4-3 经折装

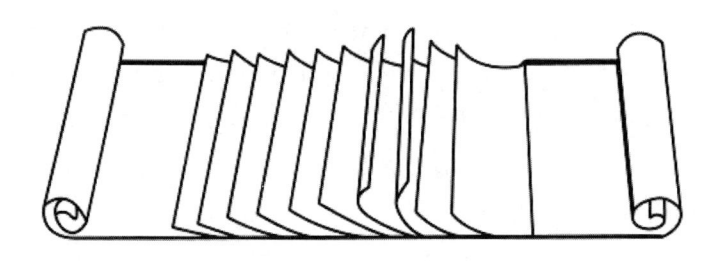

图4-4 龙鳞装

（三）蝴蝶装

中国古籍形制发展到宋代，出现了"蝴蝶装"的形制，如图4-5所示。由于折叠而成的旋风装容易断裂，于是人们将印刷的版页中有文字的一面对折起来，不用线订，但用糨糊一页页地黏折缝处，版心向内，单口向外，夹以坚硬的护面书衣，揭之左右对称，状如蝴蝶展翅，因此称为蝴蝶装。如中国国家图书馆所藏宋版《册府元龟》《欧阳文忠公集》等，都是宋代的蝴蝶装原装；1991年在宁夏贺兰县西夏方塔中发现的西夏文佛经《吉祥遍至口和本续》也是采用的蝴蝶装。蝴蝶装以其独特的装帧形式形成了宋版装帧精良的特点。在蝴蝶装中，初步形成了古籍书版行格体例，如版心、书口、书背（书脊）、书根、书头、书衣、书签等。

图4-5 蝴蝶装

（四）包背装

中国古籍形制发展至南宋后期，出现了"包背装"形制，这是对蝴蝶装的改良和发展。由于蝴蝶装版心向内，书册打开时，常常会遇上空白无字的背面，使人不免生厌，而用糨糊粘每页的折缝也费时费力，于是人们又创造了包背装。这种古籍形制是将书页中无字的一面对折起来，版心向外，单口向内，然后用纸捻穿订成册（但不穿孔订线），再用糨糊在后背裹上书皮，因此这种古籍形制也称为"裹背装"。中国国家图书馆所藏南宋刻本《文苑英华》就是现存最早的包背装实物，其书衣上有"景定元年十月装背臣王润照管讫"字样；我国历史上最大的类书明代的《永乐大典》和清代大型丛书《四库全书》，也都是采用包背装的装帧形式。因为包背装书口朝外，为了便于保护书口，只宜采用软式封面，同时在书柜上也多用平放的形式，而不采用直立插架的形式。包背装采用糨糊和纸捻黏结书页，外面包有结实的书皮，较之以往的古籍形制有所进步（见图4-6）。

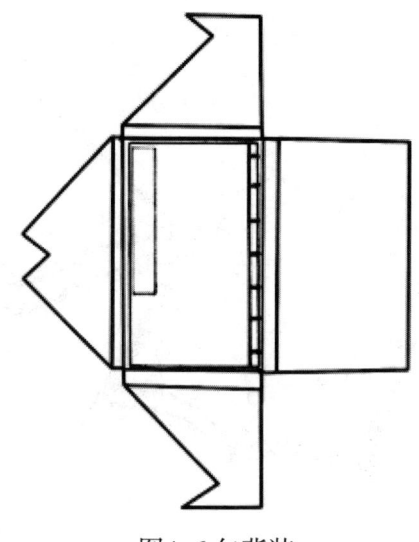

图4-6 包背装

（五）线装

古籍包背装采用了浆糊、纸捻和书皮后，书页之间的黏结力问题依然没有得到根本解决，书籍存放的时间长了，或者翻阅的次数多了，书页还是要脱落、破散。为了解决书页之间的黏结问题，从明代中叶开始，线装逐步取代了包背装，如图4-7所示。线装书的折页方法和版心方向与包背装相同，两者的不同点表现在两个方面。第一，线装不单纯靠纸捻和浆糊，而是靠打洞穿线来固定书页，即除了纸捻外，还要按照书本的大小宽窄，用锥子打若干个洞眼，如四眼、六眼或八眼，然后再穿上棉线或丝线。有些书则只订线，不另穿纸捻。第二，线装不用整幅书皮包背，而是把书皮切裁成与书页大小相同的两张纸，分别用作封面与封底。书页用纸捻固定后，盖上封面、封底，打洞穿线，就可以装订成册了。为了保护书籍并防止书角受磨损，线装书往往配上绢、绫、锦、绸等材料制作的书皮和包角；有些书还在封面内衬以空白纸使封面稍为厚实，对书页也能起一定的保护作用，称为护页。线装同包背装一样，这两种古籍形制的书都是软皮书，不能直立，只能平放。为了存取方便，许多线装书都配有各种材料制作的函套或木质的书箱。

线装书既牢固，又美观，封面与封底柔软可卷，书脊也不似包背装那样坚硬，阅读非常方便。中国古籍形制从卷轴装发展到线装，可以说已经达到了完美的境界。自线装问世之后，迅速流行普及，不仅成为现存古籍所采用的最主要形制，也成为新印古籍时普遍采用的形制。

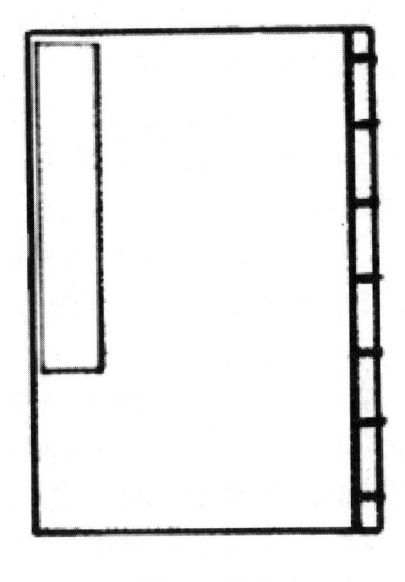

图4-7 线装

第三节 图书馆中的古籍资源

图书馆古籍工作所指的古籍范围主要以1911年前用古籍形制成书的文献，1911年以后重新影印、排印的线装书和大部的精平装丛书，采用图书馆现代技术而产生的缩微和机读文献。由于古籍的情况较为复杂，以上确定的范围只是便于工作而定的一个基本标准，我们还应从实际出发对个别的具体情况做具体分析，并根据管理与服务的发展对古籍的范围不断加以完善。需要特别指出的是，古籍作为一种特殊的文献，在图书馆工作中将其列为专藏，采用四部分类法进行分类编目，并开设古籍和善本阅览室，这些都是符合古籍实际情况的。但各类文献之间既有区别又有联系，特别是具有古籍内容的平、精装图书，它们与线装古籍有着内在的密切联系，从读者的角度也十分希望将这些文献连为一体，从而了解文献的发展历史和完整的文献信息；即使就图书馆古籍工作者的本身来讲，也需要随时查阅《中国丛书综录》《中国地方志联合目录》《中国古籍善本书目》《增订四库简明目录标注》《古籍整理编目》等列为新书范围的古籍基本参考工具书。此外，图书馆还时常会收到社会与个人捐赠的图书，捐赠者一般都希望将捐赠图书完整保藏，这样就会使古籍与旧平装以及一些新书联系在一起。这些都是从事古籍工作的图书馆馆员应该予以注意的方面。

当前图书馆古籍工作主要存在以下问题。

一是保存困难。古籍由于年代久远，历经数百年甚至数千年，一般破损严重，保存起来相对困难。目前，图书馆保存的古籍多为清代或者民国时期的书籍，对唐宋时期的书籍保存较少。古籍珍贵且易受到温度和湿度的影响，对存放的环境有严格要求，这就需要图书馆在古籍保存的防火、防潮、防盗上投入大量人力、物力。

二是整理困难。古籍的发掘地点分布广泛，且多数为地方志记录，这些文献不仅难以妥善保存，而且受限于地理位置，无法实现频繁的流转，因此国家难以集中资源对古籍进行全面整合。地方志作为特定地区长期流传的文献，由于多地政府在古籍保护方面经验不足，导致这些古籍遭受了不同程度的损害。以西安、长沙出土的秦汉时期古籍文物为例，由于长期埋藏于地下，一旦出土即面临氧化问题，而受限于当时的技术条件，难以将所有古籍文物集中于一处进行妥善保存。

三是保护成本高。古籍经历了数百年时间的洗礼，很多都受损严重，修复难度高。加之，如今古籍修复专业人才匮乏、设备落后，很难对年代久远的古籍进行修复。由于古籍制作工艺与当今制作工艺不同，甚至很多工艺已经失传，图书馆对现存古籍的保管往往要耗费大量人力、物力，成本极高，甚至有时修复一件古籍就要长达数年。

四是管理观念落后。作为传统文化的载体，古籍中记载了大量的传统文化，对考古研究、历史研究都有极其重要的价值。受传统古籍管理思想的影响，各省级图书馆虽然有古籍收藏，但为了保护古籍，避免古籍遭受破坏，很少将古籍拿出来供读者查阅。传统观念认为，古籍就是用来收藏的，不应进行借阅，使得很少有人知道这些古籍的存在，也使得古籍失去了它原本的价值。

五是开发程度不够。古籍中记录了最为翔实的史料，是历史学家、考古学家研究历史最为有用的工具之一，也是民众了解历史最有力的佐证。现阶段对古籍的开发还停留在简单的修复、保存阶段，没有最大限度地发挥古籍真正的作用，对古籍的开发程度还远远不够。

第四节　图书馆古籍资源开放服务

古籍作为传统文化的载体，具有较高的历史价值与文物价值，在历史文化研究、传统文化传承方面发挥着重要作用。目前，古籍资源大都以纸质书籍为主，存在不同程度的损毁，图书馆在古籍资源的修复、保存、保护、管理等方面耗费了大量人力、物力。为了避免古籍资源的进一步损坏，很多图书馆对古籍借阅实施严格的管理措施，最大限度地保护古籍资源的历史价值与文物价值。随着现代技术的不断发展，古籍资源的保存与传播得到了极大改进，利用互联网技术将古籍资源整合起来，可以在不损害原件的基础上最大化地进行传播。

一、图书馆古籍资源开放服务的意义

古籍资源的开放服务可以在多方面对社会产生积极影响。

首先，古籍资源的开放服务在传统文化推广方面具有显著意义。通过开放古籍资源，能够深化社会公众对中华传统文化的理解，并在增强文化自信的同时推动我国优秀传统文化在国际的传播。这种开放性的服务有助于传统文化的普及与推广，进一步拉近文化间的距离。

其次，古籍资源的开放服务对历史文化的深入研究提供了强有力的支持。图书馆通过最大限度地整合各类古籍资源，为历史学家提供了清晰而广泛的研究基础。这有助于深刻理解历史文化的脉络，为历史学领域的研究提供有力支撑。同时，这一服务也在很大程度上加强了公众对历史文化的认知，提高了整体历史教育水平。

最后，古籍资源的开放服务有助于促进资源共享。通过开放图书馆古籍资源，各地图书馆古籍工作者能够加强沟通与交流，实现全国范围内古籍资源的高效共享。这种合作有助于使更多民众更加全面地了解传统文化的魅力，为文化传承和发展创造更有利的条件。

二、图书馆古籍资源开放困境

图书馆古籍资源的开放困境涉及技术、整合度和人才等多个方面。

一是缺乏技术支持。大部分现存的古籍历经千百年，纸质非常脆弱，难以经

受多次翻阅，一旦进行开放服务，就会面临更大程度的损毁风险。这一问题的根本原因在于古籍的保护技术和古籍资源开放服务技术的不成熟，尚未形成一套既能有效保护文物，又能让读者深入研究的系统。技术水平上的欠缺使古籍资源的开放变得更加复杂和困难。

二是古籍整合度低。由于地方古籍数量众多且相对分散，对这些资源的整合工作变得耗时、耗力，加之部分古籍损毁严重，历史价值大幅下降，同时也增加了古籍保护工作的难度。这使得在古籍资源整合方面存在一定的困境，限制了对历史文化的深入挖掘。

三是缺乏专业型人才。古籍资源的开放服务需要得到相关专业人才的支持，需要专家们提供切实可行的意见。然而，在人才培养方面，社会仍存在较大的专业人才缺口，无法满足图书馆古籍资源开放服务的需求。缺乏专业人才，不仅制约了对古籍资源的科学管理，还限制了对古籍文献的深入解读和研究。

三、图书馆古籍资源开放的有效措施

第一，利用互联网手段，推动古籍数字化。随着互联网的迅速发展，传统的古籍藏书展览手段已经不能满足互联网时代人们的需求。通过互联网技术整合全国各地的古籍资源，并利用数字化手段对古籍资源进行复制，可以进一步推动图书馆古籍资源的开放与共享服务。例如，图书馆可以通过现代科技对古籍中的内容进行扫描后再数字印刷，这样既能让读者看到古籍内容，又能够保护古籍文物。

第二，全面整合全国各地古籍资源。古籍资源开放服务需要将来自各地的古籍整合为一个共同的系统，编制统一的目录，以方便读者检索和查阅。以地方志为例，各个地区都拥有独立的地方志，而在古籍资源开放时，图书馆可以将这些地方志进行统一整合，编撰成册，并设立专门的位置供读者方便查阅。这一全面整合的做法有助于优化古籍资源的利用，提高检索效率，使读者更加便捷地获取所需信息。通过这种方式，古籍资源的开放服务能够更好地服务社会大众，促进传统文化的传承与发展。

第三，加强古籍注解与翻译工作。古籍中的文字过于晦涩难懂，很难激发读者的阅读兴趣。对于读者而言，虽然这些古籍资源承载着优秀的传统文化，是辉煌历史的见证，但由于其中的文字大都采用文言文，加之古代语言没有标点符号，导致很多读者根本看不懂，从而无法真正发挥古籍资源的作用。因此，图书馆应加强对古籍内容的解说，在古籍出版时可以对其中的内容进行重新排版，做好古籍的白话文标注，让读者能够明白古籍的内容，也可以出版相应的白话文翻译书籍，让读者更加便捷地了解古籍内容。

第四，构建专业人才管理体系。现阶段缺乏古籍资源管理的专业型人才，对古籍资源的管理、开放服务的具体实施没有科学合理的规划。为此，高校应扩大古籍资源管理专业的招生规模，为社会培养一批相关专业人才。国家也应加大对古籍资源管理人才的支持力度，设立相关专业岗位，构建专业人才管理体系。

总而言之，当前阶段，古籍资源的修复、保存、保护和管理面临诸多挑战，导致许多古籍资源无法在社会上广泛共享，未能充分发挥其价值。图书馆由于长期受到传统观念的影响，将古籍视为珍贵藏品，借阅程序烦琐，导致公众对图书馆古籍资源的了解甚少，阻碍了历史文化研究和传统文化的传承。在此背景下，图书馆古籍资源开放服务就显得尤为重要。通过互联网技术的支持，开展古籍数字化服务，将全国各地的古籍资源整合起来，有助于最大限度地利用现有古籍资源，这将推动民众对古籍的深入了解，促进历史文化研究的发展。

第五章

图书馆古籍的整理工作

古籍的整理是图书馆工作中不可或缺的一部分,它不仅有助于保护和传承文化遗产,还能提高古籍的利用价值。本章从古籍整理的意义及作用出发,深入探讨古籍版本的鉴别工作。同时,还研究了古籍的采访与编目,阐明了如何科学地组织和分类古籍资源,以便读者更方便地查找和使用。最后,关注古籍整理的现代化发展,探讨如何利用现代科技手段提高古籍整理的效率和准确性。

第一节　古籍整理的意义及作用

图书馆古籍整理具有十分重要的意义及作用，每一位图书馆工作人员都应感到光荣和自豪。图书馆古籍整理的意义及作用主要体现在以下五个方面。

一、古籍整理为人类保存文化遗产

图书馆作为公共文化机构的一个重要职能就是保存人类的文化遗产。古籍作为人类文明历史的记载，人们可以据此来了解历史、学习历史、研究历史。例如，中国国家图书馆收藏有北宋初年的刻本《开宝藏》和金刻本赵城《大藏经》，据此可以了解中国古代佛教文化。又如，上海图书馆收藏有南宋蜀刻唐人集《杜荀鹤文集》，列为蜀刻唐人集的十二行本系统，其与南宋初期的蜀刻唐人集十一行本系统为研究唐代文学提供了重要参考；北京大学图书馆收藏的200多卷敦煌卷子，内容包括佛经、戒牒、历书、变文等，成为敦煌学研究的宝贵文化遗产。即使是清代中后期的古籍，如太平天国刊行的图书，由于流传较少，现也都列入了古籍善本的范围。

在保存古籍的过程中，一些图书馆形成了自己的镇馆之宝。例如，中国国家图书馆的文津阁《四库全书》、北魏太安四年的敦煌写经《戒缘》等；上海图书馆的北魏神龟元年（518年）写本《维摩诘经》、宋拓《郁孤台法帖》《淳化阁帖》《凤墅帖》等；南京图书馆的宋刻《蟠室老人集》、清初顾炎武手稿《天下郡国利病书》等；辽宁省图书馆的清蒲松龄《聊斋志异》手稿、宋版《抱朴子·内篇》等；湖南图书馆的宋刻《说文解字》十五卷本、五代刻本《雷峰塔藏经》长卷等。中国数千年的文明史，在很大程度上正是依靠了这些古籍才得以保存下来，并将延续下去。

二、古籍整理为学术研究提供文献史料

我国的古籍数量庞大且丰富，构成了一个永不枯竭的文献宝库。图书馆的古籍工作致力于利用馆藏古籍和馆员的专业服务，为广大的学术研究者及各类科研

课题提供可靠的文献保障。

南京图书馆收藏有清代外交家薛福成的《薛福成日记》，薛氏作为当时清朝出使英国、法国、荷兰、比利时四国的公使，日记中提供了大量第一手的国外见闻、各国大事等史料，成为研究我国近代外交史的重要史料。中华人民共和国成立以来，编过几部大型的古籍联合目录，如《中国丛书综录》收录了全国47个图书馆所收藏的2797部古籍丛书；《中国地方志联合目录》收录了全国190多个图书馆等文献机构所收藏的方志8200多种；《中国古籍善本书目》收录了全国781个图书馆等文献机构所收藏的古籍善本6万种，约13万部。这些大型的科研项目，主要就是依靠图书馆古籍工作者的努力而完成的。

全国高等院校古籍整理研究工作委员会自20世纪80年代成立以来，开展了许多大型的古籍整理项目，如《全唐五代诗》《全宋诗》《全宋文》《全元戏曲》《全明诗》《全明文》《朱熹全书》《清文海》，称为"七全一海"。这些古籍整理项目的整理与出版，虽然是以高校古籍研究所的研究人员为主，但正是由于各图书馆古籍工作者的积极支持、配合与参与，使这些古籍整理的科研项目得以完成或取得阶段性的成果。

三、古籍整理为经济建设提供信息咨询

古籍文献中包含大量极有价值的信息，对于今天的经济建设也具有重要的参考意义。例如，1998年国务院及教育部的负责人在视察上海图书馆时，向有关人员咨询清代李鸿章选派学生出国留学的奏章，上海图书馆古籍部的专业人员于当天便查阅出有关的馆藏资料并进行了复制和装裱，发挥了古籍信息咨询的作用。

在图书馆古籍工作的实践中，许多图书馆在古籍为经济建设提供信息咨询方面进行了不少探索。例如，贵州省图书馆古籍藏书不多，但他们坚持"古为今用"的原则，正确认识古籍在经济建设中的使用价值，使之更好地为地区经济建设服务。为配合旅游业的进一步发展，他们专门辑录了黄果树瀑布风景区名胜古迹专题资料，包括人物介绍、历代歌咏黄果树瀑布和溶洞的诗词文赋。由该馆专业人员主编的《贵州历代自然灾害年表》一书，从数百种古旧地方文献中系统地提取出1900多年来贵州历史上所发生过的各种自然灾害，这对研究气象、洪水、地震情况，对地质勘探和铁路桥梁的修建，都有着重要的参考价值。又如，中国科学院成都图书馆的图书馆员查阅了大量有关三峡库区人文历史变迁、水文气

象、地质矿产资源、物产生物分布等古籍文献资料,先后向有关方面提供了题录、文集、译文等共11集,为政府部门进行三峡工程建设的规划、库区选址、移民安置、文物抢救等提供了重要的科学依据。

四、古籍整理有助于培养专门人才

图书馆古籍工作需要古籍整理的专门人才,而图书馆古籍工作本身就是一个培育古籍整理专门人才的摇篮。图书馆古籍整理既需要书本的知识,也需要从实践中进行学习;既需要间接经验,也需要自己的直接经验。因此,图书馆古籍整理本身就是一个不断实践、不断学习、不断提高的过程。在图书馆的古籍工作中,出了大量的成果,出了许多人才。例如,中国国家图书馆的李致忠、原上海图书馆的沈津等,都是多年来从事图书馆古籍工作的人员,现都已成为国内外知名的学者。中国图书馆界齐心协力共同完成的《中国古籍善本书目》,编纂时长长达20年,在这一过程中,通过对古籍善本的调查、鉴别、分类、著录、校对、审核等工作,培养了一大批古籍专门人才。当年参加过《中国古籍善本书目》编纂的主要单位,如上海图书馆、南京图书馆、浙江图书馆、辽宁省图书馆、湖北省图书馆、中国科学院图书馆等图书馆的中青年学者,如今都已成为这些图书馆乃至全国的古籍整理方面的学术带头人。

就某一个具体图书馆而言,同样如此。例如,中国国家图书馆和上海图书馆在金石拓片整理和古籍修复工作中,培养了金石拓片和古籍修复的专门研究人才和技术人才。其中,中国国家图书馆古籍修复人员还创造性地研制了古籍的纸浆补书机;上海图书馆则坚持古籍工作的三结合原则,即收藏与展示相结合、收藏与研究相结合、收藏与开发相结合,使古籍工作与古籍专门人才的培养紧密结合起来。

五、古籍整理有助于开阔读者视野

我国是世界文明古国之一,现在各大图书馆中所收藏的古籍,正是我国数千年文明史的发展过程中保留下来的文化遗产,也是中华民族创造的辉煌灿烂文化的结晶。除了众多的汉文文献外,许多图书馆也分别收藏了满文、西夏文、古藏文、蒙文文献。1979年中国国家图书馆善本特藏部与故宫博物院明清档案部合作,曾将北京地区13个单位的满文文献收藏编制了一部《北京地区满文图书资料联合目录》。同时，我国各大图书馆中还保存有世界各国的历史文献，如中国国家图书馆保存的马克思致女儿燕妮的书信和恩格斯致拉法格的书信，上海图书馆保存的原徐家汇天主堂藏书楼的西文宗教文献，这些资料都有助于了解世界文明的发展历史。中国国家图书馆现设有馆藏珍品展示室，上海图书馆也设有古文献陈列室和中国文化名人手稿馆，并在古籍目录大厅安置了古籍展示橱，定期向读者展示各类古籍文献。

第二节 古籍版本的鉴别工作

凡从事图书馆古籍整理的工作者，应当熟悉相关古籍版本知识，并且能够鉴别版本。从某种角度来讲，版本鉴别是图书馆古籍整理工作的关键所在。版本鉴别十分强调实践与经验，切忌纸上谈兵。有比较才有鉴别，只有不断实践，多看多比较，并掌握广博的文史知识及目录、校勘、文字学等方面的知识，才会有所得，才能提高版本鉴别能力。

一、古籍版本名称的简要介绍

古籍版本名称繁多，这里从图书馆古籍工作的实际出发，选择常用者作简要介绍。

（一）刻本

刻本：即雕版印刷的书本，现存古籍绝大多数是刻本。以刻印时代区别，有唐五代刻本、宋刻本、辽刻本、金刻本、元刻本、明刻本、清刻本等；以刻印者系统区别，有官刻本、私人刻本、书坊刻本等；以刻印地域区别，有浙本、闽本、蜀本、平水本等；以版式区别，有九行本、十行十八字本、单栏本、左右双栏本、竹节栏本、白口本、黑口本、两节本、袖珍本、巾箱本等；以字体区别，有大字本、小字本、宋体字本、软体字本（亦称写刻本）、篆字本、梵文本、满文本、满汉文合刻本等；以墨色区别，有朱印本、朱墨或几色套印本等；以纸张区别，有麻纸本、罗纹纸本、皮纸本、薄棉纸本、竹纸本、开化纸（亦称桃花纸）本、宣纸本、毛边纸本、毛太纸本、连史纸本等；以刻印先后区别，有原刻本、翻刻本、重刻本、仿刻本、初印本、后印本等；以内容及价值区别，有通行本、足本、残本、增订本、删节本、繁本、简本、批点本、评本、单疏本、集解本、重言重意本、纂图互注本、绣像本等。

官刻本：即历代官方所设各类机构刻印的书本。如宋代秘书监、转运司、茶盐司、公使库、郡庠及府、州、县学，元代的国子监、各路儒学、府学、兴文署，明代的内府、藩府、南北两京国子监，清代的武英殿、各官书局等，这些官方机构刻印的书统称为"官刻本"。

监本：即各朝国子监刻印的书本。国子监是五代以后各朝各代的最高教育管理机构，其刻书始于五代后唐，以刻印经、史及各经、史的注疏书籍为主，宋代以后，也刻印了不少子书、医书、算书、类书和诗文总集。明代南京与北京都设有国子监，其所刻经史有"南监本"与"北监本"的区别。

内府本：主要是指明清两代皇室内廷刻印的书本。明代内府刻书多由太监掌管的司礼监所属的经厂刻印，刻有佛、道、经、史等类书籍。其刻本特点是书品宽大、大字、黑口，纸墨精良，初印本卷首多钤有"广运之宝"大方印，世称"经厂本"。清昭梿所著的《啸亭续录》载有清内府刻书目录一卷，可资参考。

藩府本：即明代分封各地的藩王府刻印的书本。藩府刻本因所据底本多为皇帝所赐宋元旧刻，且有些藩王、子孙及其门客颇有学问，校勘较精，刻印亦颇讲究，故版本价值较高。

殿本：即清代武英殿刻印的书本。清代自康熙时起在武英殿设立修书处刻印书籍，所刻除经史外，多为官书巨帙。其刻本书品宽大，写刻俱精，选用开化纸及上等墨，印刷优良，文字校勘亦颇审慎，于历代刻本中别具面目。

局本：即清同治、光绪间，官方在各省所设书局刻印的书本。同治三年（1864年），曾国藩首先在安徽安庆创设冶山书局，后又于金陵设江南书局。不久，金陵、湖北等十几个官设书局相继成立。这些书局把刻印御纂、御定的本子放在首位，所刻书经史居多，诗文其次。其中，除湖北崇文书局校勘较为粗疏外，浙江、金陵、淮南、江西等书局都请著名藏书家、校勘家主持事务，刻印质量较高。

私刻本：又称为"家刻本"，包括个人、家族和家塾刻印的书本。私人刻书在五代时以后蜀宰相毋昭裔为著名。他当时在成都刻印了《文选》《初学记》等书。而宋代陆子通刻的《渭南文集》及廖莹中世绿堂刻的《五经》《昌黎先生集》《河东先生集》，则为宋代私刻本的代表作。明清两代，出现了一大批以收藏、校订、刻印书籍著名的个人和家族。

坊刻本：即以刻印书籍为营业的书坊所刻印的书。书坊刻书面向大众，因此历来以出版实用、通俗类书籍为主。有的书坊从营利出发，为急于刻印出售，疏于校勘，但也不乏校刻精良者，不能一概而论。

麻沙本：即南宋福建建阳县麻沙镇书坊刻印的书本。因该地盛产榕树，木质松软，易于雕版，故书坊聚集，刻书极多，流通亦广。宋朱熹《嘉禾县学藏书记》云："建阳麻沙版本书籍，行四方者，无远不至。"但由于某些书坊重利，校勘粗疏，印刷低劣，所以《石林燕语》有"天下印书，以杭州为上，蜀本次之，福建最下"的说法。

书棚本：即南宋临安（今浙江杭州）书坊刻印的书本。南宋中叶临安府书坊林立，位于棚北大街睦亲坊南由陈起、陈思父子相继的陈宅经籍铺，几乎遍刻了唐宋诗文集与小说，雕印俱精，后人称为"书棚本"。因其刻本行款均为十行十八字，故又称为"十行十八字本"。

宋刻本：即宋代刻印的书本。宋代雕版印刷大盛，汴梁（今河南开封）、杭州、建阳、眉山等几个经济发达的城市，都成了刻书中心，呈现官刻、私刻、坊刻并举的局面。其刻本风格，北宋质朴，南宋挺秀；多仿欧阳询、虞世南、颜真卿、柳公权字体；白口居多，至南宋中后期出现细黑口；避讳较严。由于宋代所刻书多源于古写本，经过精审的校勘，且随着时代的迁移，古写本几乎绝迹，宋刻本成为研究中国古代文化的第一手资料，往往为后世刻本所依据。此外，宋刻本的雕印十分精美，具有很高的艺术欣赏价值，成为后世雕版印刷的楷模，加之宋刻本传世又日渐稀少，因而一直为世人所珍视。

大字本：宋代不少刻本每行字数在十八个字以下，字大悦目，且版框纸幅俱宽大，称为"大字本"。蜀刻本尤以大字居多，故有"蜀大字本"之称。

小字本：每行字数在二十三四个字至二十七八个字的书本。习惯上指宋元本，明清两代无此名称。因宋刻小字本较少，藏书家往往在目录上特予注明，以示珍贵。

套印本：即用两种以上颜色套印的书本。现存最早的套印本是元至元六年（1340年）湖北江陵资福寺的无闻和尚《金刚经注》，其卷首的《灵芝图》与经注均用朱墨两色套印。到了明万历、天启年间，吴兴（今浙江省湖州市）闵齐伋、凌濛初两家盛用朱墨两色套印，黑色印正文，朱色印评语及圈点。以后又发展到三色、四色、五色套印，"闵刻本"或"凌刻本"几乎成了套印本的代名词。清代刻书亦有用套印的。

闵版：即明万历、天启年间，吴兴闵齐伋、凌濛初采用朱墨与五色套版印刷的书本。他们选择经、史、子、集各类士人习用书籍，汇辑前人评论批点，使用方正宋体字和优质白纸，作朱墨两色或兼用黛、紫、黄各色套印，后人称为"闵版"。其特点为词义显豁，脉络分明，行疏幅广，光彩夺目。近人陶湘编有《明吴兴闵版书目》，可资参考。

原刻本：又称为"初刻本"，即一书首次刻印的本子，是相对翻刻、重刻而言的。原刻本接近原稿面貌，可用以校正翻刻本中可能出现的文字讹误。

翻刻本：即根据原版文字内容翻刻的书本。一般在内容及版式等方面照旧，而另加序或跋，说明翻刻的目的与经过。

重刻本：即对原刻本进行整理后重新刻印的书本。相对原本而言，不仅字体、版式与原本不同，而且往往对原刻本的文字进行了校正，同时在内容上有所增补。这种情况于别集类著作较为多见。前人也有不加区别将翻刻本统称为重刻本者。

仿刻本：是指模仿原版字体版式刻印的书本，这些原版字体版式通常由擅长书法的人进行上版，并且雕印精湛。在明清两代，由于对宋元刻本的模仿，出现了"仿宋本""仿元本"等称呼。

影刻本：即照前人刻本影写摹刻的书本。珍贵的古籍，为存原书面貌，以适应研究需要，清乾嘉两朝以后，常用影刻方法加以传播，其版式、字体一如原本，刻印精工者几可乱真，比较著名的如黄丕烈所刻《士礼居黄氏丛书》等。

写刻本：即按照手书字迹雕版付印的书本，是相较明代嘉靖、万历以后盛行的仿宋字体刻本而言的。

邋遢本：宋代绍兴井宪孟于四川眉山刻九行本《七史》，到了元代，版片大都漫漶，所印书字迹模糊不清，世称"邋遢本"。

三朝版：即经过三个朝代修补的书版。南宋杭州国子监所藏各种书版多有残缺，元代时，将这些版片转入西湖书院，加以修补印行；至明洪武八年（1375年），书版又移至南京国子监，再次进行修补印刷。对这部分递经宋、元、明三朝修补的书版，后人称为"三朝版"。

（二）写本

写本，系指通过手写方式制成的书籍形式，涵盖稿本、抄本以及影写本等多种类型。这些写本不仅体现了书写者的个人风格和技艺，也承载了丰富的文化和历史信息。

1. 稿本

稿本，即文字没有修改完整的原始底本，或已经修改写定尚未付印的书稿，是作品的原始记录。稿本又可以分为几种类型，其中手稿本为作者亲笔写定的稿本；誊清稿本为文字经过修改整理并由他人抄写誊清的稿本，一般有作者印记，或用专门稿纸；修改稿本指由他人誊清又经作者亲笔修改的稿本；写样待刻稿本指将准备发表的作品文字，用端正的宋体或楷体字写在刻版用的红栏格纸上，准备给刻书工人粘在木版上依样雕刻的底稿本。

2. 抄本

抄本，即抄写的书本。古代书籍都手工抄写，唐代以后，刻本渐行，遂称手写的本子为"抄本"或"写本"。习惯上唐代以前称"写本"，唐代以后称"抄本"。宋代以后，雕版虽已盛行，但抄本与之并行，如明代《永乐大典》、清代《四库全书》皆为抄本；有些较专业或需要不广的著作，仍靠抄本流通。更有抄书者系著名藏书家或学者，除书的内容外，其手迹也值得珍重。故抄本图书一直为人们所重视，藏书家以精抄本与宋元刻本相次比。对于不详年月的抄本，约在清嘉庆以前者通称为"旧抄"，晚清者称为"近抄"，辛亥革命以后者称为"新抄"。对于确定为明代或清代的抄本而无从断其年月者，则笼统称为"明抄"或"清抄"。

3. 影写本

影写本，即用纸覆于原书上影写而成的书本，其点画行款，一依原本。一般专指影写宋、元善本。如明末常熟毛晋汲古阁所影写的宋元善本，字画挺秀，一笔不苟，酷似原本，为后人所重，世称"毛抄"。

(三)其他版本名称

活字本：即用活字排版印刷的书本。活字印刷为宋仁宗庆历年间（1041—1048年）毕昇所发明。其方法是用胶泥刻字，火烧使坚，排版印刷。这是中华民族的伟大创造，早于欧洲活字印刷400多年。元代和明代又先后创造了木活字、铜活字和铅活字。

聚珍本：清代以木活字排印的书本。清乾隆三十九年（1774年）刻印《四库全书》中的善本（多为从《永乐大典》中辑佚出来的书籍），因仿宋元活字版式，镌木单字25万枚，高宗以活字版名称不雅，改称为"聚珍版"。凡排印之书，首有高宗题诗十韵，每书首行之下有"武英殿聚珍版"六字，世称"武英殿聚珍版书"。乾隆四十一年（1776年），颁发聚珍版于东南各省，批准所用刻版通行，先后承命开雕者有江宁、浙江、江西、福建等地。这些仿聚珍版刻印的书籍，通称为"外聚珍"，而将武英殿聚珍版称为"内聚珍"，以示区别。后来中华书局创制仿宋体铅字，就名为"聚珍仿宋版"。

石印本：即以药墨书写于特种药纸上，用石制版印刷的书本。用摄影制版石印的书，则称为"大石印本"。

影印本：经过照相制版技术印制而成的书本称为原版书。常见的照相制版技术包括大石印、珂罗版、铜版印和胶印等。对于稀有的图书资料，为了学术研究的需求，通常会采用原书影印的方式进行广泛传播。

排印本：即用活字排印的书本，通常指铅字排印的书。

搨本：亦作"拓本"，即摹拓金石彝器碑碣印章之本。用红色搨者称为"朱搨"，黑色搨者称为"墨搨"，最早搨者称为"初搨"。初搨字迹（或图案）清晰，墨色匀净，较为珍贵。

朱印本：即用红色印刷的书本。明清两代在雕版竣工后，往往先用朱色印若干部分以作校对正误之用，再进行墨印。亦有用蓝色印刷的，称为"蓝印本"。

公文纸背印本：利用已使用过的旧公文纸的背面印刷而成的书本。这种印本最初目的是节约纸张，但这些公文纸背面的年代和内容可以作为考察版本印刷时间的参考，因此具有史料价值。现存的宋、元、明书籍中，有许多这样的印本，被视为珍贵的文物。

卷子本：即用卷轴装订而成的书本。唐代以前抄写书本用纸接成长幅，卷成一束，明代胡应麟《少室山房笔丛》："唐人写本存于今者皆为长卷，如手卷之状，收藏家谓之卷子本。"

百衲本：即用各种不同版本之残卷零页配合或汇印而成一部完整的书本。"百衲"取僧衣破蔽补缀之称，如商务印书馆影印的《百衲本资治通鉴》《百衲本二十四史》。

配本：即一部书因有残缺，用同一种书的其他版本予以配全。

批本：即经名家写过批语的本子。由于这些批语多为对该书内容的评论，故又称为"评本"。凡将批语写在天头的称为"眉批"或"眉评"。

校本：根据不同本子和有关资料校对过的书本。取某书的一个本子作底本，搜罗一种或几种不同本子及有关资料相核对，发现其讹误衍脱，即在底本上加以批注。清代校勘家甚众，其中以何焯、卢文弨、顾千里、鲍廷博、黄丕烈、吴骞等最为著名，他们所校的书本向为人们所重。

批校本：既有名家批语，又有其校注文字的本子。批校本也有过录的情况，即批校文字系从他书移录而来的本子。有的在过录时精心临摹名家手迹，须仔细鉴别。

孤本：即传世仅存一部的书本。

善本：即具有特别高或较高历史文物与文献资料价值的书本。根据《中国古籍善本书目》的标准，国家级古籍善本，主要包括明代以前刻印抄写的图书等九个部分。

二、古籍版本的鉴别方法

（一）依据生产书籍的不同方法所形成的不同特征鉴别

古籍版本的形成，或出于手写，或是木版雕印，或用现代印刷方法制成（捶拓、钤印图籍除外），应从它们各自不同的特征加以区分。

写本：主要是不经过制版，而是直接用笔蘸墨在纸上书写而成。无论其墨色与用纸如何，验其笔触就可辨认，其字迹相比刻本，显得生动、流利、自然。

刻本：即木版雕印的书本，一般是刻成版后，在版上刷墨，再以纸覆盖在版上经压刷而成。其特征是：字体比较规整（尤其是明万历年间形成印刷字体后更是如此）；书页的行款格式皆有定型；因是压印而成，纸面的着墨部分比空白处略低一些，微显压痕；每卷末页往往因文字已完而留下空白，印刷时即留下大块墨迹；随着版片印刷次数的增多，会出现版片断裂、边栏行格残损及字迹漫漶的情况。

活字本：这里所讲的活字本主要是指铜活字本与木活字本。现存活字本以木活字本为多，成书方法是将活字排入一定的版框，组成书版，然后印刷。活字本的特征是：字体大小、笔画粗细不一，字与字之间不交叉，字形有时倾斜，或出现倒字；因版面不平整，文字墨色深浅不一；栏线之间及栏线与鱼尾的连接处没有空隙；不存在断版、裂版现象。

石印本：印制方法是先用转写墨在药纸上书写，接着将药纸上的字迹移置在石版上，最后于版上滚刷油墨印成（版上无字迹空白处不粘油墨）。其印本特征是：印成后纸面平整，着墨处没有像铅印本那样的印压痕，字迹一般都是手写体。

铅印本：即采用铅字排印方式印刷的书籍版本。其特征是：字的形体、字的大小以及边栏、花纹等，都有一定的型号和规律，比木刻本和旧时的活字本在制版、印刷等各方面都精密、细致得多；用油墨印刷（刻本、木活字本等用水墨印刷）；用金属版印成，字迹与纸背显示的凹凸痕迹较为显著。

影印本：有石印影印本、铜版影印本、玻璃版影印本等。其特征是：纸面平整，印迹无印压痕。其中石印影印本纸面只有字迹，图纹处着墨，余处都是空白；铜版影印本在纸面所显示的影像全由网点组成，但是在没有字迹、花纹的空白处也留有细微的网点；玻璃版影印本的印迹是由玻璃版上的感光胶膜吸墨印成，印出的影像与照片最为近似，浓淡明暗层次分明，空白处则往往留有因底片感光所形成的阴影。

（二）依据原书的记载、特征鉴别

1. 依据牌记（或刊印题记）、封面及序跋鉴别

历代刻本多在序目后及卷末镌刻牌记（或刊印题记），这是鉴别版本的主要依据之一。如宋刻本《汉官仪》卷末刻有"绍兴九年三月临安府雕印"一条，将刻版的时间、地点交代得一清二楚。根据牌记，还可纠正前人的讹误。如《千家注杜诗》，《书林清话》云："向称为宋椠者，卷后有'皇庆壬子余氏刊於勤有

堂'字样，'皇庆'为元仁宗年号，则其版是元非宋。"在书首冠以封面，明清两代较为多见，而封面上往往标明刻版年代。如清天都黄氏刻《宣和博古图》，封面即镌有刻版年代"乾隆壬申秋月"一行。若无牌记、封面，则可根据卷首序文及卷末跋文判断刻版年代。如《扬州画舫录》首有"乾隆乙卯年镌"牌记，可知是书刻于乾隆六十年（1795年），但书中又有同治十一年（1872年）方濬颐所写后序，序云："……尤幸兵燹之余，旧版无恙，亟购弄书局，用蕙艺林，希广传播，以公同好……"则知此书是在同治年间利用乾隆原版重印的，属后印本。

2. 依据书名虚衔鉴别

有些刻本在书名上冠以"国朝""皇朝""皇明""昭代"等尊重它本朝的语词，这类刻本多为本朝所刻。如《国朝文类》即为元刻本，若书名作《元文类》那就是明朝刻本；《皇明诏制》则是明刻本，因为这是明刻本的特有称呼。

3. 依据刻印、抄写特点（包括版式、字体、纸张等）鉴别

宋刻本：宋刻本的书口以白口居多，到南宋后期才出现细黑口。宋代前期的装帧是当时流行的蝴蝶装，书页不用折叠，版心向内，所以不需镌刻黑线；到南宋后期，出现了包背装或线装形式，版心向外，为了折叠方便，即在版心上下往往镌刻一条黑线以作折叠标准，于是版心便有了书口之称，也有了白口、黑口之别。字体多仿欧、虞、颜、柳书体，不同地区又形成各自的风格。总体来看，大致浙江刻本欧体居多，四川刻本颜体居多，福建刻本颜、柳体居多。刻本多用白麻纸或皮纸，其中福建刻本则多用竹纸。

元刻本：元代刻本黑口居多，简体字较常见。字体大都模仿赵孟頫书法。纸张主要用黄麻纸，其次是白麻纸与竹纸。

明刻本：明代初期刻本犹沿元代风格，黑口居多，正德、嘉靖以后盛行白口。字体也失去了以前刻本所具有的书法意味，渐变为横细直粗、形态板滞的方块字，即后世所谓"仿宋体"；但在万历年间，也出现善书者手书上版的写刻本，又称为软体字。明代嘉靖以前多用白棉纸，万历以后则竹纸居多。

清刻本：清代刻本前期仍有明末风格，康熙、乾隆间也出现了一些写刻本，多出名家手笔；道光以后，字体结构日趋呆板，世称匠体。清代用纸最讲究的是武英殿刻本，多用洁白柔韧的开化纸（又称为"桃花纸"），其他一般用棉纸、竹纸两类，但纸的质量不如前代。

抄本：现存抄本以明清两代为多。明抄本一般字体飘逸，书写自然；清抄本多工整秀丽，书写规矩。明抄本多用薄棉纸，也有用竹纸；清抄本则常用毛太、太史连之类竹质纸。明抄本用纸往往还印上黑格、蓝格、红格，形成一种风气；清抄本虽然也有仿效明代用红格、黑格者，但因字体、纸张不同，较容易区别。明清两代藏书家往往有专门抄书用纸，这对鉴别抄本很有帮助。

日本刻本：版框的高广差不多，几成方形，版面多无行格；刻印较精，常用一种奶黄色、质地坚韧的皮纸，称为"美浓纸"。旧刻本封面用纸厚硬，呈栗壳色，上有花纹，近代刻本也有用蓝青面者。多用单线装订。字行间大多注有日语假名。

朝鲜刻本：亦称高丽本。书品宽大，刻印精工，大都用比我国的白绵纸厚的皮纸，俗称"高丽皮纸"。封面用纸及装订与日本刻本相同。

越南刻本：刻印及装订形式与我国古籍的特点差不多，现在通常见到的越南刻本一般和我国道光、咸丰间刻本风格相似。

4. 依据讳字鉴别

封建时期刻书、抄书，遇到君主之名要避讳，尤其是宋代及清代，避讳甚严。避讳的方法有改字、改音、空格、缺笔，或以"某"字、"今上御名"等代替讳字。因各朝代的讳字不同，故可根据讳字鉴定版本朝代。如宋刻本《艺文类聚》，因有残缺，佚去序跋，刻印始末不详，查其讳字，避至宋高宗赵构，再结合刻工等情况，遂将此本定为宋绍兴年间所刻。又如，辽释行均撰《龙龛手镜》一书，辽、宋皆有刻本，辽本久佚，宋本则因避太祖讳而将书名改为《龙龛手鉴》，但清代官方书目《天禄琳琅书目》（后编）未加细查，误将宋本定为辽刻。再如，清代避康熙帝玄烨讳，人们即以"玄"字是否缺笔或改为"元"字来判断抄本的新与旧。

当然，在检查古籍中的避讳字时，也应注意两种情况：一是仿刻、影刻、影抄之本往往保留了原本的讳字；二是有些前代遗民的书中常出现前一朝代的讳字。遇到这类书籍，就需根据实际情况考查著录，不能轻率地据讳字断其版本。关于历代帝王避讳情况，可参见陈垣《史讳举例》（上海书店出版社2023年版）。

5. 依据行款鉴别

行款（书页版面的行数和字数，习惯上以半页计）虽然不直接说明原书的刻版年代，但可以用来区别版本异同。因为同一种书常有多种版本，这些本子由各时代、各家所刻，行款并非一致。因此，行款不同的，绝不会是同一版本。根据行款还可以考查古籍的版本系统，如书棚本均为十行十八字，蜀刻唐人集有十一行本与十二行本两个系统等。清代版本学家很注意对行款的研究，尤其是遇到宋元旧本，在他们的书籍中都有行款的记录，可作为考证版本的依据之一。清人江标撰有《宋元本行格表》，可资参考。因此，现在各图书馆编古籍目录尤其是善本目录也应著录行款，使目录更具稽考作用。

6. 依据刻工姓名鉴别

许多刻本（尤其是宋元版）在版心下端镌有刻工姓名，这本是当时一种责任监督的标志与按劳取酬的凭证，但对后来鉴定版本却很有帮助。不同的书若其刻工相同，它们的版刻年代基本一致。因此，若甲书根据刊记等标志确定为某朝代刻本，乙书虽无其他凭证，但刻工与甲书相同，一般亦可认定为同时代刻本。如曾经由元代脱脱及清代季振宜、朱筠、朱学勤先后收藏，现藏于上海图书馆的元刻本《通鉴总类》，由于原书元至正二十三年鄱阳周伯琦序被撕去，《季沧苇藏书目》与《结一庐书目》据书首宋代嘉定元年楼钥所撰序文竟将其著录为宋刻本。但该书刻工赵伯川曾在元代大德年间刻过《北史》，而另一刻工杨景仁又在延祐间为饶州路刻过《文献通考》，则此部《通鉴总类》当属元刻无疑。

根据刻工还可发现补版。如一书既有宋代刻工，又有元代刻工，那就是宋刻元补本；若又发现明刻工，则为宋刻元、明递修本了。与考查避讳字一样，检查刻工时要注意仿刻、影刻之本可能会把原本中的刻工名照样刊刻；还有些刻工从事刻书时跨两个朝代，则前后两个朝代的刻本中都可见到他们的名字。根据刻工考查古籍的刻版年代虽较为可行，但直至近代傅增湘、张元济等版本学家始为采用。可参考王肇文《古籍宋元刻工姓名索引》（上海古籍出版社 1990 年版）、李国庆《明代刊工姓名索引》（上海古籍出版社 1998 年版）。

7. 依据印章鉴别

凡经历代官方或私人收藏的书籍，往往钤有官印或私人藏印，这不仅能使我们了解书籍的流传情况，还可以作为鉴定版本的参考、佐证。一书若有明人的藏印，那此书刻印或抄写时间绝不会在清代。如果在手写本上钤有著者的姓名、别名或室名印章，就可借此分析鉴定此书是否为手稿本或者清稿本。

8. 依据批校题跋鉴别

在书的流传过程中，有的学者每每将自己的见解、不同版本的校勘文字写在书的天头或行间，有的藏书家、鉴赏家常对书籍的版本流传情况、得书经过及与本书有关的某些问题用题跋的形式写在书的卷首或卷尾，这为鉴定版本提供了一定的依据或参考资料。此外，批校题跋本身也可作为鉴定版本的旁证。譬如经清初校勘家何焯批校的书籍，其刻印或抄写时间就不会在康熙以后。

（三）利用工具书辅助古籍版本鉴别

1. 利用书目著作

在古籍版本鉴别过程中，需要利用记录古籍的书目著作以帮助识别古籍版本。通常先从了解该书历史上曾经流通过以及现存的各种版本情况入手，然后考查我们所要检查的版本在有关书目中是否有记载，或在内容、版刻上与这些记载有什么异同，从而根据实际情况做出较为适当、准确的辨识。

当然，各种书目具有不同类型、性质及功用，需要我们在工作实践中熟悉与灵活利用。

2. 利用书影图谱

虽然我们强调通过工作实践，增加感性知识，积累经验，增强古籍版本识别能力，但就某一单位与个人而言，其收藏及见闻毕竟有限，而书目或其他文献资料有关版本的记载，大多数是文字材料而不能看到原件，因此，利用各种古籍书影图谱，能起到拓宽视野、帮助鉴别版本甚至按图索骥的功用。

当然，可以帮助我们辨识古籍版本的不限于以上图谱之类，其他各种影印本专书（如《四部丛刊》《古逸丛书三编》）以及期刊、报纸中随论文、报道同时刊出的书影图片都可作为鉴别版本的资料。但应当指出，书影图谱等毕竟不是原来的实物，因而有一定的局限性，如对原件的纸质、纸背、墨色、装订、作伪等不能反映，对刻工技艺与藏章的反映也受相当的技术局限。所以，我们还应尽量争取多看实物，而将书影图谱作为研究学习的补充和参考。

三、古籍版本鉴别的注意事项

（一）从内容上考查版本

除了前面所叙述鉴别版本的常用方法外，还应注意检览原书内容。如果内容所记载的人物、事件的时代概念与作者的时代及有关版本的特征等不相符合，那么这部书就有问题。如在清乾隆年间纂修《四库全书》时，曾收集到一部"江苏蒋曾莹家藏本"题为宋代苏过撰的《斜川集》十卷，苏过是苏轼的季子，卒于北宋徽宗宣和五年（1123年），他所著的《斜川集》传本罕见，而此本看上去纸色很旧，又钤有虞山汲古阁毛晋的藏印，理应珍视。但翻检内容，发现所述多为南宋人物、事情；进一步细核所收诗作，与南宋末年刘过著的《龙洲集》完全相同，分明是将刘过的作品冒充苏过刻以渔利；再审视版刻、纸张、印章，发现行格是补描的，纸是染过的，印章也是伪镌的，实际上是将"近时坊间所刊"的本子加以伪造，冒充宋版炫俗。

（二）伪本据明

高濂《遵生八笺》中《燕闲清赏笺》载，早在明万历年间就有人为牟利而不择手段进行伪造宋元本的勾当。到了清代，作伪现象愈演愈烈，手法五花八门，对古籍的流传与利用造成很大的危害。常见的作伪手法有以下几种。

1. 以残充全

以残充全，即将残缺的本子加以裁改修补，充作完整的本子。通常做法是挖改原书卷端、卷尾的原刻卷次，或裁改原书的目录（从目录页中裁去残失部分的目录，以使现存的内容与目录相符）。如清代黄丕烈曾藏宋嘉泰淮东仓司刻本《施注苏诗》第四十一、四十二两卷，内容正是陶诗的全部，书贾即将卷第与版心均挖改成上、下两卷，伪充全本（见《楹书隅录》）。又如，上海图书馆所藏十卷残宋本《金石录》，曾经清代大藏书家冯文昌、朱文石、鲍廷博、江立、赵魏、阮元、韩泰华、潘祖荫等递相收藏，又经著名学者江藩、顾千里、翁方纲、姚元之、洪颐煊、沈涛等先后赏鉴，谁也没有发现该本作伪痕迹。直到20世纪80年代末，中国国家图书馆所藏全本宋代龙舒郡斋本影印问世，经过比对细审，才发现残宋本的卷次早在冯文昌收藏前已被剜改①，由于作伪技术惊人的高超，许多收藏家、鉴赏家的"法眼"都被骗过，造成了与其他传本体系不同的假象。因此，在鉴定版本时，除了检查全书目录和正文内容、卷次是否相符外，还须细审目录、卷首尾及版心等处是否有割裂、挖改痕迹，再根据原书的序跋、题记以及有关的著述、书目记载等来考查此书的现状是否与之相符。若有必要，可进一步做相关的文字校勘，从内容上揭示异同及其原委。

2. 撕去序跋附录、挖改牌记版心

通过对较晚的刻本进行撕去序跋附录、挖改牌记版心的"加工"，以冒充早期刻本。如清代王士禛《池北偶谈》记载有明嘉靖初年苏州王延喆覆刻宋代黄善夫本《史记》，以覆刻本充原本的故事。到了20世纪70年代，果真有家图书馆携作伪本四处游说，以为发现了一部黄善夫所刻足本（现存黄善夫本《史记》均为残帙）。后经鉴定，乃知是撕去跋语、剜去牌记的王延喆本。又如清黄丕烈影刻宋严州本《仪礼》酷肖原本。在1998年秋季上海朵云轩拍卖展览上，也曾出现将撕去原附录黄丕烈校记的黄本误作宋代严州本的情况。因此，当遇到一部书既无序跋又无牌记，除了从版刻风格、刻印特点上辨别外，一般可先查各种目录、文献，了解该书的版本系统，注意查看是否有该种版本的记述，以帮助判断。

此外，尽可能将该书的各种版本放在一起核对比较。如果要鉴定的这种版本真是撕去序跋、挖改牌记，那么即使手头没有复本或此书的原刻本，也可从该书的其他版本中看出其作伪的端倪。因为后来的翻刻本往往保留原刻本的序跋，并在翻刻时的序跋中交代该书的版本流传情况。更要细审原书，因为挖改添加的手法即使再巧妙也总要留下痕迹，如被挖去的部分需要修补（修补用纸通常从原书卷尾的空白处割取，或另用染色、熏旧的纸），残损的边栏行线以及卷尾、版心的文字也要描补添改等。即使有的在挖去的地方加盖伪刻的牌记，从而更具有迷惑性，但只要仔细，还是能够辨认的。

---

① 意思是挖去错字改成正字。

3. 加盖伪章

加盖伪章常见的情况有以下几种：①在新刻新抄本上加盖前人的印章以冒充旧刻旧抄本，这种做法通常与染纸做旧相结合。②在抄本上加盖作者的印章以冒充稿本。③在过录或伪造的批校题跋本上加盖批校题跋者的印章以冒充真迹。这种加盖的印章绝大多数是伪刻的，也有个别虽是真印，但它是后人觅得后加盖的，与原书的实际情况不符。

这种加盖伪章现象，对于接触古籍不多，对一般著名学者、藏书家与校勘家的手迹、印章又不熟悉的人来说是较难辨识的，这也是稿、抄、校本比一般刻本更难鉴别的原因之一。这就要求我们在工作中注意研究历代各种公私印章的式样、印文的风格、钤盖的规律以及印泥的质量与颜色，尤其是对著名学者、藏书家、校勘家的印章要加以留心，因为作伪者往往利用伪造名家印章牟利。结合工作实际，多翻阅各种印谱，经常将各种书影、印谱中的印章与书目中所记录的印章相互比较、印证，将已知的真、伪印章进行对比，有助于提高印章的辨识能力。但必须指出，印章只是鉴别版本的一个旁证，也有旧抄、旧刻本盖有伪章的，这就不能因为印章伪而否定书本身的版本价值了。

（三）避免盲目

依据前人的记述在著录古籍、鉴别版本时，我们经常参考利用前人的有关记述（如各类公私书目、论著等），但前人与我们一样，所见所闻与掌握的资料有限，或失于考核，对图书的记述难免有片面与错误的地方。如《宋稗类钞》一书，原刻于清康熙八年（1669年），作者为李宗孔（字书云）。乾隆间又有翻刻本，不仅篡改删削原本的内容，甚至还将作者也篡改为潘永因。但由于原刻本流传很少，通常所见多为翻刻本，结果自《四库全书总目》而下直至现在的《辞海》《词源》，都作潘永因撰，不少书目将翻刻本当作康熙原刻本著录。

第三节 古籍的采访与编目

一、古籍的采访

我国现存的古籍,虽然可以用"浩如烟海"四字形容,但纵观中华数千年历史长河,它们实属万劫余生,有些甚至是千万分之一的幸存者,流传至今,凝聚着祖祖辈辈的血泪。作为民族文化遗产,它们具有珍贵的历史文物价值。1949年以后,我国制定了一系列政策与法令,有效地遏制了大量古籍或遭损毁、或被巧取豪夺流往国外的现象。1965年11月,我国重金从香港购回一批珍贵善本,有宋刻本《荀子》《张承吉文集》,元刻本有《梦溪笔谈》,毛抄有《鲍参军集》,清代孙星衍、洪亮吉校与顾千里题跋的《水经注》等,这充分说明我国对抢救和保护古籍的高度重视。图书馆理应负起为国家民族保藏古籍的重任,而古籍采访工作,对收集、保护古籍显然具有不容忽视的重要作用。

古籍的文物价值不仅体现在善本上,因为"善本"历来就是一个动态的概念,从文物价值角度来说,各个时代有不同的"善本"观。我们知道,古籍原件不会再产生,现存的古籍只会减少而不会增加,因此《中国古籍善本书目》所确定的善本九条标准也只是适用于一定的历史范畴。正如明代人视宋代刻本为稀有,清代人又视元明刻本为珍贵一样,随着斗转星移,哪怕清末民初的刻印本都会显示出较高的文物价值。因此,应当拓宽视野,从实际出发,尽力做好古籍采访工作。同时,古籍采访工作还是古籍其他工作的基础。只有以采访工作作为基础,才能更好地开展流通阅览、文献咨询、展示教育、研究开发、资源共享以及古籍数字化等项工作。

(一)古籍采访工作的方针

古籍采访工作既受到国家经济、科学和文化发展状况与需求的制约,也受到图书馆藏书建设本身发展规律的制约。因此,古籍采访工作方针的确定,应从各图书馆实际情况出发,建立在目的明确、讲究科学、资源共享、经济高效的基础之上。

1. 目的明确

一是要考虑图书馆的定位。如中国国家图书馆、上海图书馆、南京图书馆等都是大型古籍收藏机构，就应起到中国古籍典藏库的作用，其古籍采访就应注意保存齐全完整并形成馆藏特色。相对而言，地市县的图书馆的定位主要是普及历史文化知识，其古籍采访工作方针自然是不同的。

二是要考虑读者流向。就目前情况而言，沿海开放城市因经济较为发达、交通便利等因素，阅览古籍的中外读者较内地城市为多，这就要求沿海城市图书馆古籍采访工作的力度更需加大，使馆藏古籍品种越多越好，以尽可能满足读者需求。

三是要考虑地方特点。即按照图书馆所在地区的特殊需求进行古籍采访工作。尤其是省市级公共图书馆，要对反映本地区的地方文献进行重点采访。如甘肃省图书馆通过重点采访搜集，使本馆成为西北地方文献收藏与研究的中心。

2. 讲究科学

古籍采访工作要根据图书馆藏书建设的特点与需求有序合理地进行。

第一，工作要有重点。任何一个图书馆都不可能将所有文献、资料收集齐全，古籍更是如此。不少图书馆自建馆以来就有选择地重点收集，从而形成各自的馆藏特色，这是十分明智的做法。馆藏特色的形成，往往经过数代人的努力，因此，古籍的采访工作应当以此为重点展开。如中国国家图书馆以收藏宋元刻本为特色、上海图书馆以富藏古籍抄校稿本及清代名人尺牍为特色，这自然应成为这些馆藏古籍采访工作的重点之一。同时，要注意做到古籍采访重点与照顾一般相结合。

第二，增加品种，减少复本。古籍，尤其是善本，同样的本子，由于不同的收藏流传途径，且不说经过不同人的批校题跋，即使钤盖了不同的印记，从文物角度讲，亦不能算作复本（当然还有印刷先后与纸张等区别）；而普通本，既要考虑收藏，又要考虑流通，还会出现多复本的需求。然而，图书馆的采购经费毕竟有限，这就要求我们根据经济能力、读者需求、图书价值并结合书库空间等情况制定古籍采访工作方针。在处理复本与品种的关系中，应当以增加品种为主。

第三，注意品种质量。对古籍的不同品种有两种理解：一是从内容上分析异同；二是从版本上区别异同，即使是同一种书，不同版本亦属不同品种。但在采购经费有限、书库空间紧张的情况下，并非所有不同版本都要作为不同品种予以采购。尤其是如今出版界大量影印古籍，其中不少影印本的底本并不鲜见。如《梅花喜神谱》《续古逸丛书》本是据宋本影印，而现在有的新影印本是根据《续古逸丛书》本影印，虽然也属于又一个版本品种，但有了前者，哪怕后者亦是据宋本影印，也没有采购的必要。因此，古籍采访不能仅考虑品种数量，更应注意质量。

3. 资源共享

资源共享是现代化图书馆事业的标志。实行资源共享，就可以最大限度地避免重复，增加品种，节约人力、物力和财力。过去，由于观念的陈旧、客观条件（主要是计算机编目与网络化程度）的落后和组织上、方法上缺少可行的措施，虽然也曾提倡资源共享，但往往流于纸上谈兵。许多图书馆还是各自为政，贪多求全，但又总是事与愿违。

现在，随着国家科学、经济的发展与繁荣，图书馆的资源共享已成为必然趋势。尤其是1999年1月，中国国家图书馆联合全国百家图书馆签订了资源共享合作协议，这标志着图书馆事业一个崭新的时代已经到来。相应地，古籍采访工作也应更新观念，在资源共享的基础上进行。各图书馆一方面可以用交换、调拨、复制等手段弥补单一采购的不足，做到优势互补，使古籍资源充分为读者所利用；另一方面可以让有限的购书经费保证图书馆特色收藏的采访。

4. 经济高效

经济高效原则强调合理利用每一份资源，使有限的经费产生最大的效益。购买不必要的书籍是一种浪费，这是众所周知的道理。以清代刻印的科举考试试卷为例，自从废除科举考试后，这些宝贵的资料被视为垃圾弃置不顾。然而，顾廷龙先生从私立合众图书馆到上海图书馆期间，多年来一直致力于收集这些资料，共收藏10000余种。在当时收集这些资料相对现在而言所花费的费用是低廉的，而现在即使愿意出高价也难以买到。这个例子说明了在经济高效的原则下，合理利用资源的重要性。我们应该珍惜每一份资源，根据实际需要来作出购买决策，以实现最大的效益。

（二）采访信息的来源

重视古籍采访信息的收集，是搞好古籍采访工作的必要前提。只有充分收集有关采访信息，详细掌握第一手材料，做到心中有数，才能避免工作中的主观性与盲目性。古籍采访的信息主要来自调查馆藏、读者信息反馈、掌握书源以及临时采访图书。

1. 调查馆藏

调查馆藏既是对过去的采访工作进行总结，也是现在进行采访工作重要的一环。调查馆藏包括两个方面。①熟悉馆藏。即通过财产登记簿及书名、作者、分类、专题等目录查明藏书总量与品种，善本与普通本的数量与质量，各类藏书的数量、品种复本量及比例等。②分析馆藏。即现有馆藏是否符合本馆的方针任务，是否具有馆藏特色，能否满足读者需求，哪些门类需作补充，哪些书尤其是丛书残缺需做配补，哪些品种多复本可用以交换，等等。只有对馆藏古籍进行翔实的调查，才能有计划有目的地进行采访工作以补充馆藏。

必须指出，有的图书馆至今尚有数量不等的古籍未能正式登记编目入藏，这对正常进行采访工作极为不利。家底不摸清，采访工作难免陷于盲目。因此，必须尽快将这些未编书整理入藏。

2. 读者信息反馈

采访图书的重要目的是给读者使用，那么自然要考虑读者的需求。虽然读者有时会主动提出各种采访建议，但在一般情况下，需要从事采访与图书流通的工作人员对读者的基本情况、阅读需求、阅读倾向作各种调查分析，从而获取采访信息。

第一，要对国家、本地区、各科研单位与机构、出版社等有关古籍整理规划、工作重点、研究课题、出版计划（包括具体项目）进行全面了解，从而结合馆藏确定需采访的范围和重点，有计划地补充馆藏。

第二，通过多种形式与渠道了解读者需求，如与读者个别交谈、上门访问、召开读者座谈会、设立图书采访意见簿、发放征求读者意见单等。当然，不能简单地认为读者需求就是采访的唯一依据，但必须把读者需求同本馆方针任务结合起来加以考虑。凡符合本馆方针任务的需求就应尽可能地进行采访；反之，则应向读者解释说明,同时注意加强阅读辅导工作。

第三,通过图书流通阅览的统计资料,分析读者的阅读状况与倾向,也可了解读者的需求。而对各门类图书的流通率和拒借率进行分析比较,往往能查出馆藏的缺陷与不足,为采访工作提供依据。

3. 掌握书源

古籍采访与其他图书采访工作一样,必须掌握书源,方能及时有效地获得所需图书资料以补充馆藏。古籍的来源渠道广泛多样,有国内,也有国外;有公家,也有私人;有购买,也有交换、复制、捐赠等。

要掌握书源需要做到以下几点。

首先,要熟悉了解国内外的古旧书店、拍卖市场。随时收集书店的售书目录与拍卖行的拍品目录,分析市场行情,摸清市场热点动态,若有必要,还应亲临现场考察。有的古籍书店为了拓展业务,获取更多的书源,往往也进行书籍交换的操作,这虽然是另一种形式的买卖,但因为是场外交易,为图书馆的采访提供了便利。因而在书店的图书未上市之前,采访人员可主动与之联系洽谈,当然,虽说是各取所需,采访人员也应熟悉市场行情,做到等价交换,以免无谓损失。如果欲采购影印古籍,则必须及时了解出版机构的出版计划与收集征订目录、在版书目、书评和各种推荐书目,甚至还要留意报纸杂志上刊登的各类相关广告。

其次,要了解民间收藏。私人藏书目的不一,有的是因为治学需要,有的是出于鉴赏把玩,有的是为了保值增值,因而,有愿意公开者,有不愿意公开者,也有愿意出让者。图书馆应主动上门与收藏者取得联系,争取他们的支持配合,在可能的情况下,根据实际需要,向私家或予以征购,或进行交换,或商量复制。如果我们工作做得好,那么如同过去许多藏书家向图书馆捐赠图书一样,现在这种义举也会经常出现。

最后,要了解国内外图书馆的藏书情况,以便相互间进行交换、复制等合作,做到互通有无。从某种角度来讲,这是最为丰富的书源,尤其是国内,在资源共享的前提下,古籍采访工作在这方面会有较大的拓展余地。

4. 临时采访图书

上述古籍采访信息的收集是在一般情况下较为从容地进行的。但采访工作有时会遇到这样的情况：在市场、书店、路摊或某私人手中偶然见到某种书甚至一批书，如果不当场及时做出选择，就有可能失去机会。而要在临时场合对图书采访做出较为准确的取舍判断并不容易。这要求采访人员十分熟悉馆藏，立即做出是否可补馆藏所缺的反应，倘若没有把握，则不要盲目从事。当确认属馆藏缺门品种后，则须进一步对版本进行鉴定，仔细翻检其书，查看卷帙是否完整，是否有作伪痕迹，进而断定具体刻印抄写时代及版本类型，然后与书商按质论价。这就要求采访人员精通版本知识与市场行情。应当说，这种临时图书采访会经常遇到，信息稍纵即逝，能否抓住机会，关键取决于采访人员业务水平的高低。

（三）采访手段的多样化

古籍采访工作可以通过多种渠道采取多种手段进行，除了从书店、拍卖市场、私人手中直接选购外，交换、复制、征集、捐赠等皆不失为行之有效的方法。

1. 交换

交换是扩大藏书来源、取得无法通过常规的补充渠道获得藏书品种的重要途径。通过交换，既能互通有无、丰富馆藏，又能节约采购经费。交换不仅局限于公共图书馆之间，大学图书馆、科学院系统图书馆，乃至旧书店、出版社，甚至私人，都可以进行合作交换。由于各自读者对象不同，藏书方针不一，对藏书的数量、门类、品种与复本的要求自然不尽相同，这就为交换工作提供了条件与可能。

交换又分为国内交换和国际交换。由于历史原因，大量古籍流散海外，因此，古籍采访工作也应积极面向国际，努力做好国际交换工作。交换从某种角度讲也是一种交易，这就有一个对交换书籍价值确认的问题。对于这种价值确认双方都应抱着坦诚协作、实事求是的态度，使交换工作建立在互惠互利的基础之上。要进行交换工作，各图书馆必须编出用于交换图书的目录，主动送交对方参考。交换目录要编制得较为翔实，最好附有书影，以便对方选择确认。

2. 复制

有的古籍传世稀少，既无从采购，也不能通过交换获取，那就应尽可能用复制的方法获得复制品，这也是古籍采访常用的手段。复制的方法有抄录、胶卷复制、静电复印、光盘复制等，视读者需求及藏书条件而定。抄录的方法既耗费时间，又容易出错，一般很少采用。由于需复制的古籍往往属善本甚至孤本，图书馆从保护文物出发，对其他的复制方法有所限制。这种情况在国内外都一样，有其合理的一面，但这样做也产生了消极的影响，即善本的文献资料价值未得到充分的利用。

古籍拥有方一般会采用以下方法来方便古籍复制：①复制一套胶卷，原书不再动用。凡需复制者，即据母片拷贝。②制成光盘（或用原书扫描，或摄成胶卷后输入），既可打印，又可提供网上阅览。③影印出版。这三种方法不能说一劳永逸，但都能起到保护文物、开发资源，同时创造经济效益的效果（当然，影印出版要根据市场而定，不可能什么书都有市场）。而如果图书馆都能按照第一或第二种方法去做，那么相互间还可以进行复制品交换，为古籍采访增添新的内容。

3. 征集

征集主要是通过主动发函、上门访求或采用登广告、发传单等方法，达到有针对性地采访古籍的目的。古籍经常是通过征集的方法获得的。在新中国成立初期，许多图书馆、文物保管委员会就曾从各地农村征集到大量古籍；做好征集工作，关键是要做到了解情况，掌握线索，情感交流，政策灵活，公平交易。

4. 捐赠

捐赠是指个人或团体单位向图书馆赠送书籍以充实馆藏的一种方式。开展捐赠工作，是图书馆古籍采访工作的重要组成部分，应予高度重视。事实上，许多图书馆的藏书有相当一部分是通过捐赠获得的，有的图书馆甚至是通过捐赠创办的。以1952年成立的上海图书馆为例，在它建馆初期，其古籍藏书就以各家捐赠为主，其中重要的有庐江刘晦之远碧楼、金山姚石子复庐、松江封文权寡淹、吴江柳亚子磨剑室、金山高燮吹万楼等。他们大都为民国时期东南地区有声望的藏书家，或以四部称备，或以专门见长。此外，鸿英图书馆还捐赠了近千种地方志，为上海图书馆现今近6000种地方志专藏打下了基础。上海历史文献图书馆的前身是私立合众图书馆，其所藏25万册古籍几乎全是私家捐赠，其中著名的有杭州叶景葵卷庵藏书、海盐张元济涉园藏书、吴县潘景郑宝山楼藏书等。

与20世纪相比，虽然现在情况不同、书源亦异，但捐赠工作尤其是民间捐赠工作，仍然大有文章可做。历来私家藏书几乎未有子孙永保者，在中华优秀传统文化的熏陶下，许多爱国之士是愿意以国家民族利益为重，化私为公，造福后代的。关键在于：一要做好读者服务工作，让图书资料充分发挥作用，使捐赠者有信任感；二要积极做好古籍保护工作，使捐赠者有安全感；三要坚决落实党的方针政策，做好有关宣传工作，使捐赠者有亲情感。当然，民间捐赠并不一定是无偿的，各图书馆可以根据具体情况采取多种方式予以鼓励。除了对捐赠者名誉表彰外，还可以给予一定的物质奖励；如有必要，可举办专门展览甚至出版图录画册，既宣传书，又宣传人；如有条件，还可设立专藏；等等。

（四）采访的工作流程

1. 采访信息的收集

古籍采访信息可以通过以下主要方面进行收集：采访人员实地访书；读者及有关专家推荐书籍；古旧书店、文物商店、新华书店、出版社的售书与征订书目；拍卖行拍品目录；私人（包括个体书店、书摊）售书目录；单位、团体及私人捐赠目录；国内外馆际交换书目；有关古旧图书的报刊；网上相关信息。

2. 采访信息的整理

通过馆藏调查，根据本馆藏书方针、读者与本馆研究需求，对收集到的采访信息进行分析选择，拟出待采访书籍细目供采访委员会参考。细目内容包括文献类型、品名、版本、采访方式（购买、捐赠、交换、复制）、数量、价格（包括捐赠奖励及复制费用）、用以交换的书目等。

3. 采访书籍的审定

召开采访委员会（由主管领导与专家组成）会议，对待采访书籍进行逐一审查，最终决定需采访的品种及数量。对欲从拍卖行采购的书籍做出最高拍价的限定；对用以交换的书籍做出确认。

4. 采访计划的制订与经费预算

根据采访委员会审定的采访品种、数量，制订出切实可行的采访实施计划与经费预算，用书面形式向主管部门报告，待正式批准后施行。

5. 采访计划的实施

第一，采访计划通常由两人以上实施，尤其是采购价格有浮动的书籍（如参加拍卖会竞拍）或从私人处收购书籍时。

第二，对用预付款项订购的书籍编制预订档案，记录预付款金额及实际收到书籍的时间、品名、数量、价格，以便适时结算、清查。

第三，填写采访书籍经费报销支出凭单，由采访人、验收人及主管领导签字。支付凭单一式二联，第一联交财务部门，第二联存入本部门采访文档。

6. 财产登记与移交

对采访到馆的书籍及时进行财产预登记，详细记录品名、版本、数量、价格、来源等，并将有关数据输入电脑；经专人验收签字后，移交编目人员编目加工。

7. 分类统计

定期对采访到馆的书籍进行分类统计，内容包括文献类型、类别、品名、版本、数量、价格、来源等。对特殊、珍贵的文献，根据需要撰写有关文物与文献资料价值的简介。

8. 采访档案的整理

定期（至少每年一次）整理采访档案，以备查询。档案资料包括各种采访信息的原件或记录、采访计划与经费预算报告、主管部门的批文原件或复印件、采访经费报销支付凭单（留底一联）及其他有关收据、采访到馆书籍的财产登记册、移交记录、采访到馆文献的分类统计等。

二、古籍的分类工作

（一）《四库全书总目》分类法简评

当今国内外图书馆对中国古籍的分类，大多采用《四库全书总目》分类法（以下简称《四库》分类法），即使有的图书馆对某些类目进行增删而制定出适合自己馆藏的分类表，但万变不离其宗，仍归属《四库》分类体系。这是因为在工作实践中，人们发现用《四库》分类法古籍最具可操作性。而从理论上讲，

《四库》分类法作为记载我国古代典籍的一种历史形态，总结了以往各分类法应用方面的实践经验，集四部分类法之大成，能较为客观地描述古籍的本来面貌及其相互间的内在联系。

当然，正如《四库》分类法本身在形成、发展与趋于完善的过程中，根据图书的产生与变化的实际情况发生过诸多分合变化那样，我们也应根据现实情况，因书制宜，对《四库》分类法进行修订完善。从客观实际出发，分析认识《四库》分类法的优劣，对古籍编目工作不无益处。

（二）《中国古籍善本书目》分类简介

清乾隆以后，对《四库》分类法进行修订完善者不在少数，就当代而言，这方面做得较为出色的，除了《中国丛书综录》外，当推《中国古籍善本书目》（以下简称《善本书目》）的分类。

《善本书目》采取了如下做法。

第一，增扩了部、类、目。如仿《书目答问》之例，增设丛书部，从而变为经、史、子、集、丛五大部，凡综合性丛书入丛书部，专科性丛书则入有关各类。为元明以来杂剧传奇及长短篇小说等《四库》不收之书分别立了专门类目。在史部传记类增加了年谱、日记、家传、宗谱、贡举等目；政书类增加了邦交、公牍、档册等目。此外，有将《四库》原属一类而析为两类者，如将史部目录类分为金石、目录两类；将集部词曲类分为词、曲两类。有将二级类目析为三级类目者，如将经部春秋类细分为汇编、左传、公羊传、谷梁传、春秋总义五子目；将史部编年类细分为通代、断代二子目；等等。有将三级类目析为四级类目者（《四库》的类目最多只有三级），如将史部政书类邦计之属细分为赋役全书、钱谷、税务、漕运、钱法、盐政、荒政等七个子目。

第二，删改《四库》部分类目。如史部删去了《四库》原有的别史、载记、圣贤、名人、别录等类目，并将正史类改为纪传类，《东观汉记》《东都事略》《南唐书》《古史》《通志》等俱入此类。

第三，对《四库》部分类目的位置与归属进行调整。如《四库》集部总集类在楚辞、别集两类之后，而《善本书目》根据先总后分的原则与各种体裁产生的先后顺序，将总集类调在楚辞、别集类之前；《四库》子部术数类在艺术、谱录、杂家等类之前，《善本书目》则把术数类调在以上各类之后；《四库》子部释家、道家原是平行的二级类目，《善本书目》将其合并为宗教类，下分佛教、道教、其他宗教三个三级类目；《四库》史部地理类山川、河渠是两个子目，《善本书目》将两目合并为山水志，暗分山志、水志两子目。

《善本书目》通过上述修订改造，纠正与弥补了《四库》分类的许多弊病与不足，为现在的分类古籍提供了较为可行的样式。

（三）用《四库》分类体系分类古籍的注意事项

1. 要熟悉各部类的收书范围

熟悉各类目的收书范围，也就是把基本部类的含义搞清楚，这是分类古籍的前提。要做到这一点，除了学习前面对《四库》分类法与《善本书目》分类法所作的介绍外，应进一步阅读《四库》在类序、凡例及各案语中对分类所作的论述，同时结合《善本书目》《中国丛书综录》及前人的有关分类情况进行比较研究，以深入了解各部类的联系及排列的逻辑性。其中，尤其是要注意含义相近或容易混淆的类目之间的区别，如经部与子部儒家类的区别，经部小学类训诂之属与字书之属的区别，史部政书类军政之属与子部兵家类的区别，史部政书类法令之属与子部法家类的区别，子部天文算法类算书之属与术数类数学之属的区别，子部杂家类杂说之属与小说家类杂事之属的区别，等等。

2. 要熟悉图书

如果对图书不熟悉，就会出现盲目分类现象。对于编目员来说，宏观上，要博览群书，以丰富的科学知识武装自己；要熟悉各门学科的范畴、内在联系及相互关系，至少要具备文、史、哲学及地理、科技、艺术等方面的基本常识。如我们经常遇到大量文学作品，就要对这些作品的发展源流、各时代的主要作家及创作体裁的发展等有所了解。微观上，则要注意对每一种图书的内容、时代、体裁、著作形式的细心鉴别。只有这样，才能提高类分古籍工作的质量。

3. 可借助各家书目分类

采用《四库》分类体系的各公私书目很多，为提高工作效率，可参考它们对具体古籍的分类编排，但不要盲目照抄，因为限于客观条件与编目者的水平，这些书目也可能存在某些分类上的错误。

4. 对于新学书籍的分类问题

目前，图书馆古籍分类工作遇到的主要问题是如何类分新学书籍。新学书籍产生于清末，由于时代与装订形式（线装）等因素，大多数图书馆都作为普通古籍收藏。这部分书不在《四库》分类法容纳范围之内，对其怎么分，值得探讨。

一种意见认为，新学图书的数量在古籍中所占比例很小，其分类可在《四库》分类法体系下，或比附牵合，或参照近现代分类增析其穷。采用这种做法的馆藏目录如《江苏省立国学图书馆图书总目》，其子部增设哲学类、自然科学类、社会科学类。以自然科学类为例，该类又分总论、物理、化学、生物学、矿物学、地学之属，物理之属下又分总论、力学、气学、声学、光学、热学、电学、杂录等八个四级类目。专题目录如《中国丛书综录》，该目录不收新学丛书，但为解决所收丛书中出现的一部分新学子目，其在子部增设工艺类，类下又设格致之属，属下又分为总论、物理、地学、器械等四个四级类目。

另一种意见认为，新学图书不应列入古籍范围。古籍讲的是中国传统文化，与新学书籍是两个既有联系又截然不同的体系，古籍用四分法分类，新学书籍则应该用以十分法为代表的现代分类法分类。

由于对新学书籍的归属尚未统一认识，图书馆界也未制定出统一的、能容纳全部普通古籍的"四分法"分类表，目前各图书馆仍沿用各自传统做法分类普通古籍，如中国国家图书馆即使用1929年刘国钧编制的"十五大类"分类法。随着标准的机读目录格式的推广运用，一个能容纳全部普通古籍的、图书馆界统一使用的中国古籍分类表的制定已经被提上了议事日程。

三、古籍的标准著录

古籍著录，就是对每一部古籍的内容及主要形式特征进行详细而又准确的记录。著录质量的优劣，直接影响目录的质量及读者对古籍的了解与利用，因此，编目人员必须对古籍的版式、结构及基本著录方法有所了解与掌握。

（一）古籍的版式与结构

1. 古籍的版式

古籍每一张印页的格式，称为版式。印页上每一个部位都有特定的名称，包括版框、界行、天头、地脚、版心、鱼尾、象鼻、书耳等。

2. 古籍的结构分析

古籍的结构是指一部装订成册的具体古籍（这里主要指线装古籍）的外在形式以及内容的各个组成部分。古籍结构的各种名称，是在古籍的流传与发展过程中逐渐形成的。

古籍的外形结构包括书衣、书签、书脑、书脊、书首、书根、书名页等。

古籍内容编排的结构包括序、目录、凡例、跋、正文、牌记、附录等。

序：指一部书的序言，一般有著者自序、刻书者之序、作者师友之序以及请名人显宦所作之序。作者自序多为叙述家世、活动及著书宗旨；他人所写的序通常是介绍著者的生平事迹及该书的内容价值；刻书者所写的序（常见于翻刻、重刻之本），主要说明该书的流传情况及刻印目的。一部书刻印次数增加，其序文往往也就增多。

目录：指正文前面所列的篇章名目。它是全书的纲目，反映该书的章节体例、内容概况。一般古籍目录都在卷首，但早期的古籍目录则与序文一样置在正文之后。古籍目录的编排，各书不尽相同。卷帙浩繁的著作，一般除有总目外，各部分还有分目录；而一些有前、后集或正、续编的古籍，因陆续刻成，往往只有分目录而无总目录。目录是检查一书卷数存缺的重要依据，著录时应仔细核对。

凡例：即一书的编制体例或原则规定，一般列在目录之前。古籍有凡例的比较多，尤其是地方志、丛书、类书、总集等综合性古籍通常皆有凡例。有的凡例题有凡例作者姓名，可作为著录该书著者事项的参考内容。

跋：又称为书后、后序，一般放在正文后面，也有少数放在正文之前的。跋文多为校刻书者所写，主要叙述该书的版刻源流与刻印经过。因此，重视对跋文的阅读理解，有助于对该书的准确著录。

正文：即全书的主要部分，也是一部书的主体。古籍的正文多按编次体例或内容的篇幅划分卷次，各卷自为起讫，卷与卷之间一般用顺序号码表示，每卷的开头称为卷端，卷端一般题有书名、著者姓名及校印者姓名。

卷首、卷末、附录：除正文之外，古籍常把序、跋、目录、凡例及有关作者的传记资料等另作起讫，单独分卷。置于正文前面的称为卷首，置于正文之后的称为卷末，也称为附录。有的古籍还刻有与正文没有联系的资料，或是著者的另一部作品，或是他人作品，这些资料有时也称作附录。

牌记：又称为牌子、书牌，一般是对一书出版时间、地点、刻者的记载，有的还对版本依据、校刻情况及刻书者等进行介绍，文字繁简不等。牌记在书内无固定位置，经常出现在目录、序文之间及卷末处，有的书还出现两种以上牌记。牌记的形式多样，有长形、圆形、鼎形、钟形、碑形、亚字形、葫芦形等，所用字体则篆、隶、楷、行均有。

（二）古籍款目著录的内容与格式

古籍著录内容分为书名与责任说明项、版本类型项、抄刻项、书籍形态项、丛书项、附注与提要项、装订与获得方式项七项内容。著录应用规范的繁体汉字著录。书名后的卷数、种数等依据原书所用汉字数码著录，其他项目中的数字用阿拉伯数码著录。

1. 书名与责任说明项

此项著录的标志符如下。

（1）一般文献类型标志置于"[　]"内。

（2）并列书名前用"＝"。

（3）其他书名信息（卷数等）前用"："。

（4）第一责任说明前用"/"。

（5）其他责任说明和属于同一责任者的无总书名的书名前用"；"。

（6）属于不同责任者的无总书名的书名前用"·"。

（7）责任方式相同的第二、第三个责任者和附属书名前用"，"。

书名项的著录首先要确定正书名。正书名应从卷端选取，如卷端未题书名者，一般可从下列部分选取：尾题、目录、凡例、序、跋、版心、内封面、原印书签、牌记。如以上位置也未包括书名，可从其他参考书目中选取，并在附注项说明。

2. 版本类型项

版本类型项的著录主要有稿本、写本、抄本、刻本、活字本（木、铜、泥）、石印本、铅印本、珂罗版印本、钤印本等。

版本类型项的著录应视各种古籍的具体情况做补充说明。如著录刻本中以一种或多种彩色颜料套印而成的本子，应依据颜色和套印次数的不同，对版本类型做补充说明。又如，著录以某一版本的书籍为底本，用影描方法抄写的抄本、用影摹方法刻印的刻本和用照相制版、机械印刷方法印制的石印本、珂罗版印本，均应根据不同情况对版本类型做补充说明，并将其所据的底本著录于附注项。

3. 抄刻项

抄刻项著录的标志符如下。

（1）本项前用项目标志符。

（2）抄刻地、修版地前用";"。

（3）抄刻者、修版者前用":"。

（4）抄刻年、修版年前用","。

（5）印刷地、印刷者、印刷年和藏版地、藏版者置于"（）"内。

抄刻年、抄刻者、抄刻地是原书基本著录，适用于一切版本类型。

在著录稿本时，抄刻年指著作者书稿写成时间；抄刻地指著作者所在地；抄刻者指著作者（著作者室名可与其名称一并著录）。著录写本、抄本时，抄刻年指全书抄成时间；抄刻地指缮写者、抄书者所在地；抄刻者指缮写主持者或抄书者（抄书者室名可与其名称一并著录）。著录刻本、活字本（木、铜、泥）时，抄刻年指书版刻成时间、活字版制成时间；抄刻地指主持刻书者所在地；抄刻者指主持刻书者（主持刻书者室名可与其名称一并著录）。

修版年、修版者、修版地适用于著录在书版刻成若干年后，增补、更改正文和（或）附录，重新印刷行世的刻本。修版年指增补或更改书版的完成时间；修版地指主持修版者所在地；修版者指主持修版之事者（修版者室名可与其名称一并著录）。如原书有牌记、序、跋可凭，应在版本项一并著录。

主要修版方式有如下几种。

增修：增补或改动原书正文。若同时增补或改动原书附录，修补更换原书残损模糊的版片，仍属增修。

重修：保持原书正文，仅增补或改动原书附录。若同时修补更换原书残损模糊的版片，仍属重修。

印刷年、印刷者、印刷地适用于著录由主持刻书者主持，由实际刻书者承担刻印的刻本，以及在书版刻成若干年后用原版再次印刷行世（通称后印）的本子。印刷年指实际印刷年；印刷地指实际刻书者、再次印刷者所在地；印刷者指实际刻书者、再次印刷者（二者的室名可与其名称一并著录）。

再次印刷方式有如下几种。

后印。在书版刻成若干年后，再次用原版印刷行世。若同时修补更换原书残损模糊的版片，仍属后印。

递修。在书版刻成后的一个较长时间内，经过两次以上的后印。

藏版者、藏版地适用于著录刻本中规定信息源提供有表明书版所有权的藏版信息的本子，藏版者不是刻书者时，只在附注项注明。藏版地指藏版者所在地；藏版者指藏版处所。

出版年代（抄刻年、修版年、印刷年）著录顺序为：朝代、年号、纪年、公元纪年；甲子纪年需换算为数字纪年著录，同时附公元纪年，并加"（ ）"，如：明嘉靖三年（1524），清顺治元年（1644）。

如只知某朝代、某年号或某一大致时期，可在（ ）内用公元纪年给出尽可能接近的年代，如"某朝初""某朝末"，而不必与实际历史纪年完全对应。

明初一般指洪熙前；明末一般指泰昌后；清初一般指顺、康二朝；清末一般指咸、同、光、宣四朝。

常用时代，可参照《唐以来朝代年号简表》，如：

清雍正（1723—1735年）；明末（1621—1644年）。若书中材料明确指出刻书之起止年，可著录为"某年—某年"，如：明嘉靖四至六年（1525—1527）。

4. 书籍形态项

书籍形态项的著录结构形式为：—册（函）数：图；书型+附件（数量）。

例：—2册（函）：冠图；21cm+牙版（一副）。

5. 丛书项

著录丛书时，若所著录之丛书完整或基本完整，则以丛书为著录单位，著录丛书零种所属丛书的正丛书名、丛书著者、丛书内部编号、附属丛书名，并在附注项注明残缺情况。若所著录之丛书内还有附属丛书，则注明该附属丛书名。若所著录之丛书不全，则以子书为著录单位，应注明该书所属之丛书名。

丛书项的著录标志符如下。

（1）本项置于"（）"内，其前用项目标志符。

（2）丛书其他书名信息前用"："。

（3）丛书第一责任说明前用"/"。

（4）丛书其他责任说明前和丛书编号前用"；"。

（5）丛书相同责任方式的第二、第三个责任者前和有分丛书标志的分丛书名前用","。

（6）分丛书标志前和无分丛书标志的分丛书名前用"·"。

6. 附注与提要项

附注与提要项的标志符如下。

（1）分段著录时，本项前不用项目标志符；连续著录时，本项前和每一附注前用项目标志符。

（2）引用内容用""。

（3）导引词后用"："。

附注与提要项的著录结构形式如下。

附注，—附注，—附注，—提要

四、古籍标引

（一）标引的基本概念

古籍作为一种文献，具有外表特征和内容特征。古籍的书名、著者姓名、卷数、版式行款、牌记、批校题跋、藏书印记、出版者等，属于外表特征；其文字中所论述的问题、观点和见解等，属于内容特征。以文献的外表特征直接作为检索标识者，称为自然标识，这种标识不能提供有关文献主题内容的确切线索，只提供某种特定的检索途径；以文献的内容特征作为检索标识者，称为人为标识。

标引就是按读者的文献检索需求，标出文献的特征，并以此作为文献的存取标志，使读者能在大量文献中迅速查到所需资料。

古籍标引方式根据使用的检索语言类型可以分为两种：分类标引和主题标引。

分类标引是以基本类目和类目的从属关系为检索语言的一种标引方式，它的检索词典即具体的分类表。在分类标引中，每个类目代表了一类文献的集合，通过类目的编号或名称来检索相关文献。

主题标引是以词或短语为文献检索标志的一种标引方式，它的检索词典是主题词表，即规范化的检索词典。在主题标引中，通过选取能够反映文献主题内容的词汇或短语作为检索标识，以便更精确地定位文献。主题标引相比分类标引来说，使用起来更为灵活，但也更加复杂。

自由标引又称为抽词标引，是指不借助检索语言词典而直接将文献中关键的词或短语抽出来作为检索标识的一种标引方法。由于自然语言中的词汇存在着大量的同义词、多义词以及词语切分的主观性，易于造成用词不统一或概念含混使属于同一主题的文献分散的情况。

受控标引又称为赋词标引，是指采用统一规范化检索语言的一种标引方法。其特点是借助统一的检索词典，对用词的词义加以限定。检索词典即词表，具有严谨的体系结构，并对同义词、多义词等加以控制。标引时选用词表中收录的主题词作为文献的检索标识。

（二）古籍的主题标引

主题标引是一项烦琐且需要投入大量时间的基础性工作，同时也是一项具有挑战性的智力劳动。使用词语来标识文献相比使用分类号更加灵活，但也更加复杂。为了使整个标引工作规范化，我们采用了规范化的检索词典，即主题词表。通过主题词表，我们可以控制词汇的数量，规定用词规则，并统一用词方法。在制定主题词表时，认真考虑了主题词之间的关联关系以及各学科和专业用词的覆盖范围，从而确定了主题标引的表达方式，并安排了各专业的用词量。这使得标引工作建立在科学化、系统化与规律化的基础上，从而形成的检索系统更加严谨。

分类法与主题词表的发展趋势是分类主题一体化，各种类型主题检索语言的一体化，如现在比较通用的《中国分类主题词表》。新出版的线装古籍中已有根据书中内容，从《中国分类主题词表》中选择适当主题著录的。

第四节　古籍整理的现代化发展

一、静电复印与缩微复制

（一）静电复印

静电复印也称为电照相，是用半导体作感光材料，经过光电作用，在其表面成像而取得复印件。静电复印的优点是速度快，能复印各种手写、印刷、照相等形式的文献，同样也可复印古籍。相对而言，古籍文献不仅在内容上与其他文献有所不同，在文字、形式上也不尽一致。这些都是研究古籍的重要依据。多年来，人们为了解决古籍在传抄、翻刻中留下的差错，倾注了大量的心血，创造了影抄、影刻等方法；为保持版刻原貌，又发明了"留真谱"，并形成了"校勘学"。但难免还是会发生一些差错。而静电复印的诞生，却使上述古籍研究中的问题迎刃而解。静电复印不仅能为古籍的流传、利用节省大量的抄写、打印等时间和人力，更主要的是复印能保持原书面貌，省却校勘之劳。可以说，静电复印快速、保真的特点为古籍的整理研究带来了福音。目前，我国收藏古籍的图书馆大都使用复印机，但静电复印古籍直接接触光源，同时复印时加热碳粉产生热量甚高，对古籍纸张损害颇大，故善本古籍不宜静电复印，已是各图书馆不成文的规定。

（二）缩微复制

以感光材料为载体，用照相的方法将原始文献缩小后真实记录下来的资料，称为缩微资料。

缩微资料的优点是：①体积小，重量轻，信息密度大，节省储存空间。如超缩微倍率可达到千分之一倍，商品化的150倍率的平片可在长105毫米、宽148毫米胶片上容纳3000页文献。它比印刷品节省储存空间98%，重量减轻95%。②保存期长。如果在恒温恒湿的条件下，胶卷的保存寿命可达100~500年。③复制性能好，既可缩小，又可放大，不走样，不变形。④制作迅速，成本低廉。缺点是使用不方便，必须借助阅读放大器。

将古籍制作成缩微胶卷，是解决古籍保存与使用矛盾的重要途径。它既可对古籍进行再生性保护，又可为读者利用古籍提供方便，是古籍整理现代化的一种重要手段。多年来，不少图书馆都采用这种方法。

缩微复制种类较多，而用于古籍的主要有缩微胶卷和缩微平片两种，缩小倍率为原件的1/16~1/24。

1. 缩微胶卷

缩微胶卷是以卷式胶卷为载体，每卷长度为30米，宽度又分为35毫米与16毫米两种规格。目前国际标准逐渐趋于16毫米宽度。古籍缩微以每页（即左右两个半页，下同）古籍为一个全格（以往亦有以每页古籍为半格者，现已很少采用），每卷35毫米缩微胶卷可摄制600~900页，每卷16毫米缩微胶卷可摄制1200~1500页。每卷胶卷首尾都空出一段空白，称为"片头"，为的是装轴时不损坏影像。缩微胶卷又分为正片（白底黑字）与负片（黑底白字），通常负片作母片，供保存之用；正片作副片，供阅读之用。缩微胶卷怕划伤，怕触摸，怕积灰，否则都可能影响其阅读效果，所以保管使用都应相当小心。

缩微胶卷在使用中存在两大困难。一是安装难，每换一卷胶卷都得花费不少时间，如发生前后首尾颠倒，就得重新倒片；发生上下位置颠倒、文字正反颠倒等，都得重装。二是检索难，每查阅一种古籍中的某一卷或某一页，都得从头到尾逐页查寻。20世纪60年代初以来，我国主要用缩微胶卷对古籍善本进行再生性保护，其在缓解珍贵古籍使用与保管的矛盾及补充馆藏资源等方面都起到了相当大的作用，但由于上述不足之处以及阅读机的质量影响读者的使用，所以读者不到万不得已，一般都不会查阅缩微胶卷。

2. 缩微平片

缩微平片是以单页胶片为载体的缩微资料，规格较多，一般每页长105毫米、宽148毫米，也有的长89毫米、宽120毫米；每页的画面也不等，有60幅画面的也有98幅画面的，还有208幅和270幅画面的计算机输出缩微平片，更有缩小倍率为1/150至1/200，可储存3000页文献的超缩微平片。目前趋于标准是AB型缩微平片，即每页长105毫米，宽148毫米，98幅画面。其排列顺序一般是从左到右，每行14个画面，上下7行，当然也可垂直顺序排列。平片的储存、检索都比胶卷更科学合理。每张平片上都有肉眼可以识别的标头或题款，标明每张平片的书名、著者、版本、卷次、平片号等，标头或题款在白色突起的衬托下可以看得很清晰。平片可以装在订成书本式的封套中，读者可以通过标头很顺利地将需要的资料取出或放回封套中。其检索的范围要比胶卷小得多，因而速度也就快得多。一张平片在平片阅读机上可以上下、左右任意查寻，这样就加快了检阅速度。同时平片还可免去胶卷倒片、装片等烦琐劳动。

古籍是一种多册次及多卷次的文献，页码顺序不是很规范，故而卷次就成为检索古籍的主要顺序方法。目前98幅画面的标准平片，每张可记载相当于一卷至二卷古籍的容量，其标头注明卷次，检索就相当方便，故而比较适用于古籍检索。可惜的是，我国古籍缩微平片的制作在很多图书馆基本上没有开展，主要是由于缩微平片技术在我国的发展还比较滞后，而且许多大型图书馆在20世纪60年代或多或少制作了一部分古籍善本的缩微胶卷，认为已解决了古籍的保存问题，而没有进一步利用缩微胶卷翻制平片。故而，很少有图书馆能向读者提供古籍的缩微平片，当然更谈不上古籍缩微平片的市场化问题了。

二、数据库建设

数据库是将一定数量的信息按统一标准、格式以计算机可读方式进行的科学组合，它是信息化的基础，图书馆的数据库建设尤其如此。古籍是图书馆藏书的一个重要组成部分，大量古文献的检索、查阅、传递、再现都离不开数据库。由于古籍文献的复杂性及计算机对汉字（尤其是古籍中汉字）处理技术的难度，古籍数据库建设相比其他文献数据库建设要缓慢得多。但随着社会信息化的高速发展，古籍数据库的建设越来越迫切。

（一）古籍机读数据的规范化和标准化

古籍数据库大致可分为三种类型：一是机读书目数据库，二是全文数据库；三是专题（专类、专书）数据库。自20世纪90年代以来，国内外古籍数据库的建设，以专题数据库为主，如中国社会科学院文学研究所开发的《唐诗全文检索系统》、挪威奥陆大学著名汉学家何莫邪教授研制的《先秦诸子百家检索》等。而以馆藏为主的古籍数据库却为数甚少，原因在于：一是古籍数据库缺乏比较适合其特点而又实用的标准，贸然从事会造成浪费；二是目前虽有一些古籍数据库标准出台，但将一个大中型图书馆的古籍按现行标准改动是一项非常浩大的工程，难度很大。

古籍数据库强调规范化与标准化的原因如下。

首先，这是计算机对数据处理的严密性与准确性所决定的。古籍数据库不同于一般的书本式或卡片式的古籍馆藏目录（或书录、索引），它需要将所有信息全部转换为计算机可以自动处理的"语言"，而计算机对人们每一个指令的要求又极其严密、"苛刻"，哪怕是一个空格的全角、半角不一致，或一个字母大小写有差异，其处理结果就会完全不一致，更不用说文字的不规范、格式的不统一了。如果没有规范化与标准化，就达不到自动化的目的。

其次，这是社会信息化的需要。数据库的最大特点是数据可以交换、连接、传递。社会信息化的发展说明，数据库的规范化标准化，可以加速信息网络的建设，实现国内各单位之间及国内与国外之间信息的交换与共享。古籍是图书馆藏书中较为重要的一部分，尤其是善本古籍，传世甚少，读者依赖图书馆的程度要远远超过其他藏书。因此，古籍不仅是书目数据库要实现联网检索，全文数据库或专题数据库也都要上网，只有规范化、标准化才能达到资源共享的目的。

目前，关于古籍数据库可以参照的规范与标准主要有两项：一是古籍著录法（著录标准）和金石拓片著录法（见中国文献编目规则编辑小组编《中国文献编目规则》第四章、第五章，1996年10月广东人民出版社出版）；二是中国机读目录格式（见北京图书馆该书编委会编《中国机读目录格式手册》，1995年华艺出版社出版）。

《中国文献编目规则》是以《国际标准书目著录》（ISBD）和中国文献著录标准为依据，并参照《美英编目规则第二版》（AACR2）1988年修订版，同时考虑中国文献语言和书目传统特点而编纂的，目的是适应国际文献工作一体化的发展趋势，顺利实现中外文献书目信息交流。其中，古籍著录法与金石拓片著录法除在术语规范等方面尚待改进外，其他都比较切合中国古籍的特点。

《汉语文古籍机读目录格式使用手册》是在2001年10月1日由北京图书馆出版社出版的。这个手册是基于国家一系列标准及相关文献的基本原则，总结以往的实践经验，选用了适合汉语文古籍的字段和子字段，对有关的内容说明和应用实例进行了描述。2016年发布了《中国机读书目格式》（GB/T 33286—2016），它是中国文化行业标准，适用于中国国家书目机构、国内图书情报部门、其他文献管理部门，以及国外各书目机构之间以标准的计算机可读形式对各类型文献进行书目信息交换。

（二）数据准备与工作单

1. 数据准备

数据准备是数据库建设的前期工作，也是数据库建设的基础。数据库质量的好坏基本取决于数据准备，古籍数据库建设尤其如此。

数据库建设的准备主要包括以下几项工作：①确定所建数据库的作用、范围、规模及组织方式；②确定著录标准与著录格式；③书卡核对。前两项是决策性的工作，一定要考虑周到，包括许多预期问题都应设想到，如果草率从事，将会造成数据库无法弥补的恶果；后一项则是扎扎实实的基础工作。古籍数据库是一种回溯性数据库，不仅馆藏情况较为复杂，还包括多年来流通阅览及管理不善而造成的书卡不符情况，最好能在数据建库准备期间予以解决。

古籍数据库建设应先从机读书目数据库开始。大中型图书馆的古籍量较多，机读书目数据库一般采用填写工作单方式，即由编目人员根据著录标准将有关著录内容填写在印好的表格式工作单中，然后由输入员录入计算机。这样做，分工明确，人尽其用，效率高。一般来说，计算机输入员经过短期培训就可以上岗，而古籍著录人员是不可能在短期内培训成的。古籍数据库的著录，除了要求古汉语水平、古文献知识及古籍版本学、古典目录学专业水平外，还必须熟悉著录标准及著录格式，这较之原有古籍编目对人员的要求更加严格。所以，即使原来从事古籍编目的人员，也要进行专业培训后，才能进行古籍数据库的著录工作。

2. 工作单

古籍书目数据库的工作单包括以下内容（字段）：标识块；编码信息块；著录信息块；附注块；款目连接块；相关题名块；主题分析块；知识责任块；国际使用块；国内使用块等。

古籍机读目录工作单的好坏，是决定古籍数据库建设的关键。古籍与其他新书刊不同的是，它是历史遗产，时间跨越上千载，而各个历史时期的政治、经济、文化又不相同，因而图书内容、题名方式、版刻风格各具特色。加之历代翻版传抄，作伪造假，仅仅是书名、著者、版本就变化多端，有时还涉及纸张、墨色、字体、避讳等各类情况。因此，著录古籍数据库工作单绝非仅将一种古籍中有关数据摘录编排，其中还涉及许多考订工作。多年来，图书馆古籍整理比较注重善本古籍（这是理所当然），因而所编书目较多，参考资料也较全。相反，藏书量十倍于善本的普通古籍书目却较少，参考文献也较缺乏。所以就普通古籍而言，其工作单的著录不仅量大，而且要求著录规范、考订精确。

古籍机读目录工作单的著录应注意以下几点：①严格按照著录标准进行著录，对著录标准有异议之处，可提出个人修改意见，但标准未改之前，仍应按原标准执行，以求统一；②著录机读目录格式，选择字段要确切；③文字要清楚、规范，采用繁体汉字著录。

（三）数据库的使用与维护

古籍数据库的使用包括两个方面：一是读者的查阅，可以是读者来图书馆查询，也可以是读者通过网络查询。随着社会信息化的高速发展，网络查询可能会超过来馆查询。二是图书馆工作人员查询，主要是解决读者咨询和进行开发研究。

数据库的维护是数据库质量的保证，也包括两个方面：一是数据的修改；二是数据的增补。在使用数据库的过程中会不断发现一些数据错误，其中有的是读者发现后向图书馆提出的，有的是工作人员在工作中发现的，也有的是通过联网后，其他图书馆发现的。凡此，都应及时予以修改，以不断提高数据的质量。相对而言，古籍数据库的数据增补虽远不如新书多，但也不是没有，仅目前国内许多图书馆中未编古籍的数量就是很大一笔数字，其需补充的数据量也是相当大的。

三、古籍全文光盘

（一）古籍全文光盘的意义及功能

古籍全文光盘就是将古籍文献（包括文字与图像）转换为计算机可以处理的数字，然后刻录成光盘，以达到其存储、检索、传递、再现等自动化目的。它是高科技与古籍文献保护、利用、开发、研究相结合的产物。

1. 古籍全文光盘是古籍再生性保护的最先进手段

众所周知，我国古籍文献的载体形式大致经历了甲骨、钟鼎、竹简、缣帛、纸质等发展阶段，其中以纸质文献延续最久、流传最广、存数最多。而纸质文献易于老化，尤其是古籍文献，历时久远，又屡经水火兵燹，不少已成为世间珍宝。除了延续性保护手段以外，用再生性的手段将珍贵古籍文献进行复制、影印出版，使"孤本不孤"，可以减少对古籍文献原件使用的压力。我国的古籍文献浩如烟海，依赖影印出版，犹如杯水车薪，而制作缩微胶卷，其阅读、抄录又有着诸多不便。古籍光盘较之于古籍影印本、缩微胶卷具有体积小、占空间少、检索方便的优点，尤其是其信息传递迅速，可以实现资源共享，无疑是目前古籍文献载体中最先进的。

2. 古籍全文光盘是解决古籍文献保管与使用矛盾的新途径

目前，绝大多数古籍文献收藏于图书馆中，特别是集中于国内外为数不多的大型图书馆中。对于读者来说，此类文献的私人拥有量可以说是微乎其微，因而依赖图书馆（尤其是大型图书馆）的程度，远远超过其他文献。但古籍文献除了其重要的史料价值外，还具有很高的文物价值。保存好这些宝贵的资源，是历史赋予图书馆的神圣职责，所以古籍文献保管与使用的矛盾在图书馆中最为突出。

长期以来，图书馆工作者始终从两个方面寻求解决矛盾的途径：一是维护现存古籍文献，重新编制规范化的相关文献书目、索引、提要之类的工具书，引导读者有针对性地使用古籍文献，以减少对古籍文献的使用频率。二是紧跟时代步伐，运用信息技术，将古籍文献转换为数字格式，这一途径不仅能减少实体文献的频繁翻阅，降低损坏风险，还可以通过网络平台实现远程访问，数字副本可以无限复制，便于长期保存，即使原始文献因意外损毁，数字副本也能保证信息的延续性。应该说，这些方法对保护古籍文献、缓解其保管与使用的矛盾是行之有效的。可是问题在于，以往我们采用的技术手段远远跟不上研究工作的发展，也远远跟不上古籍文献"老化"的速度。比如编制索引，以往都是手工抄写、人力编排，每增加一种检索途径就得多写一套、重排一次，不仅费工耗时，还难免错漏，因而为读者提供一部质量较高的大型检索工具书往往需要几年乃至十几年。如此速度怎能跟得上研究的发展呢？与此形成反差的是，随着时间的飞逝，古籍文献（尤其是珍贵古籍文献）的"老化"速度越来越快。可喜的是，随着近年来计算机技术的高速发展，尤其是电子版图书以其体积小、容量大、检索快、不失真（主要指多次复制）等特点，为古籍文献的再生性保护开辟了一条新的途径，也为图书馆数字化提供了大好契机。因此，无论是从保存人类珍贵文献的当务之急来说，还是从解决古籍文献保管与使用矛盾而言，古籍文献实现数字化较之其他文献更为迫切。

3. 古籍全文光盘是建设数字化图书馆的重要组成部分

随着信息时代的到来，数字化图书馆已成为其不可分割的一个重要组成部分，而古籍无疑也将进入数字化图书馆中，制作全文数据库就是最好的方法。通过计算机、光盘、网络等先进科技手段制作全文数据库，可以使一向藏于高阁的古籍实现资源共享，而又不损伤原件，还可以使文化遗产得到保护。

全文数据库有着无比强大的功能，它虽然不能替代人的智慧，但可以减少人的重复劳动，尤其是可以进行高智能、高速度的重复计算。其检索之快，是人力无法比拟的，而在古籍整理研究中，检索与数据统计却是以往最难解决的问题，所以古人研究古籍多以背诵、记忆为主，有的甚至能背诵《十三经注疏》全文。凡此，对于计算机、数据库来说，已是很简单的事情了。

如上海图书馆制作的馆藏古籍善本全文光盘，就为读者提供了一幅幅善本古籍的书页原貌，有黑白、有彩色，也有二者相间者。它以每两个半页组合为一个画面，其右侧为前一页的 B 面，左侧为后一页的 A 面，与读者日常阅读古籍原书的次序完全相同。读者可以选择"全书"阅读，也可任选"封面""扉页""序""跋""凡例""目录""图""附录""添加页"或"正文"阅读。其中，"正文"又可任选不同卷次阅读。读者阅读时，上述任何一项，皆可以随意向后、向前一页翻阅，也可任选其中一页跳跃翻阅。读者每阅一页，屏幕将会显示全书或某卷、某部分的总页数和正在阅读的页数。阅读时，读者可根据本人的需要随意调节画面的大小，可以是全画面，也可以是任何局部画面，甚至可以全画面与局部画面同时存在。图像可以任意作黑白反转、文字正反反转等。它还为读者提供了一个特殊的阅读功能：贴有粘签的善本古籍书页，除阅读其粘签文字原貌外，也可使粘签"飞"去，显示出粘签下遮盖着的文字原貌。它同时还为读者提供了打印功能，接通打印机后，即可打印出正在阅读的古籍书页，其效果远胜于复印。它可供多个读者同时阅读不同的古籍，或同时阅读同一种古籍。

（二）古籍全文数据的标引

标引是古籍全文数据库的关键性工作，它将会直接影响全文数据库的检索与利用。尤其是以图像形式录入的全文数据库，如标引不好，对检索利用影响更大。加之古籍书页、内容的不规范，尤其是页码几乎无"章"可循，因而标引工作较之键盘输入的数据繁杂得多。

以图像形式录入的全文数据的标引由书目数据和原文数据两个部分组成。

1. 书目数据

书目数据以每"种"古籍的整体描述为一个单位。它可以与整个系统的古籍机读书目数据库连在一起，查询到某种古籍后，根据所查到的光盘号，便可通过光盘系统直接调阅所需要的光盘。它也可以在古籍光盘查阅系统上独立一个简单的检索书目数据库，一般包括书名、著者、版本（连同行款、版式、批校、题跋、藏印）、稽核及分类、图书馆标记等。其检索功能一般有分类检索、书名检索、著者检索及书号检索，如需通过其他检索途径，则可利用整个机读目录系统，以免过多的重复。

2. 原文数据

原文数据的标引是将古籍内容分为三个部分：一是正文，也是古籍的主体部分，先按卷次标引，卷次下再按页数标引；二是原书的其他部分，包括封面、扉页、序文、凡例、目录、图、附录1（也称前附录）、附录2（也称后附录）、跋等，每个小部分，均另起编页码；三是古籍流传过程中后人添加部分，分为添加页1（也称前添加页）、添加页2（也称后添加页），也分别另起编页码，但均与原书页码分开统计。

（三）古籍全文光盘的制作与古籍保护

1. 古籍全文光盘制作的基本原则

首先是保持文献内容的原始性。古籍全文光盘的制作，主要是将古籍文献的内容转化为数字形式后移植至新的载体上。应该说，除了检索方法外，它不是文献内容的再创造，而只是载体形式的变更，因而保持文献内容的原始性至关重要。我国历史上每一次古籍文献载体形式的变更或同一载体的移植，总会造成一部分文献内容的失真，给文献考证带来诸多麻烦。历史上，就曾产生过一批专事校正文献移植过程产生错误的学者，称为校勘家；同时也形成了一种学派，称为校勘学。现时古籍文献数字化采用高科技手段，其移植数量之大、速度之快远胜于历史上任何一次文献载体的变革，所以保持古籍文献内容的原始性应是其首要的标准，否则，古籍文献将失真、失全、失实。

其次是保持文献形式的真实性。古籍文献除了内容外，其文献形式，如古籍中的版式、字体，碑帖中的破损等，对于考证古籍文献的时间、地点乃至内容都是不可或缺的依据，因而应尽可能保持其原有的文献形式的真实性，这也是古籍文献数字化过程中不可忽略的问题。

此外，有些古籍文献载体的物质特征，如纸张、墨色等，也是研究古籍文献的重要依据，能用最新科学技术在新的载体中予以再现，也是古籍文献研究者相当关心的问题。

2. 古籍全文光盘制作的一般步骤

以图像形式录入的古籍全文光盘数据库的制作分为以下步骤。

（1）确定制作目录。首先要根据馆藏古籍的特色确定。一般来说，善本古籍应优先制作，善本古籍较多的图书馆，则应再根据其珍贵程度与使用率的高低区分先后次序，然后再根据制作难度确定。目前制作技术尚未解决的古籍应缓一步，如目前扫描仪一般只有A3规格，而较大开本的古籍无法扫描，可以待扫描仪技术发展后再解决。又如，装订线过紧的原装古籍，拆书要损坏原样，扫描则字体容易形成弧形，也可略缓一下，待有新技术发展后再扫描。这样的处理既加快了速度，又体现了实事求是的原则。

（2）核对馆藏复本。古籍中有许多复本，善本古籍也不例外。制作光盘不同于馆藏编目与入藏，复本就不需要重复制作。因而确定目录后，一定要核对复本，以免重复劳动。在核对复本时，还得注意书品的选择及进行页次顺序和有无残缺页的检查。必要时可适当互相配页，以保证制作的光盘数据的完整性与清晰度。

（3）配给检索号码。检索号码最好用馆藏索书号，但要保证其号码的唯一性，即不能有相同的编号出现。一般以检索号码与索书号及文件名为同一号码为好。号码前配有英文字母者，应一律大写，号码的次序与制作先后无关。

（4）填写工作单。工作单包括四个部分：一是书目数据，由编目人员著录；二是扫描技术数据，由扫描操作人员填写；三是古籍内容及卷页划分，由标引人员填写；四是刻录光盘技术数据，由光盘刻录人员填写。其他尚有各工序的有关记录、签字、日期等，如编目者、扫描者、扫描质量检验者、标引者、数据录入者、光盘质量检验者、总校者。

（5）扫描制作数据。扫描者首先要核对工作单与提供的古籍是否相符；其次要理顺所需扫描古籍的册次与卷次，进行预扫描，确定并记录下扫描的有关数据，如灰度、亮度、对比度等，再逐页进行扫描；结束后，要自行检查质量，最后将数据存盘。

（6）扫描质量检验。检验者根据原书与扫描图像对验，一是不能漏页；二是册次、卷次、页次不能颠倒；三是扫描质量要符合标准。

（7）内容、卷页标引。主要区分、标引古籍的封面、序文、目录、凡例、图表、附录、添加页、正文等部分的物理页码，正文中再分卷次进行标引。

（8）数据文字录入。录入员根据上述各工序所形成的数据、文字，全部输入检索数据库。

（9）图像数据刻录光盘。将检验合格后的古籍图像刻录光盘，并确定光盘号（必须是唯一号），装入光盘柜。

（10）光盘数据检验。逐页检查光盘图像数据有无丢失及其质量。

（11）总校。通过标引及查阅系统，检查整个流程的质量，并通过网络检查其使用效果。

3. 古籍全文光盘制作中的古籍保护问题

古籍全文光盘制作的一个目的就是保护古籍，因而在整个制作过程中也存在着保护古籍的问题。

（1）扫描器材。原先人们以为复印机用于复印古籍，会产生较大的热量，使纸张达到烫手的程度，因而国内外图书馆有一个不成文的规定：善本古籍一般不宜用复印机复印。而扫描仪类似复印机，是否也会对善本古籍有较大损伤呢？经测试证明，扫描仪无须加热碳粉，所以不会产生较高的温度，因而对古籍善本无较大损伤。但扫描仪也有其不足之处，那就是图书纸张与器材接触过多、过近，仍避免不了紫外线的照射。同时，因受幅面限制，A3扫描仪只能解决90%的古籍善本的录入，一些特殊规格的古籍，如特大开本或卷轴装的古籍只能通过其他技术制作后再转换扫描。所以应更新录入器材，如使用数字照相机或分离式扫描仪等。

（2）扫描方法。扫描方法分为两种。一种是书册拆装，将书页打开，使其成为版心在中间的完整的一页，然后进行扫描、摄影。它的优点是"页"的画面概念完整，版心连为一体，背面不透字，字体不变形。无论研究资料，还是研究版本，或制作书影、图片等，效果俱佳，但对古籍有损伤，尤其是原装订形式难以复原。另一种是书册不拆装，即将古籍书的前一页B面与后一页A面组合为一个画面进行扫描或摄影。它的优点是扫描速度较快，书页不易散乱，画面与读者阅读习惯相一致。但其缺点也很明显，那就是"页"的画面概念被割裂，版心分为两半，纸薄者背面容易透字而使原文不清晰，尤其是装订线较紧者则字体变形失真。对此应采取一些变通办法，即对装订线过紧、无法达到扫描标准而又不是原装的古籍采用"拆线不拆装"（就是不拆纸捻钉，保持原书不散）的方法，使其扫描效果略有改善，而又不损伤原书，但对原装古籍仍应慎重处理。

（3）制作过程中的规范管理。为了保护古籍，在制作过程中，加强规范管理是重要的问题。①古籍的出、入库及交与扫描者的古籍，要有专人管理，交接应办理签收手续。②扫描仪、工作台每日必须擦干净，茶水不准放于工作台上。③工作室严禁火种入内，也不得进食。④善本古籍制作时，工作人员要戴薄形手套。⑤在南方图书馆中，如无恒温恒湿的制作空间，黄梅、雨季则不应进行古籍善本扫描工作。⑥破损古籍要修复后再进行扫描，原装古籍不准拆线。

第六章
图书馆古籍保护与修复研究

随着时间的流逝,古籍的载体往往会受到损坏,因此保护和修复工作至关重要。本章首先分析古籍载体的损坏,了解其损坏程度和影响。接着,探讨古籍保护的方针及策略、古籍保护的不同技术。同时,还介绍了古籍修复的设备、工具与材料。最后,探讨古籍修复的原则及技法,以恢复古籍的原始面貌,延长其使用寿命,为读者提供更好的阅读和研究体验。

第一节　古籍载体的损坏分析

一、古籍损坏的形式

古籍载体是古籍内容、信息展现依托的物质材料，受多种原因的影响，古籍载体非常容易损坏，而损坏后古籍原有的功能将无法发挥，甚至有的古籍直接毁灭消失。具体来讲可以将损坏分为两种形式。

（一）物理性损坏

物理性损坏是指没有涉及载体物理性能以及化学性质的损坏，也就是说，虽然载体受到了一定程度的损坏，但是并没有导致载体发生化学、物理性能变化。

物理性损坏主要包括脏污、粘连、形变、残破、字迹洇化等。这里提到的形变是指载体发生形状或者尺寸方面的变化，而永久性形变指的是受到外力作用后没有办法恢复原来形态的形状变化，如纸张在被水浸透之后就会变皱。残破指的是载体出现一定的残缺或者破损，如某些地方损毁、开裂等。字迹洇化指的是印刷字迹使用的着色剂开始向纸张之外的其他部分进行渗透，这里虽然着色剂本身的化学性质没有发生变化，但是它的外在形态发生了变化，所以会导致字迹不清楚、模糊。通常情况下，物理性损坏可以明显地看出来，而且它出现的速率比较快，有的可以在瞬间发生。

（二）载体变质

载体变质，这一点和物理性损坏明显不同，相较于物理性损坏，这一过程更加复杂，而且比较缓慢。通常情况下，这些变化以年为基本单位。载体变质也可以叫作劣化，指的是载体材质发生了理化、性能方面的改变，没有办法恢复到原来的状态，而且还会影响整体材质的性能。

通常情况下，藏品都是使用高分子化合物制作而成的载体材质，所以它很容易受到光、氧气、化学物品的影响，长期下去就可能出现变色、变软、开裂等变化，而且在变化过程当中还经常会出现一些物理性损坏方面的形态表现，如果可以及时关注到这些物理性方面的损坏信号、损坏表现，那么就可以阻止变质的进一步发生。

二、纸质文献的载体变质

纸质文献载体主要包括两部分：一个是纸张；另一个是纸张当中字迹的着色剂。着色剂通过某些方式可以在纸张上留下印记，比如说形成固定的文字或者图案，字迹的显示成分主要是色素。通常情况下，如果纸质文献发生了变质，那么色变或者纸张变软这些情况都是没有办法恢复的。这对文献的利用非常不利，文献的利用价值会直接下降。

（一）色变类型

色变指的是载体颜色方面发生的质变，通常情况下色变的类型有三种。

第一，褪色。顾名思义就是字迹的颜色变浅了。通常情况下颜色变浅的主要表现是颜色原来的亮度、光泽不再展现，且字迹变得灰暗。

第二，变色。即字迹本来的颜色发生不正常的变化，变成其他颜色，颜色的变化导致字迹原本的特征消失。一般情况下，褪色和变色都是因为外界因素的不利影响导致色料发生了变化，色料原来的发色基团被外在因素破坏，所以颜色发生了改变。

第三，泛黄。它与变色明显不同。泛黄指的是纸张当中的植物纤维发生变化，生成了黄色化合物。因为人的眼睛对黄色非常敏感，所以即使纸张只是微微地变黄，人的眼睛也能够察觉到。纸张在变黄之后还会继续向深褐色变化，这种变化会导致纸张的原有成分遭到损坏，纸张当中会出现另类化学物质。在检测纸张是否泛黄或者泛黄程度时，可以通过纸张和其他白纸对比的方式进行。

（二）纸张机械强度降低

"纸张发生质的变化之后，除了会变黄之外纸张的机械强度也会降低，因此，在评价纸张是否变质的时候可以测量机械强度，通过测量机械强度对其进行评价，可以参考多个指标，经常作为参考有耐折强度。"①

---

①刘家真.古籍保护原理与方法[M].北京：国家图书馆出版社，2015：4.

纸张的耐折强度是指纸张抵抗多次折叠的能力。纸张的耐折强度有专门的测定仪器，具体来讲，即事先对纸张进行一定程度的拉伸，之后对其进行多次的折叠，统计纸张需要折叠多少次才会断裂。如果次数比较多，那么说明纸张的机械强度比较高。这一测试可以判断纸张的强度和韧性。如果纸张发生变质，那么通常会变脆，在折叠的过程当中也容易断裂，所以变质之后的纸张耐折程度会降低。

三、纸质文献载体的寿命及影响

（一）纸质文献载体的寿命划分

藏品的载体材质寿命，指的是藏品制作之初直到发生损坏没有办法被利用为止所经过的年限。文献载体最终的寿命受到内因和外因两方面的影响，其中，最重要的是内因。内因决定了文献载体是否可以长久使用；外因指的是可能造成文献载体损坏的所有外部因素，它发生在文献利用、保存以及维护的所有过程当中。根据这些因素的不同，文献载体的寿命被划分为理论寿命以及实际使用寿命两类。其中，理论寿命指的是在理想的保存状态下载体材质可以达到的最长保存时间。理论寿命会因为文献载体材质种类差异而表现出不同的使用期限，理论寿命代表一个文献载体可以保存的最长期限。在真实的保存过程当中，很多外部因素都可能会对文献载体造成不同程度的损坏，所以实际使用寿命会比理论寿命要短一些。即使藏品使用相同的材质，最终的实际寿命也可能会出现较大的差异。

此外，还有利用耐久性与耐用性来表示文献载体寿命的。耐久性是指载体长期保持化学与物理稳定性的能力，耐用性是指载体在使用中耐磨与耐撕裂的能力。耐久性相当于载体的理论寿命，主要与载体材质的物理性能及化学性质密切相关；耐用性是载体物理强度和塑性的体现，与载体的物理性损坏相关，是载体材质能够经受广泛利用和制订科学存放方案的基础。对于纸质文献而言，耐久性更多涉及纸张可能发黄变脆的时间，字迹中色素的抗变色、褪色的能力；耐用性则涉及纸张耐折叠、耐撕裂的程度，字迹色料耐磨的程度。文献载体的化学成分及其制作方式，对文献载体的耐久性和耐用性影响很大。

（二）影响纸质文献载体寿命的因素

纸质文献载体通常容易受潮，容易破损，而且怕酸、怕火，容易受到潮湿空气的不良影响及昆虫的侵蚀。

文献载体损坏的原因以内部原因为主，但是，外部原因也不可忽视，有时外部原因还可能是导致文献载体受到破坏的重要原因。藏品受到的损害可以分成10个不同的类别：物理压力、水患、火灾、空气污染、破坏、温度、虫害、光害、相对湿度及保管上的疏忽。这些损害有的是自然情况下产生的，有的是人为造成的，有的是长时间慢慢演变而成的，有的是瞬间形成的。

1. 自然力的损坏

自然力指的是符合自然规律的作用力，比如时间，这些力量没有办法通过人的意志进行改变。自然力会影响载体的性质，可能会对载体的物理性质产生破坏或者让载体发生质变。具体来讲，可以将自然力的破坏分成两个类型。

（1）文献的存放环境。文献经常会出现在自然环境当中，文献承载在物质材料当中，所以，文献的寿命主要受到自身材质和所处环境的直接影响。这里的环境指的是各种能量和化学物质掺杂形成的复合体，环境对文献寿命产生的影响是全方位的，环境当中有很多因素都会对文献寿命产生影响。如温度、湿度、光、有害气体、颗粒物质等，这些环境因素能通过化学作用、物理作用及生物作用造成文献载体应有的功能衰退或减弱。①化学作用，即由于环境因素的影响而造成文献载体内在的化学成分发生变化。②物理作用，即由于环境因素而造成文献载体的形变与破裂。③生物作用，即由于环境中的某些因素使文献载体发生霉变、虫啮或鼠伤。

通常情况下，文献载体受到破坏可能是上述几种原因的综合作用而成的。文献存放环境指的是文献收藏以及文献展示需要的独立空间或者封闭空间，比如展厅、储藏柜、展览柜、藏品库等。文献保存的微环境指的是文献保存时比较接近文献载体的一个环境空间，比如柜架、书衣、书盒、卷皮、卷盒、书夹板与函套。这些环境空间会对文献载体造成不同程度的影响，而且相较其他环境空间，微环境的影响更大。

文献保存的大环境指的是由很多微环境共同组成的一个大的环境区域。比如，书库大环境会对微环境产生影响，但是相比之下微环境更容易控制。

（2）自然灾害与意外灾祸。自然灾害或者意外灾祸会让文献载体瞬间遭到破坏，而且破坏大多数是毁灭性的，因此，作为文献的储存机构，无论是图书馆还是博物馆都要预防自然灾害或者意外灾祸的发生，比如做好防护措施、防水措施、定期的防虫害措施等。一旦发生自然灾害或者意外灾祸，将会造成巨大的损失，所以，针对这种情况，最好的办法就是防患于未然。

2. 破坏文献载体的有害生物

霉变或者蛀虫不仅会让文献缺页、破损，还有可能对纸张强度造成极大的破坏，严重的情况下文献完全不可以继续使用。也就是说，它们带来的破坏是毁灭性的。之所以会出现这样的结果，是因为环境控制力度不足，后续会进一步讨论此问题（详见本章第三节）。

3. 人为损害

人为损坏是个体对文献载体进行破坏，除了故意为之以外，大多数是由疏忽或者使用过度、处理方法不当造成的。这种损害的主要原因是文献管理制度不完善。具体来讲，人为损害主要来自以下三个方面。

（1）来自利用过程的损害。絮化是古籍损坏现象中的一种，指的是使用超过了纸质文献可以承受的使用程度，也就是说，因为过度使用，在摩擦的过程中纸张变成棉絮的形状。这种过度使用可能会降低一些文献的价值，也有可能让文献价值完全丧失。这种破坏行为通常情况下可以通过复印件的方式解决，也就是说，尽可能地使用原本的复印件，减少对原本的破坏。

与此同时，还要在规章制度方面进行完善，更好地去引导读者合理使用文献，并且对读者的行为进行监督。例如，在阅读过程中，读者的指甲可能会造成书页损坏，在翻书过程中有可能因为不细心而导致书页裂开，还有一些读者故意从书当中截取对他有用的插图或者文字。出现这些情况，都是因为缺乏文献使用制度的管理与正确的引导。

（2）来自保管过程的损害。在保管过程当中，可能因为保管方式不合适，导致某些藏品遭到了破坏，比如工作人员在拿取文献时不注意、不小心，碰上了一些汗渍、油污，拿取的方式不正确，导致字画弯曲或者开裂等。又如，在展览的过程中因为没有做好文献的保护工作导致文献长期暴露在不合适的环境当中，因而受到了污染和破坏；环境当中的空调设施、加湿器等使用不当，导致温度、湿度出现了巨大变化，或者是光源使用不当导致文献受到了光污染等。这些都会对文献造成不良的影响，都属于文献保存过程当中的损坏。

（3）来自修复托裱过程的损害。纸质文献需要修复托裱，这个过程本来的目的是让信息载体变得更加牢固，但是如果方法不正确，那么原来的文献就会受到一定程度的损害。比如，湿裱造成了字迹扩散，或者修复人员技术不精湛造成了文献损坏等。

第二节 古籍保护的方针及策略

随着保护文化遗产实践经验的积累以及科学技术的发展，保护可移动文化遗产的理念已经从被动式保护转向主动式保护，加强全程保护并以预防为主，尽量减少保护过程中对文化遗产本体的干预，降低抢救性保护可能存在的风险。

一、古籍保护的方针

"保护为主、抢救第一、合理利用、加强管理"的方针具有两层含义。一是保护古籍是第一位的，利用古籍是以保护为前提的在合理范围内的利用，是有限制的利用。二是在继续强调抢救性保护的同时，逐步加强预防性保护。

（一）"有效保护，合理利用"的方针

古籍作为一种珍贵的人类文化遗产，具有文献价值、版本价值、艺术价值、学术价值与文物价值，其保存至关重要。保存是利用的基础，没有保存就没有利用的可能性。然而，仅仅保存古籍并不足以体现其价值，因此需要在保护与利用之间寻求平衡。为了实现这一目标，应遵循"有效保护，合理利用"的原则，以确保在保护古籍的同时，能够对其进行合理的利用，以充分发挥其学术价值和社会效益。

"有效保护，合理利用"，即在古籍利用中应当处理好长远利益与眼前利益的关系，对于利用率高的或是具有较高价值的古籍更应如此。不能只顾眼前利益

而滥用古籍原本,致使文献载体过早劣化。因此,对于传世的珍贵古籍,原则上以藏为主,一般应提供它们的复制件以供利用,不直接使用原件,以使这类跨世留存至今的古籍能一代一代发挥永续的作用,尽可能完整地传于子孙后代。

(二)"强调抢救性保护,加强预防性保护"的方针

防患于未然,除可以降低文献载体损坏外,还可以避免由抢救性保护带来的风险。因此,预防性保护是更主动、更积极的保护,这是国际文化遗产保护领域的共识与国际文化遗产保护的发展方向。

从投入藏品保护的全部成本和效益来看,预防性保护也比抢救性保护更为可取。预防性保护的效果虽然并非立竿见影,但比抢救性保护更科学、更具有前瞻性。预防性保护虽然先期投入的人力、物力与财力的成本可能会较高,但对尚未损坏藏品的保护是全覆盖,因而其保护的成本效益会比抢救性保护更低。抢救性保护是针对已经损坏的藏品个体,除了付出的代价更高、所得的效益立显外,已经损坏的藏品实际上是永远都不可能恢复的。

随着我国综合国力的不断提升,文化遗产保护投入的持续增加,文化遗产保护形势开始发生深刻变化。古籍收藏单位有能力加强预防性保护,逐步改善藏展环境的基础设施,预防灾害;加强古籍的日常维护以及其他主动性保护工作,积极推动古籍保护的科学化、规范化,以提高古籍保护的主动性、前瞻性,最大限度地避免古籍损坏事故的发生,把预防性保护融入古籍管理和利用的全过程。

但在当前,"抢救第一"仍然是我国古籍保护工作方针的主要内容之一。大量已经损坏的古籍若不及时抢救,再好的保存环境也无法终止其变质的进程,无法使糟朽的载体复原。

二、古籍保护的策略

在"保护为主、抢救第一、合理利用、加强管理"方针的指导下,古籍保护的基本策略可以概括为以下三点。

(一)以防为主,防治结合

文献保护是指为保存文献原本进行的全部活动,是由主动性保护与被动性保护联合构成的无缝体系。主动性保护(防)与被动性保护(治)是相辅相成,缺

一不可的。鉴于主动性保护的前瞻性以及被保存的古籍大多数尚未损坏，古籍保护的策略应以防为主、防治结合。

以防为主，强调了防重于治的保护思想。以更主动、更积极的保护方式预防古籍的损坏，降低"治"的难度与数量，是彻底改变古籍保护工作的"临时救援"角色，使古籍保护活动由"抢救性保护"向"预防性保护"转变的重要举措。

预防性保护必须与抢救性保护有机结合。如果仅仅重视"防"而忽视已损坏古籍的救治工作，古籍的损坏程度就会加剧，直到无可救治。另外，已经抢救成功的古籍若后续保护工作缺位，仍然会因各种原因而再次遭受损害。因此，欠缺"防"会使保护工作"治"不胜"治"，抢救工作也就失去了意义。

（二）分级保护，优先重点

中华民族五千年的文明史源远流长。据不完全统计，我国公藏的古籍从宋代到清代共20余万种，版本45万～50万种，此外还有大量古籍散失在民间古籍收藏单位和个人手中。

鉴于我国古籍数量众多，收藏单位的存藏条件差异较大，要全面实施主动保护，基础设施的投入费用将是巨大的，很难一步到位。在这种情况下，应区分古籍的不同级次和珍贵程度，有重点、有针对性地对古籍进行分级保护。首先对珍贵程度高的古籍实施高级别的全程保护；在条件逐步改善的情况下，再逐步扩大高等级保护的范围，直到所有的古籍都可以得到最佳保护。这种有序的、逐步推进的分级保护，是科学开展古籍保护工作的重要手段。

不仅预防性保护需要实施分级，对于抢救性保护也需要考虑分级处置。近年来，修复人员缺少的状况虽有所缓解，但远远满足不了古籍修复的需要。可依古籍的珍贵程度和损坏的严重性进行分级保护，安排适当级别的修复人员，制订不同的修复方案，集中力量和资金，按轻重缓急及价值差异分别做出不同的处置，使濒危珍贵古籍得到有效的优先保护。

（三）健全制度，加强管理的

古籍保护必须建立和完善保护古籍的法律体系与保障制度，要建立科学的管理制度与措施，各级政府要加大对保护古籍的资金投入。《中华人民共和国古籍保护条例》为加强古籍保护，继承和弘扬优秀传统文化，促进古籍的研究和利用，奠定了法律基础。

近年来，文化和旅游部与相关部委制定并实施了一系列加快古籍保护工作发展的政策措施。为执行这些古籍保护政策，相关部门建立并完善了一系列与古籍保护相关的重要制度，包括古籍普查与登记制度、古籍分级保护制度、古籍重点保护单位制度、古籍修复制度以及古籍利用制度等。这些重要制度机制的建立与完善，不仅标志着我国古籍保护制度体系已初步形成，还进一步保障了古籍保护有章可循。

第三节 古籍保护的不同技术

一、空气污染与防治

空气污染不限于室外，室内的空气也会被污染，但污染的机制有所不同。无论空气污染物来源于哪里，都可能会影响人的健康，也可能导致古籍的损坏。在空气污染是既定事实的大环境下，要保障保存场所内部完全洁净是不现实的。当保存场所已被污染，补救措施就是针对污染物进行治理，通过各种方式排除污染物，或将其浓度控制到尽可能低，减轻其危害程度。积极措施与补救措施必须同时进行，才能降低保存场所内的污染物浓度。

（一）保存场所污染物浓度控制预防措施

从外部进入室内的大气污染物和室内污染源使保存场所内的空气污染物浓度不断提高，所以应该从室内和室外两个源头解决保存场所内的空气污染问题。

1. 合理选择污染物较少的室外环境

通常情况下，距离污染源越远，污染物浓度也就越低。所以，在建造图书馆、档案馆和博物馆时，最重要的就是选址，既要避开污染严重的地方，保证选址周围 5 ~ 20 千米内没有矿场、污染源或居民点；也要避开停车场或空气污染严重的燃烧区域。为了保护环境，还应该在图书馆、档案馆和博物馆周围设置绿化带，因为植物可以吸收空气中的有害气体。各种植物尤其是乔木，可以有效过滤空气中的尘埃和降低污染物颗粒浓度,起到净化空气的作用。

2. 有效控制室外空气无条件进入室内

在打开门窗通风和换气时,要保证室外空气没有污染物,或者室外空气比室内空气更洁净,只有在这种情况下才能让室外空气进入室内。主要措施如下。

(1)密闭。密闭是为了阻挡外界可能存在污染物的空气进入室内,要确保进入室内的空气是经过过滤的、洁净的空气。保存各种古籍的地方处于空气大环境中,建筑结构和空间密闭性会影响污染物对室内的渗透,因此只有进行密闭管理,才能有效阻挡存在污染物的空气进入室内。但是,如果保存古籍的场所长时间密闭,室内的污染物浓度会逐渐升高,也不利于古籍的保存。所以,要做好古籍保存场所的密闭和通风,让外部清洁空气与室内空气污染物进行交换,通过换气排出室内污染物,降低室内空气污染物浓度。

有些保存空间需要在通风口安装过滤设备,而过滤设备不应该暴露在空气中。通风换气前,应该先确保室外空气的洁净,再排出室内空气中的污染物。为了防止室外空气污染物进入保存场所,保存场所的大门最好安装旋转门,这样可以阻挡馆内空气与室外空气的直接流通。

(2)进入室内的空气需要经过过滤和净化。在通风换气时,空气中的一些污染物难免会进入室内,所以室内的空气也需要净化。机械通风包括使用空气调节设备,应该在通风口处安装净化或过滤设备。为了让室外流入的空气更加洁净,通风口位置和通风管道的封闭性效果要好,而且要经常检查,防止室外空气中的污染物进入室内。文献资料库的空调和通风设备还应该安装空气过滤和净化装置,过滤和减少空气中的尘埃以及二氧化硫等有害气体。

为了保证进入室内的空气的洁净度,要在机械通风设备上安装过滤设置,这样可以保证馆内持续不断地有新鲜的空气进入。整体上看,需要投入的资金较多,除了空气过滤和通风设备的投入外,后期的维护和运行也需要较高成本。但实践证明这种方法是行之有效的,它可以解决如下问题。

第一,可过滤掉某些颗粒。空气中的颗粒可由机械通风(包括空调)中的滤网过滤之,但过滤效果也与设备的选择相关,古籍库的新风须达到85%~95%的滤尘效率,才可能降低颗粒物对古籍的污染。空气污染物中的一些金属粉尘、植物纤维等微粒的直径一般都比较小,为了达到最佳过滤效果,彻底清除空气中的污染颗粒，应该采取带有阻隔性质的过滤网。

第二，可过滤掉某些气态污染物。过滤器对污染物的去除，取决于其过滤层的材料，不同类型的滤层具有不同的去除对象，无论是水喷淋系统还是活性炭过滤器都需要进行选择。因此，只有先了解本地区主要空气污染物的类型与污染程度，再根据这些污染物的特性有的放矢地选择净化设备，才可能奏效。比如，在空气中通入碱性溶液可以有效去除酸性气体，成功分离污染颗粒；可以与空气过滤器相结合，将碱性物质放在滤层中，这样既可以清除空气中的有害气体，又可以阻挡粉尘。

除此之外，为了使空气过滤效果更好，需要定期对过滤器进行维护并及时更换。但是，机械通风设备上的空气过滤装置只能过滤室外空气中的污染物，保证进入室内空气的洁净，却并不能直接清除室内空气中的污染物。

我国大多数图书馆、档案馆和博物馆都有中央空调或分层式的中央空调，在库房里也安装了分体式空调机，但大部分空调机都没有净化空气的作用，空调自带的过滤器或无纺布过滤效果都比较差，不能很好地将室外空气中的污染物过滤掉来净化空气。针对这一问题，市场上出现了"空调口罩"，在空调设备的相关位置进行安装以净化室内空气，但其效果有限，还远远达不到古籍保存场所要求的标准。迄今为止还有一些收藏单位采取自然通风的方法，建议这些收藏单位改为机械通风，这样可以更好地保存古籍，减少空气污染物的损害。通过风扇、送风机或抽风机等通风器械可以让室内和室外的空气更好流通，还可以根据实际情况控制通风的时间、次数以及风量大小。如果缺乏资金，无法承担过滤系统安装和维护的费用，也可以在室外空气质量较好时进行通风。与自然通风相比，机械通风的空气置换率更高，能在较短的时间内排出室内空气中的污染物，对通风时间的把握也更精准。机械通风使用风扇、送风机或抽风机通风，使用前要先设置好进风口和出风口，形成完善的通风系统，在保存场所留出足够的空间进行通风，使室内空气中的污染物更好地排出。

3.尽可能地避免将污染物引入保存场所

对于保存场所内已知的污染物，可以采取某些方法及时排出，或在保存场所限制某些材料的使用，尽可能地将污染物移至室外。

第一，对于已知的污染物要及时排出。对于保存场所内的尘埃，要做好房屋地面的防尘工作，采取正确的方法除尘；对于可能造成污染的设备，要谨慎使用，避免将污染物带入保存场所内。正确除尘就是对将要进入保存场所内的古籍、设备等在外部进行除尘，将尘埃阻挡在外部；对于内部产品的尘埃，也要移到外部进行除尘。

第二，限定某些材料在保存场所使用。目前，全球多个国家和地区建立了家具标识制度，有效阻碍了释放污染物的家具流通。这些标识便于保存场所对使用的各种建材与家具进行筛选评估，可有效地排除室内可能产生的污染源。对用于保存场所的各种装修材料应进行筛选，尽可能使用无污染物挥发的装饰材料，加强装修阶段的通风；新添置的木质橱柜，应在室外通风处充分散发其挥发性污染物后再放入库房使用，避免各种建材与家具对古籍的损坏。

（二）保存场所污染空气的治理

有很多原因会导致保存场所内部的空气污染，而大多数原因无法事先采取预防措施。为了避免这些问题需要对保存场所内的空气污染物进行治理，将场所内部的空气污染降到最低。空气中有多种污染物，尤其是一些室内装潢所用的材料、柜架等会释放有害气体或挥发性的有机物，但这是一个缓慢的过程，治理这些污染所需要的时间也比较长。

1. 合理组织通风

密闭性好的保存场所可以有效阻挡室外空气污染物的入侵，但是，即使密闭性再好也要采取恰当的方法进行通风，两者相结合才能最大限度地降低保存场所内的空气污染。

保存场所室内和室外空气的交换流通就是通风。通风可以有效降低室内空气污染，但是在通风前一定要保证室外空气的洁净。为了尽快排除保存场所内的污染物，还可以在室内安装风扇。

通风时要注意两个方面：一是通风要按部就班地长期进行，因为很多保存场所使用的建筑材料含有有害物质，其有一个持续性的挥发过程；二是风速要足够大，要比正常风速大3倍以上才能有效排出甲醛等有害气体。由此可见，通风虽然能够有效降低室内空气污染，但无法完全排除室内污染物，所以要取得更好的效果就需要采取机械通风。

保存场所内的空气质量不能只依靠通风，因为通风并不能够将室内所有的空气污染物都排出。比如甲醛气体，其存在的形式有游离、吸附和结合三种，通风只能排出游离状态的甲醛气体，其他两种状态必须采取净化措施才能完全清除。

采取通风的方式排出保存场所内的空气污染物也存在一些问题。比如通风会改变保存场所内的温度和湿度，改变古籍载体表层空气流量。而这些因素改变会产生一系列问题，不利于古籍的保存，所以在通风换气时要考虑以上因素。

2. 净化保存场所的空气

这里的净化与前文提到的通风换气不同，并不是用外部洁净空气置换室内的污染空气，而是对保存场所内部的空气进行净化，清除内部空气中的污染物。通常情况下，净化的方式主要有以下两种。

（1）使用吸附剂吸附污染物。在保存场所密闭的情况下放置吸附剂，比如竹炭、活性炭、硅胶等，借助吸附剂的空气流，吸附空气中的污染物，或将其转化为较为安全的物质，从而达到降低室内空气污染的效果。为了加快清除污染物，也可以在室内安装风扇。在比较小的密闭空间内，适合使用吸附剂来吸附，比如储存柜、书盒、抽屉等，但是较大的空间不适合使用吸附剂，因为它的吸附效果有限。

（2）选择合适的室内空气净化器。空气净化器是一种电器装置，可以将室内空气中的固体和气体污染物清除。空气净化器能够将一些空气污染物吸附、分解或转化，从而有效提高室内空气质量，目前被广泛使用，口碑也很好。

空气净化器类型多种多样，但不同保存场所对空气净化有不同的需求，所以只有选择合适的空气净化器，才能够高效、长久、安全地保护古籍，且不会释放污染物。一些空气净化器在使用时很有可能造成二次污染，比如使用了臭氧发生器的空气净化器，虽然能够有效降低污染物，但会释放出浓度较高的臭氧，反而会损害古籍，不适合保存场所内使用。另外，要定期对过滤系统和净化器进行清理和维护，否则可能会对空气造成二次污染。

对于古籍保存场所，推荐使用滤网式空气净化器，其使用风机抽风时，空气经过过滤网，污染物会被吸附在过滤网上，对降低空气污染物效果十分明显，尤其是高效微粒空气过滤网。

但需要明确的是，任何吸附剂或空气净化器都有其局限性，不能够完全吸附或破坏所有的空气污染物。所以在清除保存场所内的空气污染物时，需要检测污染物的成分及来源，有针对性地采取合适的方法进行清除，采取综合治理手段进行空气净化。

3. 营造洁净的微环境

在古籍周围与古籍最接近的区域，空间相对独立，用于收藏和展示各种古籍，比如展柜、储藏柜等比较狭小的空间，就构成了古籍保存的微环境。保存空间较小，古籍接触污染物的面积越小，数量也越少，就不会轻易被污染物损坏。

要取得最佳治理效果并节约成本，最好的方法是为古籍营造良好的微环境，相比于大环境，微环境更容易控制且成本低，也是减少空气污染物损害古籍的最佳方法。

营造微环境时，可以选择封闭性较好、结构牢固且使用方便的用具。无论是空间比较大的柜架还是空间比较小的书盒、卷皮等都要做好防护，特别是书画、丝绸、皮革等古籍的保存尤其要注意。防止粉尘和空气污染物的损害。但是封闭的微环境也要注意通风，为减少污染也可以放入吸附剂。

采用木质用具密闭古籍时，在密闭状态下，木头释放的甲醛浓度就会增高，对古籍具有危害性。可以使用含有碱性缓冲剂材料的无酸纸和纸板，覆盖在被保护的纸质古籍上，但不能用含有碱性缓冲剂的纸覆盖照片或纺织品，因为它们对碱性物质相当敏感并可能被损坏。

二、光的利用与限制

光对古籍的破坏力与光的波长、照射光的强度、古籍被照射的时间以及光的热辐射相关。纸质文献被光破坏的后果是泛黄、焦脆以及字迹变色。只要利用文献就无法回避光对文献载体的损伤，目前较为现实的保护路径是选用适宜的光源或改造光源，使其尽量不含紫外线或阻挡光的热效应，并使照射光的强度与照射时间可控。可以通过两条途径降低合理利用古籍过程的光损，即对古籍的照射光进行处理，以降低紫外线消除热效应，并降低古籍的总曝光量。

（一）照射光的利用

对光进行处理主要是针对可以损害古籍的红外线以及紫外线，处理之后需要将紫外线的含量控制在一定范围之内，尽量避免光的热效应对古籍的不良影响。降低紫外线还可以使用一些具备遮蔽作用的设备，这样在降低灯具产生热效应的同时，也可以运用冷光镜或者红外反射膜对古籍进行保护。

1. 日光

太阳光当中含有的紫外线非常多，它对古籍产生的损害比室内的电光还要大。如果阳光直接照射到陈列室中，那么陈列室的温度会提高，且阳光的直射还会产生眩光和光斑；而且阳光的照射不均匀，也没有办法稳定地照射一个地区，所以，有关标准指出应该避免阳光对古籍的直接照射，特别是档案库、档案阅览室以及其他和技术应用有关的房间，都不应该让阳光直接射入，以减少阳光当中紫外线对档案产生的不良影响。档案库房间的窗户面积和外墙之间的面积比例应该小于或等于1∶10，而且在档案库中窗户不可跨越楼层，窗户不可以跨越楼层，也不可以跨越房间。具体来讲，阅览室的设计应该遵照以下规定：第一，应该让自然采光窗地面积的比例控制在1∶5之内；第二，应避免阳光的直射与眩光。若古籍库是其他建筑物改造的，使用前应将外窗封闭，或是改造外窗使其面积减小，外窗还应装上遮光物，并对窗玻璃进行过滤紫外线处理，对公共阅览室与可能接触古籍的其他地方也要参照该方法处理。

综上所述，如果古籍比较珍贵，那么保管古籍的场所就不应该依赖日光作为场所的光源，如果古籍库或者陈列室展览室有窗户，就可以利用遮挡设施将阳光当中红外辐射产生的热效应阻隔开。除此之外，也可以使用防紫外线的玻璃或者对玻璃做特殊处理避免紫外线的射入。如果无法达到以上的所有条件，那么可以选择把古籍放在避光的盒子内。

2. 灯光

古籍库宜选用经过滤除紫外线的可调光的管状荧光灯，应该防止太阳光直接照射到古籍库当中，波长小于或等于400 nm的光应该被消除。如果古籍库整个光源当中紫外线的含量超过了75 μW/lm，那么所有的灯就需要安装紫外线滤光片；假如使用的是白炽灯，那么所有的灯就需要配备吸热过滤器，而且灯泡和古籍之间的距离一定要大于等于500 mm。通常情况下，古籍库中应该使用可以过滤紫外线的荧光灯，这种灯最适合文献的储存；如果是陈列柜当中的照明用灯，那么最好的选择是光纤照明，但是使用这种照明方式时，应该让物体和光源之间保持较远的距离；如果文献库使用的是自然光源，那么在窗户设置方面应该使用可以防止紫外线射入的玻璃，而且窗户当中透过的光源不可以直接照射文献库。

由此可见，为了降低灯光对古籍的危害，各类灯具均需要经过处理后再利用。

如果想要最大限度地避免灯光热效应的不良影响，那么可以使用红外线辐射比较少的灯具，这是最简单的方法。举例来说，在陈列柜中不应该使用白炽灯，也不要使用其他可以发热的灯具。如果为了显色性的要求，只能选择热光源，那么应该在不影响正常视觉的情况下让灯具和古籍之间保持更大的距离，这样才可以最大限度地减少热辐射。除此之外，也可以在发热灯具的外面贴一层红外反射膜或者加上冷光镜，这样可以在一定程度上减少红外辐射。这里提到的红外反射膜，本质是过滤掉红外波段的光，可以直接安装在发光发热的灯源上。还有一些防热过滤器可以吸收1~780 mm的光辐射，也能有效降低热效应的不良影响。鉴于我国图书馆、档案馆与博物馆的灯具以荧光灯、白炽灯为主，对其光源给出以下处理建议，以适宜相应的用光要求。

（1）日光灯的利用。日光灯，包括节能灯，其主要特点是热辐射较小，但释放的紫外线较多。在已有的应用上，较少用于展品的照明，多用于阅读与古籍库等环境。凡是每盏灯辐射出400 nm以下的光超出75μW/lm，均需要进行滤除紫外线处理。因此，对于日光灯的光线处理主要是滤除紫外线。滤除紫外线较有效的方法就是在光源和被照射物间加一层吸收紫外线的透明物作为屏蔽，通常是采用某些对紫外线具有强吸收能力的滤紫材料。滤紫材料具有足够的光稳定性，当它被紫外线照射后，可以将光能转变为热能，从而将紫外线消耗掉，使透过滤紫材料后的光不含或少含紫外线。滤紫材料的类型很多，如紫外线过滤套、防紫外专用滤膜、过滤紫外线涂料等。紫外线过滤套与防紫外专用滤膜是含有紫外线吸收材料的柔韧的塑料套与薄膜，可以将其直接套在或贴在日光灯灯管上。除非产品明确说明，紫外线过滤套与薄膜都是不能永久使用的，应该定期更换，一般7~10年更换一次。过滤紫外线涂料需要涂刷或喷涂在灯管上，若涂料分散不均或涂料超出有效使用期限都会影响其对紫外线的过滤效果。因此，滤紫设施配置后需要请专业人员进行检验，之后仍然需要定期检测这些滤紫设施的效果，以便及时更换。

（2）白炽灯的利用。白炽灯的关键问题是放热较多，其发射的红外光谱超过发光总光谱的60%，因此阻止其热效应是关键。尽管白炽灯也释放紫外线，但钨丝灯泡的紫外线辐射读数为60～80μW，可不考虑紫外线滤除。

若使用白炽灯则应安装吸热过滤器（也称吸热器），灯泡与架上古籍距离不小于500mm。档案库房宜选用白炽灯作人工照明光源，照度不超过100LX。若白炽灯安放在古籍库或阅览室，由于其高度与密度已经被限定，且照明时间短，可以不必安装吸热器。需要考虑消除热效应的还包括卤素灯，特别是用于陈列照明时，其红外部分含量过高。因此，在使用卤素灯时，应采取适当的散热和安全防火措施。

（3）LED灯的利用。尽管很多资料表明LED灯具有很多优点，特别是不含有紫外线与红外线，但也有研究指出，使用LED灯可能引起某些类型的植物染料变色或褪色。LED灯光谱比较单一，完全不含紫外辐射和红外辐射，能量全都集中在可见光部分，不会引起热效应和强烈的紫外线破坏。但是由于可见光部分能量过于集中在某几个波段，因此可能会对吸收该波段的染料造成较为严重的损伤。

（二）照明度与曝光量的控制

1. 尽量降低照明度

文献保护过程中受到光的损害会逐渐增长，而且损害程度受光本身的强度、古籍处于光照的时间两个因素的影响。为了避免光对古籍产生更大的危害，应该在不影响能见度的情况下尽量降低照明度。

第一，古籍库。古籍库主要是保存古籍，所以它对能见度的要求并不高，古籍也没有必要进行长时间的曝光。通常情况下，照明度应该控制在50lx之内。除了避免紫外线的影响之外，在古籍库当中光源的使用还应该遵循以下规定：首先，如果不需要使用光源照明，那么应该进行手动关闭或者自动关闭；如果存储区比较大，那么不同的区域可以分开进行照明。其次，为了让存储或者检索更为便利，在存储区域400nm之下的短波长光应该被消除，而且地面接收到的光的照明度应该在100lx之内。

第二，古籍阅读与研究室。古籍阅读与研究室当中必须避免紫外线，要将每平方米的紫外线辐射控制在75μW/lm之内，每平方米受到的光照应该在75μW之内，文献能够接受的光照强度应该小于50lx。

第三，陈列室。在陈列展柜中安装光源之后应该对光照强度进行检测，光照太强容易引起古籍的褪色，所以必须控制光照强度及光照时间。通常情况下，可见光标准应该遵守如下规定：如果古籍本身的材料非常敏感，那么应该控制在50lx之内；如果古籍敏感程度适中，那么应该控制在100lx之内。

第四，古籍加工区。在加工区域可以使用和办公室基本类似的灯光强度，但是也要注意避免紫外光线照射，即使是400nm之下的紫外线也要控制在75μW/lm之内，每平方米接收到的紫外线不应该超过75μW。

2. 总曝光量的控制

对古籍的总曝光量进行控制，除了涉及陈列柜当中古籍曝光量外，也涉及古籍库当中的曝光量，要通过减少曝光时间来减少对古籍的损坏。

第一，古籍陈列期间总曝光量的控制。主要是对陈列过程当中古籍接收到的光照强度、曝光的时间长短进行控制，但不可以为了降低总曝光量而忽略陈列古籍的观赏需求、工作需要。应该在兼顾观赏需求及工作需要的基础上，尽量地降低光照强度。

第二，古籍库区当中曝光时间长短的控制。古籍库区主要是为了长期对古籍进行保存，因为时间比较长，所以除了控制光照波长、强度之外，还要对时间进行控制。应该在进行古籍管理或者古籍提取时才进行灯光照射，其他只对古籍进行储存保管的时间应该尽量不进行光照。如果古籍要长时间进行保存，那么应该在外面为古籍装上不透光的盒子、袋子，这种方式是保存古籍的最原始方式，也是价格最为低廉、操作最为简单的方式。这种方式在现在的古籍管理中依然被使用。

为了让古籍库区可以更好地开展工作，可以在局部进行照明。局部照明主要是为了满足某些工作的特殊光照需求，其设定的照明空间比较小。局部照明的灯具有两种安装形式：一种是固定的，另一种是移动的。一般情况下，古籍库区会综合使用这两种方式以便对灯光实现灵活的控制。

三、温度与相对湿度的控制

保存环境的温度与相对湿度是时时刻刻影响古籍保存的环境因素之一。不同材质的古籍都有维持各自理化性能的最佳温度与相对湿度，若其现有的保存环境不适宜，那么最先表现出来的问题就是其物理性能发生改变。此外，古籍材质的变质、被虫蚀与霉变的可能性等都与其保存环境的温度及相对湿度相关。因此，了解适宜保存古籍的温度与相对湿度，并采取各种措施对其进行控制与调节，使之适于古籍的保存，是降低古籍损坏的主动性保护措施。

保存古籍的场所内部温湿度会受到外在环境中温湿度的影响，为了更好地保存古籍，需要调节控制场内温湿度。控制主要是为了避免外部温湿度的巨大变化对场所内部产生不良影响，让场所内部的环境温湿度始终保持在固定范围内。调节指的是如果场所内部的温湿度与标准值之间有偏差，那么可以使用相关的措施让温湿度的数值回到正常的范围内，可以使用的调节措施有加热、冷却、去湿或者加湿。调节措施需要动力机械设备提供支持，比如空调设施、加湿器或者除湿机器。调节措施是否有效，除了设备本身性能的影响之外，还与控制阶段效果的发挥有关。如果控制阶段能够更好地抵御外部空气产生的影响，那么调节手段可以更好地发挥作用。除此之外，想要调节手段或者控制手段发挥作用，就必须科学合理地检测当前环境的温湿度。只有不同因素、不同方法之间的密切配合，才能让场所内部的温湿度达到规定要求。

（一）营造适宜本地气候的存放环境

中国古籍可以被当今的人们看到，除了古籍本身的纸张字迹经久耐用之外，还因为古籍的保存环境非常稳定。虽然保存古籍的室内温湿度并不会始终在标准范围内，但是通过建筑的设计可以让内部的温湿度始终保持在较稳定的波动范围内，不会出现巨大的差距。在对古籍进行保存时，可以充分借鉴之前的保存经验，尽量通过建筑本身的设计调节温湿度，这样不仅有助于保存成本的降低，而且可以减少对电力设备的依赖。想要达到这样的目的，必须在了解当地气候变化的基础上进行认真的、科学的设计，尽量让建筑可以抵消气候变化、季节变化产生的温湿度影响。比如，可以利用建筑物朝向的变化、结构的调节等，让建筑物内部始终保持相对稳定的温湿度。

（二）营造密闭完好的存放环境

想要保证场所内部温湿度始终处于恒定状态，最好的办法就是将场所内部和外部进行隔离，也就是说，让场所内部始终处于密闭的完好状态，这样内部的温湿度才能不受外部环境的影响。这里的密闭环境指的是不通风、不进水蒸气的环境，构建这样的密闭空间可以让场所内部的温湿度长期稳定地维持在一个固定的范围内。室内场所保存第一步要做到的就是密封和完好，密封和完好主要的作用是：首先，外部环境不会对内部温湿度产生不良影响，而且隔离质量的好坏直接影响温湿度时间保持的长短；其次，场所内部和外部之间的隔离有利于场所内部设备发挥其积极作用，进行更好的温湿度调节，这在一定程度上也能节省调节经费。

1. 营造密闭环境的措施

密闭环境既包括古籍库，也包括陈列室。通过建筑的阻隔作用，可以将室内外的温湿度阻隔开来，室内的温湿度可以通过调节处于稳定状态。要让建筑发挥阻隔作用，就应该采取以下措施。

第一，利用建筑材料本身的隔热或者防潮性能搭建一个完好的密闭空间。想要实现空间密闭，要在搭建建筑的时候，建筑的上层、下层以及四周都要使用隔热、防潮性能良好的建筑材料，而且不要让墙壁出现裂纹；在材料的选择方面，最好是使用具有一定防辐射功能以及不透水的材料。

第二，加强建筑物门窗及墙壁的密封程度。门窗是内部和外部空气进行交流的渠道，为了尽量减少外部空气当中的热量湿气渗透到内部，需要在门窗地方做更好的密封设施。古籍库尽量不要使用窗户，古籍展厅也不应该设置外窗天窗或者玻璃幕墙，如果避免不了有窗户，那么应该对窗户进行密闭处理或者使用双层窗户。

2. 营造一个密闭的微环境

除了建筑物本身可以做成密闭的空间之外，对保存古籍的区域也要进行严格的温湿度的管控，古籍保存的区域也可以营造一个密闭的微环境。举例来说，可以使用密闭的柜子，将柜子内部和外部的温湿度阻隔开来，避免外部环境温湿度对古籍产生不良影响，这种方法适合于没有办法直接对整个建筑物密闭情况做出调整的单位。

（三）保存场所内部的温湿度控制

如果建筑物本身是密闭的，那么完全可以通过动力机械设备，如空调设备、除湿机或者是加湿器等，让室内温度始终保持在标准的温湿度控制范围之内。

如果古籍可以始终保存在温湿度基本固定的自然环境当中，那么对于古籍保存来讲非常有益处。相对于让古籍处于特殊温湿度下的保存方式，这种方式更具有意义和价值。如果使用动力机械设备去调控，那么单位可能要承受更高的设备安装费用、维护费用，这一点并不适合所有的收藏单位。除此之外，空调这样的机械设备本身也有弊端，它可能会造成古籍的风化或者加速空气当中污染物的传播，想要避免这样的问题就需要选择品质更高、价格更为昂贵的空调机器，这无疑又会增加费用的支出，所以，如果可以依靠建筑的自然通风进行温湿度的调节，无疑是最好的。

1. 自然通风，调整温湿度

自然通风主要利用内、外部之间存在的气压差或者温度差而实现。自然通风有两种形式：一种是风压通风，主要是利用自然风力产生的作用让空气进行流动，进而实现空气的交换；另一种是浮力通风，主要是利用温度之间存在的差异制造出浮力，然后实现空气的上下对流，进而实现通风。

在20世纪90年代之前，我国的古籍收藏单位基本使用的都是自然通风的温湿度调节方式，如果建筑本身的设计是科学的，而且做了很好的隔热隔湿措施，那么只需要收藏单位的工作人员正确地掌握通风时机就可以让内部的温湿度处于稳定的波动范围之内。

需要注意，自然通风并不只是随便地将窗户打开，让空气进行自由地交换。自然通风指的是考虑内部或者外部的温湿度特点，然后有目的地对空气流通进行控制，进而实现温湿度的调节。具体来讲，主要有以下几种情况。

第一，外部温湿度比内部温湿度低时，可以使用开窗通风的方法，让内部温度或者湿度有效降低，还可以带走内部空气当中的污染物。

第二，外部温度比内部温度低，但是湿度基本一样时，也可以使用开窗通风的方式降低温度。

第三，外部的相对湿度比内部的相对湿度低，但是温度基本一样时，也可以使用开窗通风的方式。

第四，外部温度比内部温度低，但是外部的相对湿度比内部的相对湿度大时，需要计算具体的差值才能明确是否可以进行自然通风。可以使用的计算方法有两种：一种是把外部环境当中的相对湿度转换成内部环境温度情况下的相对湿度，如果其比内部环境的相对湿度要低，就可以使用开窗通风的方式降低湿度；另一种是根据内外之间的温度、湿度差值计算出绝对湿度，如果外部的绝对湿度比内部环境的要低，就可以使用开窗通风的方式降低湿度。

上述情况是可以利用开窗通风的方式进行温湿度调节的情况，如果不是上述情况，那么最好不要使用开窗通风的方式，否则就可能会引发严重的后果。如果处于沿海地区或者沙尘暴到来的关键时期，那么也不可以使用自然通风的方式。除此之外，还要考虑到自然通风的风量、风力大小，最好是在气流比较平缓的情况下进行自然通风，否则就可能会将外部环境当中的污染物、沙尘带到内部环境中，对古籍造成不必要的损伤。通风过程中也需要观察温湿度，要让变化在合理范围内进行。

由此可见，自然通风的调节方式能够应用的情况比较少，尤其是最近几年外部空气污染越来越严重，这样的情况下很难使用自然通风的方式进行温湿度的调节。

目前，控制古籍保存场所内温度、相对湿度、污染物等环境因素最有效的方法还是在保存场所内安装适宜的空调系统，以对内部的温度、相对湿度、污染物等环境因素加以全面控制。但对经费紧张无法购买及运行空调系统的单位而言，以上所述的自然通风在某些季节或时间段仍然是可以采用的。

2. 保存场所的空调运行

当前，图书馆在进行室内温湿度调整的时候，通常都会依赖空调设备。但是，空调运行过程当中也会有不良影响。为了真正地将空调的优点发挥出来，实现对古籍的保护，需要注意以下几个方面的问题。

第一，选择可以满足当前环境标准的空调设备。虽然保存场所需要使用空调，但并不是所有的空调都可以达到要求。通常情况下，可以使用的空调只有恒温恒湿精密空调、恒温恒湿空调系统、净化型恒温恒湿空调，这些设备需要单位投入大量的资金，后续还要投入大量的维护费用。如果是进行保存的重点古籍，那么需要收藏在恒温恒湿的收藏柜当中；如果单位选择的是舒适型空调，那么需要经常对内部环境不同位置的温湿度进行测量，与此同时，配合使用湿度调节设备，保证湿度可以在合适的范围内。需要注意一点，即便使用的是恒温恒湿精密空调，也不可以完全将显示器当中显示的温湿度当作实际的温湿度，还是需要进行额外的环境温湿度测量。

第二，在空调环境下进行温湿度数据的监测需要遵照相应的规定。如果保存场所安装了几种空调，那么通常会同时安装温湿度自动监测系统，这样可以对整个区域内的温湿度进行监测。温湿度自动控制系统配备了温湿度数据采集需要使用的工具探头，它的安装位置会影响最终数据的准确性。除了在代表性位置安装这样的探头工具之外，还需要充分考虑到代表性位置是否适合数据采集，是否有利于采集出精确的数据。举例来说，如果在库房门口安装探头，那么当开门或者关门时，温湿度数据都会受到影响；如果探头前面设置有障碍物，探头就可能不会十分灵敏，检测的数据和实际的数据就会有较大的差值。所以，探头的位置设定需要综合考虑当前建筑物的结构特点以及内部不同古籍的摆放位置，这样才能够获得更加准确的数据，才能够更好地调节室内温湿度。

第三，防止空调环境的温湿度出现大范围的变动。如果室内场所安装了空调设备，就应该让空调设备连续稳定运行，一旦空调系统的连续运行被中断，室内的温湿度就会出现剧烈变动。如果需要关闭空调系统，就需要通过其他的方式增加室内环境的风量，避免温湿度出现巨大变化。

第四，定期对空调系统进行维护，以保证功能可以正常发挥。维护主要涉及空调灰尘的清理，如果空调积累的灰尘过多，空调当中释放出来的空气就会对室内场所造成污染，与此同时，空调本身的滤清器网眼也会堵塞，这都不利于空调功能的正常发挥。而且一般空调使用的过滤网都是尼龙材质或者无纺布材质，这样的材质没有办法阻挡微粒物质，当空调使用一年或者两年之后，效能可能会下降，所以需要进行定期的清理、维护。

3. 保存场所内的相对湿度调节

相比温度的不合适，如果相对湿度不合适，产生的危害就更为严重，如果发现温度和湿度都不符合标准的情况，就应该先控制相对湿度，相对湿度的调节相对容易，不需要投入过多的费用。

（1）除湿机、增湿器。环境的相对湿度并不是没办法调节的，完全可以依赖机械方式或者人工办法进行调节，但是想要实现相对湿度在某一范围内变化的目标，就只能使用机械方式。机械方式可以使用的设备有除湿机、增湿器。

除湿机的工作原理是利用冷凝器让周围的空气中的湿度下降到某一个湿度数值。这样就可以让空气中的水蒸气凝结成小水珠，进而实现湿气的去除。但是，冷凝器在工作过程中不断地发热，使周围空气变得干燥，气温上升。所以，在使用除湿机的时候，环境温度也会有所上升，这就要求工作人员要时刻注意室内温度。与此同时，还要考虑到房间面积对除湿效果的影响。

除湿机主要有两类：一类是自动除霜类型，另一类是非自动除霜类型。条件允许的情况下，最好是选择自动除霜的除湿机。因为非自动除霜的除湿机有工作条件的限制，必须在室温达到18℃之后才能使用，如果温度下降到12℃之下，机器当中的冷凝片就会结霜，这会直接导致机器停转，机器不工作自然没有办法除湿。但是自动的机器，可以在1～40℃的范围内使用，也就是说，室温情况下基本都可以使用。

（2）智能加湿除湿设备。它与除湿机有明显不同，除了可以去除环境当中的湿度之外，还可以增加环境当中的湿度，通过这样的调节可以让环境当中的相对湿度保持稳定。通常情况下，这样的设备可以自动除霜，而且设备当中配备的智能芯片可以对环境的相对湿度进行更好的掌控，设备的补水和排水也是自动的，可以通过互联网进行远程控制。

（3）吸湿型材料。利用吸湿型材料吸收空气中存在的水蒸气，可以让环境当中的湿度有一定程度的下降，比如硅胶干燥剂，它使用的是氧化硅这种材料，可以吸附较多的水蒸气，而且热稳定性非常好。通常情况下，它可以在20～32℃的环境中进行水蒸气的吸收，经过它的吸收，空气中的相对湿度大概可以下降40%。在小型柜架中可以使用硅胶干燥剂进行相对湿度的调节，它可以吸附空气中自身重量一半的水蒸气。研究结果表明，即使空气当中的相对湿度达到了60%，硅胶的湿容量也可以高达24%，但硅胶在吸附空气中的水蒸气时，容易破裂从而造成粉尘污染。所以，使用这种材料时应该将其和古籍分隔开，可以将硅胶单独装在一个透气的袋子中。

我国文物部门已经开始使用可以专门进行微环境调节的调湿材料,调湿材料和普通的干燥剂不同,它有一定的放湿性能,可以在外界环境湿度比较低的情况下释放自身吸收到的水蒸气,进行外界环境湿度的调节。这种材料主要应用于微环境中,可以将微环境的相对湿度调整到一个具体的范围内,非常适合珍贵古籍展柜的湿度调节。

四、生物侵害与防治

当古籍经历虫霉危害后其完整性就会受到一定程度的破坏,而这种破坏一旦形成就无法通过其他途径修复。所以,古籍保护的首要任务就是对虫霉的预防。施放防虫防霉药品是较为普遍采用的方法,但这种方法具有一定的缺陷,昆虫可能会对这些化学品(含植物驱虫)产生抗药性,同时还可能污染环境。由此可见,"综合虫害管理"方法十分必要,其以较少或者不用化学品为前提有效预防虫霉,逐渐获得了社会公众的认可。

综合虫害管理也称为综合害虫控制,广泛地应用于农业、园艺、人居环境的虫害防治中,现在又被古籍维护所借鉴。其主要的思想是:虫害问题重点是控制而不是消灭;应用多种方法的集成控制,达到有效的、低风险的效果;一旦监测到虫害,需要识别害虫,只有在其他控制方法无效时,才能使用针对性强的、有效的、低风险的杀虫方法,包括针对性很强的化学物质,以尽量降低对人与环境的损伤。消灭整个害虫种群往往是不可能的,尝试做这种事情是昂贵与不安全的,这样做也会降低对该类害虫耐药性的控制率。"综合虫害管理"策略对于霉菌防治同样重要,可以预防霉菌的滋生,这远比生霉后的处理更具作用与效益,是霉菌管理的重点。其中,相对湿度管理对霉菌防治是非常重要的。

(一)霉菌

1. 霉菌进入保存场所的主要途径

霉菌[①]进入保存场所的途径主要有以下几类。

(1)外部发霉物品携带。外部发霉物品携带入保存场所,使得霉菌发生概率增加。

---

①霉菌是真菌的一种,其特点是菌丝体较发达,无较大的子实体。同其他真菌一样,也有细胞壁,以寄生或腐生方式生存。

一是古籍离开保存场所后再次入藏。由于多种原因古籍会离开保存场所一段时间，例如送往参展、修复、数字化或缩微等，在这些场所由于各种原因古籍可能局部生霉而未被察觉，带入古籍库后由于得不到经常检查，而导致霉菌大量繁殖。因此，即使是古籍再次入库也需要隔离一段时间，以观察是否有霉变发生，直到确定安全后方可入库。

二是外部物品进入保存场所携带霉菌。外部接收的古籍有可能感染霉菌，局部发霉未被察觉而带入保存场所；搬运古籍的临时周转的纸箱，也有可能局部位置霉变带入霉菌；纸质及木质的各类装具，可能局部位置有霉迹未被发现，特别是函套内的纸板有霉变是难以观察到的。所以，针对保存场所内的所有物品是否带有霉迹要进行认真检查，对那些带有霉迹的物品进行消毒处理，并将其单独存放在隔离间内留观一段时间，直到确认其不会发生霉变以至危及古籍之后再将其存放在保存场所。倘若经过检查后并未发现霉迹，也需要对其进行隔离观察，待安全后再将其存放于保存场所中。

（2）尘埃或微粒物质携带霉菌孢子进入。空气是霉菌孢子随处传播的主要介质，同时也是一种令人很难预防的霉菌源。尤其是孢子附着在微粒物质或尘埃上被保存下来，可以在保存场所长久停留，当满足较高的相对湿度条件时，就会加快孢子的苏醒、发育和繁殖。而有效降低霉菌孢子传播的唯一方法就是日常的除尘，所以，必须保持古籍所处空间的洁净度。

（3）保存场所的内部自然产生。空气为霉菌孢子的四处传播发挥了重要作用，发霉现象在潮湿处，尤其是结露、渗水处十分常见。受到这些局部位置霉菌的影响，古籍保存场所的其他位置暴发霉菌的概率也会大大提升。所以，常态化检查保存场所内部的霉菌对于霉菌的预防至关重要。与此同时，还应当从霉菌暴发的根源——防水、防潮上入手，以有效避免保存场所内部的霉菌暴发。在此基础之上，对室内的积水和水渍问题要尽快解决，对走水渍品进行快速转移。含水量大是这类物质的基本特征，当周围的环境温度过高时就会加速霉菌的产生。

为了阻止外部水汽渗入，要做好保存场所墙壁与底层地面之间的隔水处理。在建造博物馆、档案馆和图书馆的外墙时，一方面要远离排水沟，以此来降低室外向室内渗水的概率；另一方面要使其与保存场所内部的柜架之间存在一定的距离，避免柜架底层直接接触地面，以此来阻挡地面和墙壁湿气的渗入。除此之外，还要创造充足的通风条件，以加速湿气的蒸发，减少古籍与柜架的发霉可能；要重视保存场所内部的水痕，因为这些出现水痕的位置可能曾经受潮；同时，要查找造成水渍的原因，并对这些位置进行干燥处理，以免再次出现渗水问题。其中最重要的一点是，保存场所内部不得堆积任何杂物，如废弃的装具等，因为如果不能定时翻动这些物品，维持良好的通风条件，就相当于为霉菌和害虫的滋生创造了便利条件。

霉菌的繁殖离不开水和潮气两大因素，因而，若想对霉菌的生长产生抑制作用，就需要对保存场所的相对湿度进行严格控制以保证环境的干燥。与此同时，古籍霉变的防治还需要保证恒定的温度以杜绝结露现象。具体来讲，适宜的古籍保存环境，相对湿度应当在45%~60%，倘若是65%以上，就会加速霉菌的繁殖。由此可见，预防霉菌的主要方法就在于严控保存场所的相对湿度和温度。针对那些通风条件不理想的保存场所内部角落，或者保存场所局部位置的相对湿度过高的情况，可以应用电风扇或移动式除湿机提升通风性能，同时还要保证在接近地面或靠墙的位置安放风扇。

2. 霉菌的除氧封存

使用无氧状态的封闭容器来存储古籍，可以最大限度地降低一切生物的生存概率，因为在缺氧的环境状态下霉菌将无法正常生存。比如，将除氧剂和书画放进不透气的塑料袋或密闭性能较为良好的容器内，在确保塑料袋或容器内没有氧气的条件下，就可以有效预防虫霉的出现。然而，这种方法仅仅适用于较小的保存环境，当保存空间较大时就需要选择其他的方法，同时，放入内部的书画暂时不使用。

从防霉目的的达成效果来看，除氧封存法是否有效，主要与以下因素有关。

第一，容器用材。容器的材料要耐霉、耐腐、封闭性能良好，比如聚酯塑料及其复合薄膜、高密度聚乙烯塑料、聚丙烯塑料和玻璃等，由于微生物无法轻易透过这些材质的容器来繁殖，因此防霉效果非常明显。

第二，密封性。良好的密封性是确保容器有效隔绝外界湿气渗透至其内部的关键，通过防止外部湿气的进入，能够显著抑制霉菌的生长和繁殖。

第三，存放过程要求。要保证容器内部清洁干燥，避免在容器内放置发霉的材质。同时，干燥的外部环境也是真空保存的重要条件。

（二）昆虫

昆虫的控制是通过管理措施确保昆虫无法进入图书馆、档案馆与博物馆，或进入后没有适于其生存的环境。

1. 昆虫进入保存场所的途径及控制方法

在图书馆古籍保护与修复研究中，昆虫的进入途径及控制方法一直是图书馆管理员和古籍修复师关注的重点。昆虫的侵害往往会给古籍带来不可逆的损害，因此，探究昆虫进入图书馆的主要途径，将昆虫隔绝在图书馆之外十分必要。具体来讲，昆虫进入馆内的主要途径及有效防控方法主要包括以下几种。

（1）自然窜入。没有设防的和经常处于开放状态的窗户会为昆虫由馆外飞入馆内提供极大的便利。同时，经由门窗缝也是部分昆虫的入馆途径。除此之外，昆虫入馆通道还包括通风口、通风管道、排水口等。针对这些入馆渠道，应当在门窗上加装纱网，还可以在门下缝隙加收边条，使边缘密封更好避免昆虫爬入；在通风口的位置，可以在不影响排水和通气的前提下加装密度较高细网，防止昆虫进入。

由于缝隙和极小的裂缝（如地面的细小裂口、缝隙和孔洞等）都可以作为昆虫进入馆内的通道，所以要填补严实所有的墙壁和地面缝隙。这样，一方面可以从根源上掐断昆虫的入馆渠道；另一方面可以避免部分昆虫（如蟑螂、衣鱼等）在此长期栖息。

在保存场所应当避免地毯出现，因为很多昆虫都喜欢藏匿在地毯下面，同时大多数昆虫也会对地毯"青睐有加"，比如地毯、羊毛及其织物就很容易被皮蠹蛀食。

在温度和湿度相对较高的地区，尤其是要重视对缝隙的封闭与堵塞，因为卫生设备的管道系统、电线管道、平板周围的隔层、伸缩缝和自来水管道、电梯井、风道、平台、土层等均可成为白蚁进入馆内的通道。

（2）人为携带。在收集、整理和利用古籍的过程中，必须做好严密的预防措施才能有效避免昆虫进入古籍保存场所。尤其是那些由外部引进的古籍，在运送过程中不可避免会被放置在不合时宜的保存环境中，从而招致昆虫。倘若无法精准把握冷冻条件，即使使用了冷冻杀虫，也无法阻止保存环境内昆虫的生长繁殖。所以，当古籍经过外出过程后，若想再次重新入藏，除经过严格的查虫与杀虫过程之外，还需经过隔离区的长期观察。

（3）通过器物传播。昆虫有可能藏匿在装运古籍的器物（如古籍装具、柜架、箱、绳、柜等）以及为发挥"古籍库"功能所选择的房间、修复用房内，倘若将其与古籍共置一处就会造成无法挽回的损失。

针对这种情况，要对保存古籍的房间、承载古籍的各种装具（尤其是马粪纸类材质与木制品）进行灭虫处理。除了古籍外，保存场所不得出现其他物品，因为如果不能定时翻动那些长期堆放在角落的物品，就可能有昆虫藏匿其中而损害古籍。在对古籍进行转运时，装载古籍的纸箱或木箱应当被放置在远离古籍保存场所的隔离区，并就其中是否藏有昆虫做定期检查，通常为每几周检查一次。

2. 防虫药物的使用

防虫药物的主要功用是对昆虫进行驱赶，使之无法危害古籍。然而，从效果上看，大部分防虫药物的杀虫能力都略显不足，而昆虫在长期接触同一种驱虫药（例如樟木气味）的过程中，也会产生抗药性。所以，断绝昆虫进入保存场所的通道应当是预防昆虫损害古籍最好的方法，一方面要创建一个洁净环境，既使昆虫无法存活，又确保古籍的保存效果；另一方面不仅要保持保存场所环境的恒温、恒湿，还要定期查虫，尽早处理生虫问题。

一是传统的防虫药物。自我国古代起，防止古籍发生霉变或发生虫害的方法便是药物防治，如特定的植物驱虫、木材驱虫、有毒矿物驱虫等。然而流传至今依旧在使用的却寥寥无几，仅剩下用某些植物或木材驱虫的方法。造成这种现象的原因，除了传统的驱虫方法暴露出了诸多弊端（如传统方法有害于环境、藏书和人体健康等）之外，还有由于科学技术的日新月异，出现了许多更有效的方法与药物。

二是樟脑丸与对二氯苯。国内古籍保存场所目前应用最多的驱虫药是樟脑丸。然而，人工合成的或天然的樟脑丸在市场上并不多见，能买到的多是有毒的对二氯苯。

五、灾害的预防与危害控制

灾害是突然的、意外发生的并会给古籍造成严重破坏的事件，它包括自然灾害、人为灾害引发的灾害。一般来说，人为灾害较具有可控性，只要预防得当、管理到位，可以大幅降低发生的概率。自然灾害大多是难以预测与控制的，一旦发生，将给图书馆、档案馆及博物馆带来巨大的损失。坚持防灾、抗灾和救灾相结合，综合推进灾害管理各个方面和各个环节的工作，可有效地预防灾害和最大限度地减少灾害对古籍造成的损失。

（一）灾害的预防

灾害的预防既指预防某一险情发生的措施，又指险情发生时，预防或限制馆藏受害的防护措施。尽管预防性措施并不能完全保护古籍的安全，但可以大大降低古籍损坏的风险。

灾害预防方案包括灾害的风险评估、馆库建筑的达标管理、防灾设施的配备、重要古籍的高级别防护以及应急预案的制定等。制订灾害预防方案可促使收藏单位落实执行灾害防救工作，提升灾害应变处理能力。灾害预防程序的到位与落实，可减轻灾害对古籍造成的损害，较为有效地保护重要的馆藏，并有利于救灾工作有条不紊地展开，降低灾后古籍的二次损害。

1. 灾害的风险评估

灾害的风险评估是对威胁到古籍的因素进行全面的分析与鉴定，即辨别来自馆内外可能威胁到古籍安全的因素，避免古籍遭受灾害或是减轻灾害对古籍的影响。它包括以下几个方面。

（1）评估新建馆库建筑的防灾能力。在新馆建设之初，在馆址的选择上应充分考察，并分析周围可能存在的自然灾害与不可预测的人为灾害。新馆应建在地势较高、场地干燥、排水畅通、空气流通的地段。远离可能发生地震、海啸、洪水或山体滑坡等危险的地方，远离易燃易爆物品。通过馆址的选择，可以排除明显存在的自然灾害与可能存在的其他险情。

建筑设计的安全是有效抵御灾害、提高抗灾能力以及保证建筑物安全的根本。在新馆的设计与建筑过程中，应严格遵照相关标准以避免不适当的建筑设计和建筑质量带来的危害，如不够坚固的建筑物抵挡不了当地恶劣的自然条件，不当的楼房结构无法阻挡火灾的蔓延，低质量的建筑无法抵御水的渗漏等。

（2）可能风险的识别与鉴定。对已有馆库可能存在的险情应每年进行一次全面的分析与鉴定，并依据鉴定结果采取相关行动，以消除或减少灾害。这样，可有效地预防可能发生的灾害，大大减少灾害的破坏作用。险情鉴定包括对馆内外环境的险情分析与鉴定、当前预防措施的评定等。

第一，识别馆库外部的险情。首先，尽可能地列出馆库外部可能造成危害的灾害风险的因素，分析鉴定险情发生的可能性，并依照分析结果制订减灾方案。馆库外部的险情主要包括三个方面：①本地的地理与气候灾害。列出本地的地理与气候灾害，包括曾经发生的风灾、山洪、地震或森林火灾，甚至包括发生概率很小的风险，如火山爆发等，这些都是影响馆库与古籍安全的风险因素。②周围的环境风险因子。列出馆库周围的环境风险因子，包括化工行业、相邻建筑项目等。③人为灾害。尽量列出本地可能出现的人为灾害，如灭火设备自动喷水、化学品泄漏、纵火、炸弹威胁或其他类似的问题。

第二，馆库围护结构及门窗的抗灾能力。馆库围护结构的抗灾能力是指建筑物的墙体、顶层与地面的牢固程度以及防火、防水及防渗漏的能力。门窗的抗灾能力是指所有门窗的防盗、防火能力，在图书馆、档案馆及博物馆的相关行业规范中都有明确规定，需对照规范逐一检查并针对险情做出相应的房屋改造。但馆库建筑的抗震能力是很难通过馆库的建筑改造来改善的。

第三，防灾设施的审查。对已有的预警设备、防雷、防火与消防设施，防水与防盗设施等进行再检查，不仅要鉴定其是否齐全完备，还要检查其是否定期维护、更新以及是否还可以发挥作用等。对存在的问题一一改进，以减少险情对古籍的损害。

第四，管理漏洞的检查。管理漏洞包括很多方面。例如，防灾设施没有定期维护，使其在关键时刻无法发挥作用；没有制定应急预案，或是有应急预案却缺乏演练，一旦灾害发生会手忙脚乱，有可能使小灾转化为大型灾难，甚至抢救过程中对古籍造成再次损坏等；缺乏馆藏清单或缺乏分藏在不同地点的馆藏清单的备份，一旦灾害发生，无法实施抢救或灾后无法清点损失；没有制订优先抢救列表并分藏在异地，一旦出现紧急情况，需要优先保护的古籍就得不到应有的保护，从而造成重大损失。

只有对影响馆库安全与馆藏安全的所有风险进行识别与鉴定，才可能发现防灾的薄弱环节，并制订计划加以改进与完善，尽可能多地消除灾害风险。尽管地理与气候风险是无法规避的，但其他风险是可以通过管理制度与相关措施予以降低的。只要加强预防，许多紧急情况就不会发生或不可能演变成灾难。

2. 重要古籍的防护措施

一般来说，很少有机构具有充足的财力对所有的古籍实施全面的灾害预防，因此，要制订重要古籍的高级别防护方案，在财力许可的条件下优先提高对重要古籍的防护措施，使其在灾难中尽量避免损坏或优先得到抢救及恢复。

一是集中存储。将重要古籍集中保存，存放地点尽可能靠近安全出口，以便其在灾难发生时更容易被找到与快速转移。我国图书馆、档案馆与博物馆的古籍库大多使用密集架以提高库房容量和管理水平，因此，在安装密集架时，库内通道要留有足够的活动空间，以确保发生紧急情况时古籍进出库方便通畅。例如，书架中间走道必须宽到足以让运书车经过。

二是安全存储。将重要古籍装入防火、防水、防盗级别高的箱柜内，并放入可移动的或便于移动的柜架中，这类箱柜的耐火极限应在3个小时以上。同时，重要古籍库应配备各类监视及预警系统，以及更为安全的消防设施等。专家建议，重要的古籍不要放在底层抽屉中，以减少水害；也不要放在顶层柜架或抽屉中，因为这样古籍更容易受潮和受热。

三是备份及异地存储。为了防止重要文化遗产损毁，可以采用为其制作替代品（如再造古籍）并异地存储的方式进行保护。复制品与原件的保存地点相距越远越好，使两个保存地点同时受到灾害事故打击的可能性减至最小。

3. 拟定应急预案

应急预案是指面对突发事件（如自然灾害、重特大事故及人为破坏等）的应急管理、指挥、救援计划等。应在综合防灾规划上保护古籍的应急预案制订一个，以尽可能地缓解和阻止灾害的发生，即使灾害发生也可加快应急反应速度，抢救及稳定已受损的古籍，使之能够被修复等，以便将损失降到最小。它涉及灾害的辨识、应急组织管理指挥系统完善、重点抢救的对象与抢救方法以及综合救援的应急队伍等。具体内容如下。

第一，辨识危害古籍的潜在灾害，拟定应急指挥机构的人员名单以及报警方式。

第二，制订应变流程，即灾害发生时的应对方法及步骤、注意事项以及权责人员。一旦危险得到确认，立即采取必要预防措施保护馆库建筑和古籍的安全。

第三，以清单的方式列出优先救助的重要古籍目录及存放的地点，熟悉该保管区域的工作人员的联系方式。灾害一旦发生，转移或抢救。

第四，绘制楼面布置图。绘制大楼的楼面布置图并标明供水和排水点、控制阀门和电源开关所在处以及突发事件发生时可使用的外部设施。

第五，列出突发事件发生时可供咨询的专业人员以及抢救古籍的行动指南。

（二）灾害危害的控制

1. 馆库建筑的消防措施

"消防"二字是指灭火和防火，即预防和扑灭火灾的意思。火灾对馆藏造成的毁坏和不可挽救的后果使其成为最严重和破坏性最大的险情。库房区的模拟大火仅几分钟便可上升至1000℃。图书馆、档案馆与博物馆的古籍多为可燃物，必须重视火险并实施"预防为主，防消结合"的消防方针，通过馆址选择、建筑设计以及消防管理等方面着手降低火险、加强应急救援工作以减少火灾危害。

（1）馆库建筑的防火措施。馆库建筑的防火措施主要是通过杜绝火源，采用防火分隔设施及非燃烧材料或难燃烧材料延迟大火的蔓延，以及采用自动报警系统等及早发现火情与启动火灾应急救援工作。

与建筑物相关的火灾险情，除与雷电、电路、机器和设备、煤气装置、易燃材料与吸烟相关外，还包括来自毗邻楼房的火灾以及在楼内施工引发的火灾。为预防紧挨着的楼房火灾蔓延，可为可能受影响的楼面安装水帘系统，该系统会因大火而启动热感器，进而支配水瀑布顺外墙表面流下以阻断火势的蔓延。对于楼内施工引发的火灾，需要在施工时采取特别的预防措施。

防火分隔区是在建筑物内，特别是古籍库的库区内分隔空间，用至少能够将大火推延2小时的阻燃材料将其划分成小的空间。这一措施并不能达到灭火的目的，但能将火势控制在一定范围内，延缓火势的蔓延。防火分隔设施只能为灭火提供更多的时间，但如果没有自动灭火系统，分隔区域内的所有材料都有被火吞噬的危险，因此，必须贯彻预防为主、防消结合的原则。

可靠的火灾探测系统可对保存场所进行持续的监控，也包括对正常工作时间以外的其他时间的监控。它可以及早发现火灾并做出早期警告，在自动灭火装置启动之前,为人工灭火提供机会。所以,必须安装自动探火系统,保证有足够数量的探头与中央控制器连接。自动探火系统检测到烟雾和其他燃烧物时,能够快速做出反应。国际上推荐使用的探头是烟雾探头,因为场馆内发生火灾时会产生很多烟雾。此外,有必要同时备有手工报警系统,以便工作人员在任何情况下都可以及早报警

(2)馆库建筑的灭火方式。扑灭古籍库的火灾不同于一般的灭火,除考虑灭火效果、环保因素和人员安全外,还必须考虑烟雾控制、灭火剂对古籍的危害以及灭火后古籍修复的难度。火灾的烟雾会对纸质古籍带来极大危害,即便是在火灾早期就被扑灭的小火形成的烟雾也是如此。通常在大火尚未波及的楼房区域,烟雾造成的危害比火还要大。所以,建筑的空调通风管要配有自动防火挡板,风扇电动机应能自动关闭;若有条件,应安装排烟系统。

第一,灭火剂及选用。灭火剂的种类较多,常用的灭火剂有水、泡沫、干粉与气体灭火剂等。

①水。水是应用最广泛且最经济的天然灭火剂,它通过迅速冷却燃烧体且隔绝空气达到灭火的目的。水能扑灭一般可燃性固体引起的火灾,但不适用于扑灭电器、油类等引起的火灾。使用水灭火对环境和人身安全都是有好处的,不像各式各样的化学灭火剂有可能对环境和人产生不良影响。但水的冲击力及水渍会对忌水的文献(如纸张、丝绸等)造成损坏,因此,图书馆、档案馆及博物馆等单位对以水灭火持谨慎态度,尤其存放珍贵文献的地方是限制以水灭火的。但随着灭火用水技术的发展,这一观点也发生了转变。

②泡沫灭火剂。泡沫灭火剂可以与水混合,采取机械或化学的方法产生泡沫。泡沫灭火剂产生的大量泡沫能够阻隔燃烧物和空气,使燃烧物耗尽氧气后停止继续燃烧。由于泡沫混合液中含有94%~97%的水,不能用于扑救气体火灾、活泼金属类火灾与物体带电燃烧的火灾。灭火泡沫对于古籍载体具有腐蚀性,因此也不能用于图书馆、档案馆与博物馆的灭火。

③干粉灭火剂。干粉灭火剂是借助灭火器或灭火设备中的气体压力,使干粉(化学品的粉末)从容器喷出,形成一股雾状粉流射向燃烧区,化学干粉与火焰接触时会发生一系列的物理化学反应,从而达到将火扑灭的目的。这些化学粉末在灭火的同时也会玷污与损坏古籍,一般不予考虑。

④气体灭火剂。气体灭火剂以液体、液化气体或气体状态存储于压力容器

内,灭火时以气体(包括蒸汽、气雾)状态喷射,可在有限空间内阻止燃烧。一般来说,气体灭火剂可用于扑救电气火灾、液体火灾或可熔化的固体火灾,还有固体表面火灾及灭火前能切断气源的气体火灾。气体灭火剂属于清洁灭火剂,灭火后很快散逸,不留痕迹,不污损古籍,是用于珍贵档案、图书及文物灭火的较为理想的灭火剂。

第二,自动灭火系统。自动灭火系统能在发生火灾时自动喷洒灭火剂,对在火灾初期非常有效,可极大提升古籍的安全系数。因此,文献库应设置火灾自动报警系统和自动灭火系统。自动灭火系统主要有两大类:自动气体灭火系统和自动喷水灭火系统。

自动气体灭火系统。在被保护的空间内,当火灾探测器接收到两个独立的火灾信号后就会自动启动气体灭火系统,对被保护的区域进行灭火。自动气体灭火系统的灭火剂一般不会对古籍造成污损,适用于图书馆、档案馆及博物馆的灭火。与水相比,自动气体灭火系统的价格及维护费用相对较高,因此一般作为珍贵的图书、档案与文物的消防设备。受气体灭火特点的影响,自动气体灭火系统具有四点不足。①只适用于在独立的密闭的小空间内灭火。虽然自动气体灭火系统可在有限的区域内迅速灭火,但在较大区域或开放空间,由于灭火气体难以充分覆盖燃烧物,其灭火效力会受到影响。②一旦气体消散后,仍有复燃的可能性。③传统的固定式气体灭火系统,不论是全淹没系统还是局部应用系统,不论是自动控制、手动控制还是机械应急操作,都是将灭火剂喷出后扩散到已经着火的区域,而不是将灭火剂直接喷到发生火灾的物品上。④气瓶必须定期更换,否则可能喷射不出或有爆炸的危险。

自动喷水灭火系统的组成部分主要是洒水喷头、报警阀、水流指示器、管道和供水设施等,当火灾发生时能够自动喷水灭火。自动喷水灭火系统有水喷淋式灭火系统、水喷雾灭火系统及高压细水雾灭火系统三种。水喷淋式灭火系统是利用大量水滴的直接冷却效应扑灭火灾的,其用水量大且对遇水即损的古籍具有较大的损坏性;水喷雾灭火系统是利用水雾喷头在一定水压下将水流分解成细小水雾滴进行灭火的一种固定式灭火系统,但粒径不够小的小水雾仍会对纸质古籍造成损害;高压细水雾灭火系统是用高压或气流将流过喷嘴的水变成极细的水滴,高压(大于3.45MPa)系统产生的雾滴直径小(100μm以下),因而灭火后几乎无水渍。因表面积增加,水雾不仅容易吸收热量以降低温度,也可形成庞大水蒸气覆盖燃烧面，切断火源所需的氧气，因而适用于扑救大空间、受遮挡的火灾。

此外，高压细水雾灭火系统相对于常规的喷淋系统，用水量仅为后者的1%～5%。因此，高压细水雾灭火系统可用于一般纸质文献的灭火。

第三，其他灭火设施。即使库内已经安装了自动灭火系统，手提式灭火器在图书馆、档案馆与博物馆内也应随处可见，并应合理的布局。不提倡使用泡沫和干粉灭火器，因为它们的残留物会对古籍材料产生损害。

首先，楼内必须配备移动式手提灭火器，每个层楼需要配备的灭火器数量也要有相应的规定。

其次，每个防火点需要配备二氧化碳灭火器。二氧化碳灭火器使用范围较广，所有火灾中都可以使用。

最后，库区外应设室外消防给水系统作为备用系统，以扑灭手提灭火器应对不了的大火。

2. 水害的防御措施

防御水害首先应居安思危地识别可能引起水害的隐患，然后采取措施排除这些隐患。

（1）水害风险的评估。表6-1列出了古籍可能遭受水害的各种风险以及预防风险的主要办法[①]。

表6-1　水害风险的评估

风险因素	风险类别	可测性	风险频率	预防措施
自然灾害	自然风险	不确定性	偶发	正确选址，提高建筑物防水等级
灭火用水	技术风险	可测	低	改变灭火方式
水管道事故	社会风险 技术风险	可测	较高	水害预警 排除水源 防水存储 科学管理
楼层渗水				
空调系统				

表6-1中的风险因素是古籍遭受水害的潜在原因，风险类别是依据风险发生

---

① 刘家真. 古籍保护原理与方法[M]. 北京：国家图书馆出版社，2015：310.

的原因进行的分类。自然风险是指由于自然现象所导致的风险，如洪水、地震、风暴及泥石流等，它们是客观存在并不以人的意志为转移的，是不能彻底消除的风险。一般是通过对建筑物的选址来尽可能减少自然灾害发生的概率，并通过提高建筑物的防水等级加强对古籍的保护，所以，文献库建筑的防水等级应为一级。一级防水需要做到"不允许渗水，结构表面无湿渍"，尽量具有两道防水设防。

技术风险是采用的技术不当引发的风险，如以水灭火或暖气设备漏水引起的水害。这类风险是可以消除或减少的，如选用气体灭火剂或是选择高压细水雾灭火等。文献库的供暖应采用空调、暖风系统，不应采用以水为热媒的供暖装置。为降低这类风险的发生及危害程度，我国在相关标准内都做了规定。

社会风险是指因个人或单位的行为而导致的风险，包括过失行为、不当行为及故意行为等。这类风险是可以预测并通过采取一定的措施来改变的，从而降低风险发生的频率和损失程度。

（2）避免水害或降低水害的措施。可以通过以下措施避免水害或降低水害的危害程度。

第一，安装水害预警设备。由于各种意外的原因都可能造成突发性水害，如水满溢水、水冷空调漏水、水管爆裂、下水道堵塞、楼层渗漏等，可通过安装水灾报警器、水灾联网报警器等及早发现水情，减少损失。

第二，降低供水系统带来的风险。供水装置带来的威胁往往要大于人们对它的认识。渗水是最常见的危害形式，多是由供水装置设计不当或维修不及时导致的。①供水装置不能通过或者直接置于任何存放馆藏的楼房区域之内。②必须提高所有供水装置的用材及接口的规范性，安装时应进行质量检查。③供水系统应有定期维修计划，将漏水事故风险发生的概率降至最低。④供水系统需要安装控制阀门来控制出水量，阀门要正确安装并保证数量足够，这样在发生漏水时才能尽快断水。⑤地面要能够有效防水，在漏水事故发生时尽快阻隔漏水。可以通过增加门的数量来阻挡漏水。

第三，防水存储设备。将重要或珍贵的遇水即损的古籍置于防水盒内，并存放在离开地面至少150毫米高的位置。

3. 安全防护

所谓安全，就是古籍没有危险、不受侵害、不出事故；所谓防护，就是防备、戒备，即做好准备以应对攻击或避免古籍受损。古籍的安全防护应贯穿古籍管理的全过程，包括日常借阅、存储、运输、陈列以及一切有古籍存在的环境中，使古籍处于没有危险、不受侵害、不出现事故的安全状态。

最基本的预防措施：①消除安保的薄弱环节，以确保建筑物的安全性；②安装适当的安防系统，全天候监视馆藏安全；③建立用户借阅规章制度；④建立员工规章制度。为实现有效的安全防护，还需要有严格的古籍安全管理制度以及安防监控系统。

第四节 古籍修复的设备、工具与材料

一、古籍修复所需主要设备

（一）古籍修复工作室

因工作特殊、文献珍贵，修复古籍时最好有一间相对独立的修复工作室。工作室要求宽敞明亮，避免阳光直射，既要使修复人员能看清破损处及纸面上的破洞、皱褶和脏物等，也要避免因阳光的照射而使材料及原件老化、褪色，影响质量。工作室的干湿度要适中，太潮湿，晾贴在墙上的裱件不易干透，易发霉褪色；太干燥，裱件上墙后，因收缩过快容易发生崩裂。工作室内、外空气不宜直接对流，以免影响裱件的自然收缩和干燥。

（二）工作台

古籍修复需要一张坚固耐用的专用工作台。台面要求平整光滑，无裂痕，无爆漆，耐水浸、水烫，耐酸碱腐蚀。台面颜色要求深色，以红色为佳，因浅色台面与纸、绫绢的颜色相近，在进行补、镶、托、揭等工序时，难以分辨上浆是否均匀、原纸是否揭净、破洞是否补全等，容易影响操作。

（三）贴板

贴板用来晾干与绷平托裱后的裱件，有移动的和固定的两种。移动的可用市场购买的夹板、复合板等制作或直接使用；固定的即在工作室的墙面上用夹板张贴后使用。

（四）压书机

压书机是用于压平书页的一种专用机械。修好的书页锤平对齐后，上下用木板夹住，放在压书机内压平。如果无压书机，也可用石板等重物压平书页。

（五）切纸机

切纸机是用于裁切册页、纸板等的一种专用机械。如裁切书籍的话，仅能用于用衬纸方法修复的书籍，旧书尤其是纸质较脆的旧书只能用手工裁切。

二、古籍修复所需的主要工具

（一）浆笔

浆笔在修补托裱刷浆时使用，有单支羊毫笔和多管羊毫笔两种，后者也称为排笔。单支羊毫笔一般为长锋大楷羊毫笔，用于补破；多管羊毫笔由若干支竹管羊毫笔并排连接而成，比较常见的有6管、8管、20管、24管，用于托裱上浆。浆笔的质量要求：①排笔笔管排列平整、连接坚固结实，直径统一，约1厘米；②笔锋毛长约7厘米，色白质净，柔软而富有弹性。

由于市面上买的浆笔容易脱毛，因此最好对其稍作加工。方法：将新的浆笔放入盆内用温水浸泡，把笔锋泡开，晾干，清除其中的杂毛；在笔管与羊毛的交界处倾入少许清漆或胶水，以加固羊毛与笔管的黏合部位，防止脱毛或笔锋脱落。

浆笔宜阴干保存。使用后的浆笔洗净后应放到阴凉通风处晾干，不能放在太阳下晒干；可将浆笔的笔锋浸在新鲜的浆水中，使浆笔一直保持湿润，待第二天使用。

托裱修补文献，最好使用旧浆笔，因其杂毛都已掉尽，使用起来较为得心应手。

（二）棕刷

棕刷也称为排刷，是用细而匀的棕榈丝扎制而成的，在托裱刷纸中使用。棕刷的质量要求：棕丝编结整齐不乱，扎结紧实不松散，软硬适中，富有弹性。

新的棕刷使用前需做开锋处理。方法：首先将棕刷的棕锋修剪平齐，两侧修剪出一些小弧度，再将棕刷放在粗砂纸或磨刀石上反复刷磨棕锋，使弧度圆滑不涩，再用细砂纸刷磨，使棕锋头圆滑，这样以后使用起来不易将纸刷毛、刷破；然后把棕刷放在盆里用碱水浸泡一会儿，再放在锅里煮 20 分钟，将棕丝里的棕粉清除干净，以免使用时棕刷里的棕粉把原件和纸染上黄迹；最后用清水漂洗干净，晾干。

棕刷在每次使用前需浸水，使其柔软些，这样行刷时不容易将纸刷毛或刷破，使用后洗干净，晾干待用。

（三）广刷

广刷用以托料、打浆口刷厚浆。其柄用木料制成，木柄下部镶嵌约3厘米长的深色细棕。新买的广刷使用前需用锯子和刀削去包裹在细棕外面的木料，使棕丝露出约1厘米长。

（四）镊子、小针锥、铁锥子、竹刮子

小针锥用以补书页、扎眼等。可自行制作，寻约5厘米长的圆木一根、缝衣针一根，将针的尾端插入圆木内2厘米左右即可使用。

镊子用以补书页、托裱书画时挑除杂质等用。镊子的头为斜面尖头。

铁锥子用以打书眼。长约12厘米，一端为约2厘米长的宽扁状（也可圆状），便于锤打和拔起锥子；另一端为长约10厘米、直径约0.2厘米的圆尖状。

竹刮子用以书页折页时，刮平书页。

（五）刀具

刀具用以裁切纸张，剪平书页修补纸的余边，剪断绢、绫、丝线时。可选购裱画专用刀具，一般有美工刀、马蹄刀、剪刀等。

（六）笔船

笔船也称为笔槽，由硬木制成，中间有槽，可放毛笔，用以书页画栏。

（七）竹起子

竹起子用以起取贴板上的书页和裱件。起子以竹片制作为多，一般可自行削

制使用，长约30厘米、宽约1.5厘米，一端为便于手握的光滑的半圆形柄，到另一端逐渐扁平，顶端放在竹节处，以增加牢度，避免劈裂。起子一般需备两个，小的一端的起尖处竹片厚度不超过0.1厘米，用来揭破烂书页和较薄的裱件；大的一端的起尖处竹片厚度约1.5厘米。

（八）砑石

砑石为质地坚细、表面光滑的椭圆形鹅卵石，用以碾压或摩擦裱件的背面，使其密实而光滑，易于舒卷。砑石接触纸面的部位，以砑痕宽度2～3厘米为宜。

（九）其他工具

其他工具主要有喷壶、锯子、电钻、尖嘴钳、木锉、锤子、磨刀石、毛巾等。

三、古籍修复所需的材料

古籍修复对所用的修复材料要求非常高。修复时必须按照修复对象的材质特性来选配相应的材料，只有选用能体现艺术美感的材料进行修复装饰，方能达到满意的修复效果。因此，各类修复材料的性能，如何正确地选配材料并进行恰当的加工运用，都是古籍修复工作的基础知识，是古籍修复工作者必须了解与掌握的。下面介绍一些古籍修复常用的材料。

（一）纸

现今的纸可分为机制纸和手工制纸，机制纸有胶版纸、新闻纸、铜版纸等，而古籍用纸为手工制纸，即土纸，它的主要原料为麻布、树皮、嫩竹、稻草等，经手工制成。经过几千年的发展，手工制纸的品种越来越多，各种纸都有其不同的特点，我们应尽量了解和掌握它们的性能，以使古籍修复做到"整旧如旧"，恢复它原来的时代面貌。下面介绍几种古籍修复常用纸。

1. 旧纸

修补古籍应使用与原件纸张的颜色、质地、厚薄接近的旧纸，这样修补的效果最佳。修复人员平时应注意收集、保存各种旧纸，如揭下的旧书页托纸、破损的护页、原书页里的衬纸，甚至旧画揭裱时揭下的古旧复背纸等，这样一旦需要，便可信手拈来，配补而用。旧纸主要可收集以下几种。

（1）硬黄纸。属于桑皮纸，一面浅黄，一面深黄，蜡质涂色，厚实质密，保存时间长。唐代写经多用这种纸，后用作画轴引首。宋代写经所用硬黄纸，深黄、薄软、纤维细、帘纹明显。

（2）麻纸。原料主要为麻布，其质地细薄，纤维较长，受墨较好。麻纸分黄、白两种，黄麻纸色略黄，稍粗糙，有的较白麻纸略厚；白麻纸洁白光滑，背面比正面粗糙，且有草茎等黏附，质地细薄坚韧。宋代古籍刻本多用白麻纸，元代后期多用黄麻纸，明初仍沿用之。

（3）棉纸。分黄、白两种，白棉纸色白，质地细柔，纤维较多，韧性较强、受墨较好；黄棉纸色黄黑，韧性稍差，明代前期古籍多用之。书写、印书、拓片用棉纸较多。

（4）竹料纸。以刚生长了三个月左右的嫩竹为原料用手工制成的纸。其纤维短，拉力小，因而质地稍脆，旧时多用来印书。

（5）宣纸。以树皮、稻草等为原料用手工制成的纸，因产于安徽宣城而得名，至今仍流行（详情见下新纸部分介绍）。旧宣纸品种较多，印书及金石、书画册页，摹拓铜器、碑刻等方面都有广泛使用。

此外，旧纸中的笺纸，即信纸，尤其是古人专门设计定做的个人专用信纸，上面印有花纹、图谱等，也值得收集。

2. 新纸

旧纸由于存放时间较长，自身存在不同程度的老化，用老化的旧纸去修补书页，虽然修补后外观上比较好看，但不结实。所以，如果无适当的旧纸，也可用新纸或染色后的新纸代替。新纸主要有以下几种。

（1）宣纸。质感绵韧、洁白细腻、吸水性好，是古文献修裱不可缺少的主要材料。宣纸的品种名目繁多，有几十种甚至上百种。按尺寸有三尺、四尺、五尺、六尺、八尺、丈二、丈六等规格；按厚薄，有棉连、单宣、重单宣、夹宣、二层夹、三层夹等；按纸纹，有罗纹、龟纹、单丝缕、双丝缕等；生宣经过上胶矾、染色、洒金、涂云母、涂蜡等加工再制后，又有熟宣（上面涂过胶矾的宣纸，不能作装裱用纸）、色宣、虎皮宣、金银笺、云母笺、蜡笺之分等。另外，还有按生产地命名的，如高丽纸、山西棉纸、夹江宣纸、富阳宣纸等。修复古文献要做到使用与原件完全相同的修补纸很难，因此可根据不同需求选择合适的品种使用。质地薄且柔软、纤维细密的宣纸，如棉连、扎花宣等，主要用作补书页、护页、镶书页、衬纸、托裱手卷等；质地稍厚且柔软，拉力大，吸水好的宣纸，如各种单宣、罗纹纸等，主要用作托裱、托料、册页框料等；加厚宣，如夹宣，主要用作大幅裱件及册页、镜片的复背。

（2）竹料纸。主要有连四纸、毛边纸、毛太纸、元书纸等。竹料纸可用来补书页和作装裱沿边纸、衬纸、护页等。

（3）皮纸（也称棉纸）。纤维较长、较松软，有的质地极薄、无帘纹，如温州棉纸、浙江皮纸等，主要用作修书页溜口、托裱书页及做纸捻钉。目前很少有厂家生产。

此外，还有一种古籍专用的封皮纸，在用各类宣纸经托裱后使用，使用最多的为古铜色或瓷青色，也有虎皮宣、金银笺、云母笺、蜡笺、发笺等宣纸封皮。

（二）绫、绢、锦、锦绫

1. 绫

绫，也称花绫，由蚕丝织成，上有花纹图案，质地细薄，料体轻柔，主要产地在江苏、浙江一带。花绫花纹图案众多（有梅、兰、竹、菊、云凤、云雀、云鹤、双凤、鸾雀、团花、磐花等），颜色丰富（市场上所售的花绫，大都已染好颜色，有深浅米黄色、金黄色、深浅蓝色、湖色、深浅绿色、茶色、咖啡色、绛紫色、枣红色、深浅青灰色、灰色、银灰色等），门幅有67厘米、82厘米、97厘米等几种规格。经用宣纸托裱后，可作书籍封皮、书籍包角、裱件镶料等。

2. 绢

绢是由丝织成的平纹织物，没有花纹图案，主要产地在浙江和苏州一带。绢的品种很多：①单丝绢，单丝单纬。②双丝绢，双丝双纬。③网绢，质地稀疏。④熟绢，又称为矾绢。绢经过加工，涂上胶矾水，即成矾绢，利于书画之用，但容易脆断。⑤耿绢。质地透明的生丝绢，面平密实性硬，故称耿绢，在古籍修复中使用较多。一般绢单幅门幅约85厘米，双幅门幅约135厘米。经用宣纸托裱染色后，可作书籍封面、书籍包角、裱件镶料等。

3. 锦

锦由多种纯丝织成，色彩华丽，古朴典雅，质地厚实。锦的产地很多，有四川的蜀锦、广西的壮锦、苏杭的仿古锦等。现在我们用的大多数是苏州生产的宋锦。锦可作书法墨迹装裱的锦眉、手卷包首、轴杆封头、册页封面、函套包面等。锦作镶料时，不用宣纸托裱，而是在背面刷上一层厚浆，四边拉直，贴壁晾干后使用。

4. 锦绫

锦绫，也称薄形锦，质地、厚薄和价格都介于绫和锦之间，是一般书法装裱的理想材料。作用同绫与锦。

（三）书法墨迹装裱的主要材料

蜡。用黄蜡、白蜡各一半，加热后倒在容器里，冷却后的蜡块最为适用。用作裱件擦蜡研光。

铜丝。铜丝直径约0.1厘米，用来制作穿挂画绳用的铜鼻（也称"鸡脚圈""绦圈"）。

挂画绳。也称为"绦""穿绳"，指穿在铜鼻上的深棕色圆蜡绳。

扎带。也称为"结带"，挂画绳中间系的一条丝带，作捆扎卷起后的裱件。

上杆。也称为"天杆""眉帖（米贴）"。天杆为直径1.2~1.5厘米的木条，一边为半圆形，装在立轴上端或横批两头。横批也有一种月牙杆，即用圆杆一剖为二制成的两根半圆的对杆。米贴为宽约0.5厘米的半圆形木条，装在手卷包首的一端。天杆要求平整挺直、粗细一致、不腐无蛀。

下杆。也称为"轴杆""地杆"，一般为直径3~4厘米的圆木棍，装在立轴下端。地杆要求杆圆、平整挺直、粗细一致、不腐无蛀。

轴头、轴片。安装在下杆两头的两个把柄，称为"轴头"。现在一般装裱使用的轴头是用杂木等制成，外面漆成黑色、原木色或仿红木色，形状有"圆柱形""竹节形""蘑菇形"等。装裱珍贵的书法墨迹时，也可用紫檀、红木、花梨木、黄杨木、象牙、牛角、玉石、瓷等轴头。

轴片。也称为"手卷轴头"，粘贴在手卷轴杆的两端，作装饰用。以玉制的为多，也有象牙、牛角的等。其形状为圆柱形，轴片厚度约0.5厘米。

（四）其他材料

砂纸。打磨书籍修剪后的痕迹用，可备粗细两种。

染料。主要用于染纸、绫绢及丝线等。必须是天然的植物染料或矿物染料，如赭石、藤黄、红茶、国画颜料等，切忌用一般染布匹的化学染料。

丝线。穿订书籍用。根据书籍的厚薄，采用粗、中、细三种丝线。白色的丝线需经仿旧染色后使用。

胶。染纸、托裱手卷等用。胶能使染色水色度均匀，染成的纸张颜色一致，不致发花。

矾。即明矾，形态为结晶体，用矾矿矿石烧制而成。纸、绢上刷胶矾水，可使其增加抗水能力，墨色上去不会向四周晕开。古文献修复进行染纸、全色、托裱手卷等时，胶、矾是不可缺少的。

骨扦。也称为"别子"，指带的末尾所系长尖形的横物，多用兽骨制成，也有用玉石、竹、塑料等材料制作。位于手卷、函套等处，起紧捆作用。

去污药水。高锰酸钾（$KMnO_4$）、草酸（$H_2C_2O_4$）、双氧水（H_2O_2）、漂白粉等。

浆糊。可用精白面粉制作。

第五节　古籍修复的原则及技法

一、古籍修复的基本原则

古籍修复是书籍发展到一定阶段产生的。书籍在流通过程中，难免会有磨损，于是便有了修复书籍的需要。在古代和近现代，书籍修复主要是为了阅读、欣赏之用，因此，所采用的修复技法主要立足于牢固、美观。随着对古籍研究的不断深入，人们对古籍修复有了更高的要求，为此，修复人员在长期的工作实践中总结经验，提出了"整旧如旧""抢救为主、治病为辅""最少干预""修复可逆"等修复原则。这些原则是古籍修复的基石和精髓所在。

（一）"整旧如旧"的修复原则

"整旧如旧"，是指经过修复后，尽量保持书籍原貌和装帧特色，并注意保存与原书文物价值、文献价值有关的信息。①

"整旧如旧"是古籍修复中最重要的修复原则。不同时代和不同地区的古籍，因其功用性质的不同，在使用材料和形制方面会受到当时当地的文化特点、生产力水平甚至欣赏习惯的影响，而出现各种差别，这种差别就是我们通常所说的古籍的不同点。修复时，尽可能地对古籍原样进行保存，特别是要注意保存不同古籍的不同特点，以及与版本价值有关的相应材料或相关信息，以有利于从各学科、各角度对文献进行全方位研究。

（二）"抢救为主、治病为辅"的修复原则

"抢救为主、治病为辅"，就是根据破损程度，将古籍按轻、重、缓、急加以合理安排，优先修复那些毁坏严重、濒临灭绝的古籍。这个原则解决了破损古籍修复的先后问题，使修复工作由无序变为有序。

"抢救为主、治病为辅"原则的根本出发点在于对文献原状的保护，最大限度地保持文献的所有信息。该原则有别于以往只求修复结果美观的理念，是"整旧如旧"原则的扩展。

（三）"最少干预"的修复原则

"最少干预"，就是将对古籍的修复始终控制在最小范围内，尽量对古籍的历史信息最少干预。这是指导古籍具体修复工作的非常重要的原则。

"最少干预"原则是针对"过多干预"现象而提出的。"过多干预"是指在修复过程中，过量使用修复材料，或采用一些本来并不需要采用的修复措施。比如，修复一些撕裂比较严重的书页时，如果其纸张保留着很好的强度，只要用窄纸条把撕裂的部分补好就可以基本恢复原貌的，就应避免过度修复。尽量不要用纸把整张书页都托裱起来，对古籍原始信息做到最少干预。

（四）"修复可逆"的修复原则

"修复可逆"，主要是指采用的修复技术和使用的修复材料在需要的时候可

---

① 陈子达.古籍修复[M].杭州：中国美术学院出版社，2015：2.

以拆除、取消，而古籍本身基本不受损伤。

"修复可逆"最主要是修复材料可逆，即在采取相应技术措施后，使用的修复材料性状不会发生变化，可以很容易地从古籍上取下来。这就要求修复过程不会对古籍的原始信息造成任何不可逆转的变化，将来如果有更好的修复技术出现，就可以轻而易举地清除原有的修复状态，恢复原状。"修复可逆"原则极大地丰富和发展了古籍修复理论，对古籍保护工作具有十分重要的意义，也为古籍修复实践提供了新的努力方向和追求目标。

二、古籍修复的各种技法

古籍修复是一门手工操作的技艺，工作难度很大，工序繁多，如果技术不好，就会越修越坏。因此，文献修复工作者只有经过严格的培训和精心的传授，并且以高度的责任心，下功夫苦练摸索，不断提高自己的修复技能，精益求精，才能做好此项工作。

古籍无论是何种形制，无论损坏程度如何，其修复手法往往是相通的。以下分修补、托裱、揭裱、去污四个方面介绍通用的古籍修复技法。

（一）修补技法

古籍常因使用、保管不当而破损，如撕裂、虫蛀鼠咬等都是常见的原因。遇到这种情况，必须将之修补完整，才能更好地保存和利用。"古籍修补即用与需修文献的纸质、颜色、厚薄相同的纸将破损处修补好，使其完好无缺。"[1]修补技能是古籍修复中最基本、最重要的技能。

1. 溜口技法

用棉纸修补开裂书口的方法，行话称"溜口"。操作步骤与方法如下。

（1）铺放书页。将开裂的书页背面向上展放在工作台上，将开裂处对齐并拢，切忌两个半页搭茬或者上下错位。

（2）抹浆。用左手手指压住书页，勿使其移动，右手持蘸过稀浆水的毛笔顺开裂处上下均匀地涂抹约1厘米宽的稀浆水。如果开裂处有破损，则在破损边沿也抹上稀浆水。

---

① 童芷珍. 古籍修复技术[M]. 上海：上海古籍出版社，2014：45.

（3）溜口。取一条约1厘米宽的溜口条，一只手捏住其上端，另一只手持其下部，将溜口条轻轻地从下到上贴在书口上，再用右手中指在溜口条上轻点几下，使其固定，用一张厚的吸水纸垫在上面，用手在吸水纸上来回按抚，使溜口条和开裂处黏平，然后两手持书页的两边同时慢慢地从桌上提起，放于吸水纸上，边修边将修好的书页间隔2~3厘米排放，五六页为一层，垫上一张吸水纸，如此继续修补排放。

溜口技法除了用于修补书口以外，也可用于修补破碎过多的书页。方法：先将碎片正面朝上放在台上，依照文字将书页对齐拼拢，在开裂处抹稀浆糊，用棉纸条黏住，待碎片全部拼好后，将书页翻转再补背面，待补完后再将正面的纸条揭去。如果纸条已干，不易揭去，可喷一些水再揭。这种方法可避免将字对斜对歪。

溜口需注意的地方及小技巧有以下几点。①为了减小厚度，易于锤平，溜口条多采用较薄的棉纸，使用之前须按纸的竖纹（反之会降低纸的牢度）裁成宽约1厘米的小条。②溜口条的颜色也有要求。因棉纸一般多为白色，如遇修补黄色书页时，要将棉纸染色后使用，否则修好后书口处泛白不美观。③书口处若有破损，修补时就须先进行书口的补破、溜口，然后再修补书页其他部位的破损处，即先补中间部位，再补其他部位。否则由于浆糊的作用，书口不易对齐。④有些书页溜口后会出现浆水的水迹，修补完后可用喷水壶喷少许水，使其微微湿润，待干后水迹自去。⑤如果书页容易跑墨、烘色，不宜直接在书口上刷浆水，可将浆水刷在溜口条上，然后在溜口条背面垫一张宣纸吸去多余水分，再进行溜口操作。⑥如遇两面有字的开裂书页，可取与书页同样颜色、比书页稍薄的棉纸（或其他较有韧性的纸），将其裁成约0.5厘米宽的纸条，先在书页的一面，用笔蘸稀浆糊抹在开裂处无字的地方，再用纸条一点一点将开裂处无字的地方补好。补好一面后，将书页翻过来，在书页的另一面，以同样的方法，用纸条将开裂处无字的地方补好。这样，经过两面修补后，书页就牢固了。

溜口技法操作的质量要求：①用浆稀稠适当，溜过口的地方不缩不皱，平整洁净；②拼缝平整密缝，无皱褶，开裂处无搭茬或者上下错位；③书口折叠后无起刺、喇叭口现象；④书页上无修补后的水渍印。

2. 补洞技法

用修补纸将因虫蛀鼠咬等造成孔洞的书页修补完好的方法，即为补洞。

补洞的操作步骤与方法如下。

（1）去污。先将孔洞周围的虫屎等各种杂质清除掉，以避免其再次污染书页。

（2）抹浆。将有孔洞的书页，背面向上放在工作台上，左手指压住纸张，右手持浆笔沿孔洞周围抹上稀浆糊。

（3）上修补纸。把与书页颜色、纸质、厚薄相近的修补纸按在涂了浆的洞口上，按时要使粘贴上去的修补纸帘纹与书页的帘纹横竖一致。

（4）撕补纸。一手按住纸与孔洞边的接缝处，另一手沿着浆湿印把多余的纸撕下来，并使修补纸与书页的黏结部位尽可能少一些，以利锤平。如果纸厚不易撕下，可用笔蘸水在纸与孔洞边的接缝处画一湿印，这样就容易撕了。

（5）抚平排放。垫上吸水纸，将修好的书页用手按抚平整，放在吸水纸上，每张间距2~3厘米错落摆放，五六页为一层，垫上一张吸水纸，如此继续修补摆放。

补洞有一些需注意的地方及小技巧。①修补纸与书页相接处应为毛茬，毛茬黏结更加牢固美观。②如遇书页修补后出现浆水的水迹，就用喷水壶喷少许水，使其微微湿润，去除水迹。③补洞刷浆时注意保持书页的平整，不能将书页刷变形。④补洞应先补中间后补两边，先补大洞后补小洞，否则会出现不平的现象。⑤小洞补过三五处后就应将书页提起一下，大洞则应补完一处即提起一下，以防书页粘在桌面上。如果书页较薄或破损严重，不易提离桌面，可先在桌上用清水刷贴一张塑料薄膜，然后在塑料薄膜上进行操作，操作完成后将书页和塑料薄膜一起翻面，再将塑料薄膜揭去即可。

补洞技法操作质量要求：①修补完后书页页面平整无皱褶、无变形；②修补纸与洞口接缝约3毫米，而且修补纸为毛茬相粘，同时修补纸正反面安放正确，即修补纸为正面粘贴在书页的背面；③用浆稀稠适当，修补过的地方不缩不皱，平整洁净；④书页上无修补后的水渍；⑤修补纸与原件色调协调，深浅适宜。

3. 挖补技法

挖补也称为"搓补"，有些原件需要拼接，或者对原被挖款、移动印记的部分作恢复等，都可使用挖补的方法进行修复。用这个方法，修补处不易看出，如果修补用纸与原件相同，则效果更佳。操作步骤与方法如下。

（1）搓口子。把原件正面朝下平铺在工作台上，将需挖补或者拼接的地方用笔蘸清水打潮，趁潮润未干时，用手指在挖补处由完好部位向补的洞口（或边际）方向慢慢地搓磨，或者用锋利的马蹄刀由完好部位向补的洞口（或边际）方向慢慢刮透，再将挖补处四周或边际搓成斜坡，即做成"口子"。

（2）抹浆。用浆笔在"口子"的边沿抹上稀浆水。

（3）补拼。把需要补上去的字、印记等修补纸，对准帘纹，覆盖在挖补处，垫上吸水纸或用棕刷轻轻刷平。

（4）搓余纸。用笔蘸清水沿着口子的边际将修补纸润一遍，使"口子"的轮廓清晰可见，然后趁湿用手指或马蹄刀将挖补处的补纸由洞口（或边际）向外慢慢地搓磨，将多余部分搓掉或刮去，使修补纸与"口子"边沿的毛茬相对，再搓平使接口处与原件纸的厚薄接近。

注意，凡经挖补的裱件托裱后，不能立即上板绷平，那样容易崩裂，应先晾干，再洒水闷润，上板绷平。

挖补技法操作质量要求：①幅面修补平整，无皱褶、无变形；②无搓破、搓薄的现象；③如补上去的纸为空白，则其纸纹与原件纸的纸纹须一致；④挖补处不显移补之迹为最佳。

（二）托裱技法

古籍在修复时，如遇原件风化焦脆、发霉发酵，纸的纤维失去韧性，或蛀孔连成一片等情况，均需采用托裱技法进行修复，装裱拓片、信札、书法墨迹等时，也会用到这一技法。

1. 湿托

湿托，也称直托，即在原件上刷浆，再将托纸刷上原件的技法。

湿托裱件时要注意，操作前须先辨别该裱件是否适用湿托法。可用笔蘸一点点水涂在墨色或颜色上，观察是否会走墨褪色，不会走墨褪色即可采用此法。

（1）书页等小幅文献湿托技法。

铺塑料纸：在工作台上洒一些水，将一块比裱件稍大的塑料薄膜刷平吸附在工作台上（使用塑料薄膜或油纸可防止腐烂的裱件粘贴在桌面上，提不起来）。

摆放裱件刷浆：将裱件正面向下放在塑料薄膜上，用排笔将稀浆糊轻轻地刷于裱件上，如遇字、格错位，可以加大水量使其稍稍浮在塑料纸上，然后用毛笔轻推，使其回到正确的位置。

观察裱件上的浆水：若刷的浆水太多，则需用宣纸团等将水轻轻吸去少许，以防托纸刷上去时因太湿而使裱件移动错位，毁了裱件；若浆糊没有刷到位，有漏浆处（发暗处），则需要补浆。

上托纸：检查裱件上清洁与否，若有笔毛、纸屑等杂物，用小镊子清理干净。取一张与裱件大小、颜色、纸质、厚薄相近的复背纸，左手提着复背纸的左端，右手先将复背纸右上角着案，再将复背纸的右下角对准裱件抻直着案，用棕刷将复背纸轻轻地从右向左刷平。

垫补：对于较大的孔洞，可以先补洞后托复背纸，或者在孔洞所在处的复背纸上用补洞法再粘补一层与孔洞一样大小的纸，以避免裱件有凹凸不平的现象，然后垫上吸水纸刷实。

揭去塑料薄膜：将塑料薄膜连同裱件从台上提起，翻面放在吸水纸上，揭去塑料薄膜。揭时不可将塑料薄膜抬得太高，如果偶有书页被带起，可用手指或蘸过水的毛笔将其取下来。然后检查一下修复好的裱件，如排列等有错误，可用镊子将其小心调整好。

晾干：由于采用托裱法修补的文献湿度较高，直接放在吸水纸中间不易吸干，而且容易发霉，只能摊开晾干，而摊开晾又需要大的场地，因此可以先上贴板晾至七八成干，再放在吸水纸中夹干。

如遇裱件破损严重，看不清字迹等情况，可在工作台上铺一张塑料薄膜（或油纸），将裱件先正面向上摆在塑料薄膜上，将字等对齐，按小幅文献湿托法刷上一层很稀的浆糊后托一张毛边纸，然后将塑料薄膜连同裱件一起翻面，轻轻刷平在台上，去掉塑料薄膜，再按以上小幅文献湿托法托裱修补，待修补完后再翻面将正面的毛边纸揭去。

（2）大幅文献湿托法。

准备托纸：将托纸卷起（或卷在一根木棍上），托纸一般比裱件四边各长出1.5厘米左右。

裱件润浆：将裱件正面朝下铺在工作台上，用略带浆水的排笔将裱件轻轻刷潮，稍加伸展。

裱件上浆左手提起裱件抖风：以免文献打褶，右手持排笔蘸稀浆糊，从右往左上下一笔笔刷匀，刷完后对着光线检查一遍，如果发现有发暗处，即为漏刷或未刷匀处，再予补刷一遍。

上托纸：左手持托纸卷，右手把托纸卷舒展开一些，对准裱件将托纸右上角的一点着案，并使托纸与裱件的上边际相平行，右手持托纸的右下角押直着案，同时左手将托纸卷轻轻提起，右手持棕刷将托纸从右向左刷覆到裱件上，刷完后再用棕刷从右至左排刷一遍，以使托纸和裱件黏合紧密。

游浆上墙：用排笔在托纸四周余边上刷少许稀浆糊，并在右边或下边浆口处，粘一张大拇指大小的纸片，作下壁的起口，两手持裱件的两个角缓缓提起，正面朝外平整地粘贴在贴板上。在裱件的一侧揭开一处，往里吹些气，这样下壁时容易起下，也不会产生画心背面粘在壁上的现象，然后将揭开处粘贴排实。

如果裱件幅面较大，湿幅后有一定的重量，上壁粘贴时一经提起，极易损坏。此时可用两层巴掌大的白色干纸，衬在两个角下，然后左手提起衬纸和裱件的一角，右手用标刷提起衬纸和裱件的另一角，将右角先刷上贴板，接着从右到左，用棕刷封住上边口，然后再封好右边上半部和左边上半部，最后把下面的两个角抻平，封好下边。

大幅裱件上墙时最好两人同时操作，一人帮着提裱件的下面两端一起上墙。

2. 飞托

有些文献如红蓝格纸的抄印本书籍或重彩画心等，着湿后容易跑色烘染。为防止这类情况的发生，可采用飞托的方法进行托裱。飞托，也称干托，即在托纸上刷浆，再将原件刷在托纸上的技法。操作步骤与方法如下。

（1）裱件润湿。将裱件正面朝下铺在工作台上，用排笔或棕刷甩水将裱件稍加润湿，卷起放在一边。

（2）托纸上浆。将托纸在工作台上铺平，刷上匀稀浆糊。

（3）上裱件。将裱件正面朝上对准托纸，用干的排刷或棕刷将裱件轻轻地刷于托纸上，刷时动作要快，防止出现褶皱。再在上面衬一张吸水纸，连同托纸揭起翻面，放在干净的台面上，用棕刷在托纸上排刷结实，抹浆口上贴板晾干或绷平。

3. 覆托

着湿后容易跑色烘染的裱件，除了用飞托法外，还可以用覆托的方法。另外，断裂拼接或揭心修补过的画心以及手卷覆背等也需用覆托法托裱。操作步骤与方法如下。

（1）裱件润湿。将裱件正面朝下铺在台上，用略带浆水的排笔将裱件轻轻刷潮，稍加伸展，卷起放在一边。

（2）托纸上浆。将托纸平铺于工作台，刷上稀浆糊。

（3）托纸吸水。取一张略大于托纸的吸水纸，揭开已刷上浆水的托纸的一头，将吸水纸的一头置于其下，对齐贴拢。两手拿住合拢处向上用力一掀，趁势将吸水纸垫在托纸下面。如果裱件较大，也可将略大于托纸的吸水纸卷起，然后揭开一小段托纸，将吸水纸放在托纸下面，并使吸水纸的一头对齐贴拢托纸的一头，两手拿住吸水纸卷的两头在托纸下缓慢移动，逐渐展开吸水纸，将吸水纸垫在托纸下面。

（4）上裱件。将吸过水的托纸上浆的一面朝下覆盖在裱件背面，用棕刷刷结实，最后上贴板晾干或绷平。

托裱注意事项如下。

第一，采用托裱方法修补的书籍，书页纸硬发挺，且易虫蛀，因此在古籍修复过程中，能用修补或衬纸的方法修复书页，则尽可能用修补或衬纸的方法修复，尽量少用托裱的方法。

第二，有些裱件托裱后不宜上墙绷平，如破烂程度大的裱件或原已托过裁方的心子等，可采取"绷壁"的方法。"绷壁"的操作方法：取一张比裱件四边各长约2厘米的宣纸洒水潮润刷平在裱台上，将裱件正面朝下潮润刷平在宣纸正中，在宣纸四边上架贴壁刷平。

第三，用于书法墨迹的装裱材料多种多样，托裱之前，要先弄清原件的材质及色彩，按不同的类型，采取相应的托裱方法并注意操作方法。易跑墨或熟纸（矾纸心）创作的书法作品，可采用干托或复托法；托裱赤金、洒金纸创作的书法作品，托心刷浆或排实时，需在台上垫一张纸，避免金色粘到台上；书法作品或拓片在托裱前，为固定其墨色，需把裱件先包好放在蒸笼里蒸30分钟，再行装裱。

托裱技法操作质量要求：①托裱后裱件平整，无皱褶；②用浆稀稠适当，托裱后裱件柔软且无脱壳（重皮）现象；③托裱后幅面字迹无跑墨烘色现象。

（三）揭裱技法

有些古籍因年代久远、保管不善等，出现受潮霉变、黏结成块等情况，修复时必须采用一定的方法将纸张一页一页揭开或将原来的托纸揭去才能修复。

揭裱技法其实有两道工序：一是将原件揭开或将原先修裱的托纸揭去，二是将原件重新进行修补托裱。修补托裱的技法前面已作介绍，以下主要讲揭裱的几种方法。

1. 干揭

粘连不太严重或者因原有浆糊失效而产生重皮现象的书页，用镊子或竹起子等工具小心地一页一页揭开，是为干揭。揭的时候应审视书页的破损情形，顺势而为。如果书页破损特别严重，应该揭开一页即刻修复好，以免零星脱落小块遗失或找不到原来的位置。注意：文献能够干揭的，即应尽量用干揭的方法来揭开。

2. 湿揭

如果文献纸张粘得较牢，可采用湿揭的方法。采用湿揭技法修复文献，需更加小心，操作前首先要观察原件的质地、破损程度、画面是否会褪色等情况，然后确定揭裱方案。

黏结比较牢固，用干揭法揭不开的书页，或是某一部位小面积粘牢者，可用蘸水的笔画湿黏结处或用喷壶将书页喷潮后，小心揭开。

黏结得特别结实如"书砖"者，可以将其放入热水中浸透（或用薄布将书包起再浸，以防泡烂），取出后沥去水分，待书页七八分干时再小心揭开。注意：书页特别糟朽、焦脆、韧性较差者不宜采用此法。

有些文献以前修复或装裱过，如果裱件画面完整、着色牢固，纸质纤维较有牢度，可用热毛巾盖在原件上，用排笔蘸热水淋洒在毛巾上，闷烫几分钟再揭。

如果原裱件有断裂破损的情况，可先将一张略大于裱件的衬垫纸（也可用塑料薄膜）湿润后刷服在台面上，再把有断裂、破损或散落的裱件放在衬垫纸上，正面向上，边展开边用排笔蘸热水洒在裱件上，直至裱件完全湿润。然后，用毛巾卷先在裱件完好的部位滚轧吸水，将其固定在衬垫纸上，再将裂缝面积较大的部位对齐拼接在已固定的裱件上，边拼边用毛巾卷吸水，同样将其固定在衬垫纸上。最后用手推移裂缝较小尚未吸水的碎裱件，使裂口的边际对齐拼接在已吸水固定的裱件边上，边拼边用毛巾卷吸水，使拼缝不再移动。全部拼接完后，盖上一张湿润的衬垫纸（也可用塑料薄膜），用棕刷刷平，两张衬垫纸夹着裱件一起翻面，刷平于台面上，揭去上面的一张衬垫纸，吸干水分后用镊子等工具，采用揭、搓等技法，轻轻将其揭开。

采用揭裱技法修复古籍的注意事项。

第一，揭前需先在小范围试揭，了解揭的难易度；揭时从无字空白处开始揭，以免损坏或弄脏原件的有字部位；揭的过程中切忌东揭一块西揭一块，造成原件搓揭薄厚不均匀；如果一天揭不完，可用塑料薄膜盖好，防止水分蒸发，原件起翘，待第二天再揭。

第二，修补托裱用的纸要比原件稍浅一些，切忌深于原件的颜色。

第三，揭裱时原件上含有水分，因此托裱所用的浆糊要比一般修补所用的浆糊稍稠一些。

第四，古籍能不揭裱的尽可能不要揭裱，因为揭裱，要经过热水闷烫、清水淋洗或化学药品洗霉去污和修补等多道工序，不但耗时，而且会使古籍大受损伤。

（四）去污技法

文献在翻阅、保存、转移过程中，因为种种原因会产生诸如水渍、霉斑、灰尘、油点、墨迹等脏污现象，修复时可以视情况采取不同的去污方法——去除，以恢复文献原来的原貌。学习古籍修复必须了解并掌握一些去污方法。

1. 清水去污

（1）喷水法。书页遇水干燥后在其遇水边缘处会出现水渍，多呈黄色、晕散状。如遇轻微水渍，尤其是刚沾上水不久的水渍，可以用喷壶对着水渍处喷少许水，干透后水渍自会散去。情况稍严重的，可用毛笔蘸一些热水将水迹处划湿，然后用喷水壶在水迹周围喷一些水，再用吸水纸将书页隔开吸干，待干后书页上的水迹就会随水散开而消失。

（2）刷洗法。对于一些年代不是很久、纸质比较完好的文献可用刷洗法去污。用浆笔蘸热水在文献上轻刷一遍，然后将毛巾卷起，两手推动毛巾卷在画面上滚轧吸水，将污水逐渐从边上挤出。水如果刷得太多，可先用毛巾铺在画面上吸掉部分水分后再滚轧吸水；如果毛巾上水分吸得过多，可拧干后再吸。一次洗不清可再用浆笔淋洒一遍清水，用毛巾卷吸干直至画面清洁。

（3）淋洗法。有较重的水渍或发黄等情况的文献，可用淋洗法操作时，将被污染的文献正面朝上摊放在便于泻水的漂盆或木板上，用排笔或水壶将热水从上而下轻轻地淋洒或浇在文献上，连续淋浇若干次，至没有黄水为止。然后用手掌轻轻按压文献表面，挤出多余水分后，将之提起放在吸水纸上，待文献五六分干时，将其分成5~6页一叠，放在吸水纸上，待七八分干后，再将其一页一页分开晾干。如果清洗的文献韧性较差，淋浇时在文献上下各放一张干净的宣纸，使淋浇的水不会直接淋在文献上，也便于起取。

另外，也可以将有污迹的裱件放在裱台上，将二三层毛巾覆盖在污迹处，用热水轻缓地浇在毛巾上，待毛巾上的热水稍凉，取去毛巾把水拧干，然后把毛巾卷成卷子，在裱件上推滚，使污水逐渐从边上挤出，或被毛巾吸去。在特别脏污的地方，将拧干的毛巾再覆盖在污迹上继续淋烫，连续淋烫若干次后，污迹会散开。

2. 刀刮去污

有些文献上的小污点，如蝇屎、较浅的圆珠笔印、墨印等，可以用锋利的小刀轻轻刮去。

3. 化学试剂去污

对于水斑严重或是有油斑、霉斑之类的文献，可用化学试剂来清洗，常用试剂有碱、高锰酸钾、草酸、漂白粉、双氧水等。

（1）碱。对于一般有水迹或发黄的文献，可用3g碱与100ml水调制成温度70℃~80℃的碱水，采用淋洗法连续冲洗若干次后，再用清水冲洗干净。

（2）高锰酸钾加草酸。对于黄渍严重或有绿霉点、黄霉点，经开水淋洗也不能将其完全去除的文献,可用高锰酸钾加草酸溶液清洗。将需去污的文献正面朝上放在漂盆上,用排笔蘸比例约为1g高锰酸钾兑200ml水的高锰酸钾水溶液,轻轻涂刷于污迹上,再将整幅也略刷一遍,以使清洗后整幅画面洁净度一致。在高锰酸钾的作用下画面颜色会变成茶色,再用排笔蘸比例约为1g草酸兑50mL水的草酸溶液,淋刷在幅面上进行中和,褪去高锰酸钾留下的茶色,使画面变得洁净。用清水冲洗几遍,以彻底洗去残留的试剂溶液,最后用毛巾卷吸干水分。

(3)漂白粉。对于污迹过深或有红霉的文献,也可用漂白粉溶液漂洗。先用毛笔蘸漂白粉溶液,涂抹在霉点等被污染处,再将整幅略刷一遍,过几秒钟用清水洗净。注意,由于漂白粉腐蚀性强,对文献材质会产生损伤,因此使用时剂量一定要控制好,操作时动作要快。同时,绢本裱件、名家墨迹及其他文物珍品不宜使用漂白粉漂洗。

(4)双氧水。原件画面上有白色颜料的地方,时间长会出现返铅发黑现象,可以用双氧水去除返铅。用毛笔蘸双氧水抹在返铅部位,使其黑色渐渐消失,白色还原,而后用清水淋洗干净。返铅处理有时一次不成,就再做一次,终能达到较为理想的效果。

去污注意事项如下。

第一,在文献进行去污工作之前,须辨明原件是否会有脱墨洇染的情况,纸质是否已变酥。如有脱墨洇染情况,可试试在水中加入一些胶矾,以加固墨色;如果纸质稍有变酥,可在原件上衬一张宣纸,以免原件受损;如果原件有严重脱墨洇染的情况,或纸质已变酥等,不可用水冲法进行去污。

第二,使用化学试剂去污时,因有些化学试剂会对纸质起破坏作用,不利于文献长久收藏,因此非必要时尽量不要采用这种方法。同时,去污时要根据配方按比例配制洗污溶液,不可用量过多、漂洗时间过长,珍本文献等不宜使用化学试剂去污。

第三,古旧的纸质文献去污,要坚持修旧如旧的原则,要保留一种由于年代久远自然形成的特有的质感(俗称包浆)。

结束语

在深入探讨图书馆资源建设、古籍及其开放服务、古籍整理工作以及古籍保护与修复研究之后,我们对于图书馆的丰富内涵和价值有了更深刻的认识。然而,对于图书馆资源建设和古籍整理修复的研究,仍有许多未知领域等待我们去探索。

在未来,我们期待更多的研究者关注图书馆的数字资源建设,关注如何更好地利用现代科技手段如人工智能、大数据等,提高图书馆的服务质量和效率。同时,我们也应重视古籍的数字化和保护工作,确保这些宝贵的文化遗产能够得到妥善保存,为后人留下丰富的知识财富。

我们期待在新的环境下,图书馆能够发挥更大的作用,因为其不仅是知识的存储地,更是人们学习、交流、创新的平台。同时,我们也期待在古籍整理和修复方面取得更多的突破,让那些尘封的古籍重新焕发生机,为文化传承贡献力量。

参考文献

一、著作类

[1] 陈子达. 古籍修复[M]. 杭州：中国美术学院出版社，2015.

[2] 李敏. 图书馆特色资源建设与古籍开发研究[M]. 北京：群言出版社，2022.

[3] 刘家真. 古籍保护原理与方法[M]. 北京：国家图书馆出版社，2015.

[4] 潘美娣. 古籍修复与装帧（增补版）[M]. 上海：上海人民出版社，2013.

[5] 容海萍，赵丽，刘斌. 图书馆信息资源建设[M]. 北京/西安：世界图书出版公司，2019.

[6] 童芷珍. 古籍修复技术[M]. 上海：上海古籍出版社，2014.

[7] 王会梅. 古籍概述[M]. 芜湖：安徽师范大学出版社，2018.

[8] 王世伟. 图书馆古籍整理工作[M]. 北京：北京图书馆出版社，2000.

[9] 吴环伟. 图书馆文献资源建设与共享服务创新[M]. 长春：吉林出版集团股份有限公司，2020.

二、期刊类

[1] 曾洁莹. 图书馆古籍整理人员的培养与提高[J]. 科技情报开发与经济，2007，17（6）：47-48.

[2] 陈晓云. 智慧图书馆视角下中职图书馆信息资源的建设途径[J]. 科技风，2023（2）：54-56.

[3] 陈媛媛. 公共图书馆短视频资源建设现状及发展策略探究[J]. 图书馆工作与研究，2023（2）：82-89.

[4] 戴立岩. 图书馆古籍整理开发工作管见[J]. 图书馆学刊，2011，33（12）：123-124.

[5] 董丽萍. 图书馆古籍的利用与保护[J]. 中国科技纵横，2022（8）：161-162.

[6] 董燕萍. 图书馆信息资源规划研究[J]. 情报杂志，2008，27（4）：

37-40.

[7] 樊虹燕. 图书馆古籍整理工作分析[J]. 才智, 2019（30）: 242-243.

[8] 高鹏, 高素琪, 荣雨. 河北区域传统音乐文化旅游资源开发策略研究[J]. 漫旅, 2022, 9（1）: 33-35.

[9] 郭先敏. 论图书馆古籍修复工作的几个误区[J]. 科学与财富, 2018（24）: 166.

[10] 黄让辉. 新时期下图书馆数字资源建设的困境与对策[J]. 城建档案, 2020（1）: 22-23.

[11] 黄玉杏. 论图书馆古籍修复工作存在的问题[J]. 卷宗, 2014（3）: 37-37, 38.

[12] 李昕. 图书馆信息资源的共建共享[J]. 中国新技术新产品, 2009（24）: 259.

[13] 刘宝华. 关于图书馆古籍修复工作的思考[J]. 现代企业文化, 2015（30）: 156-156.

[14] 刘峰. 图书馆古籍修复工作探究[J]. 文存阅刊, 2021（5）: 28.

[15] 米丰慧. 探析图书馆古籍的利用与保护[J]. 传媒论坛, 2021, 4（3）: 132-133.

[16] 冉华, 张楠. 社会力量参与图书馆古籍保护利用的多路径探索[J]. 图书馆, 2023（4）: 97-103.

[17] 唐毅. 图书馆信息资源建设方法研究[J]. 情报杂志, 2005, 24（7）: 41-43.

[18] 王宏霞. 浅析图书馆信息资源共享途径[J]. 山西广播电视大学学报, 2021, 26（2）: 72-75.

[19] 王瑾. 图书馆古籍修复与保护工作分析[J]. 造纸装备及材料, 2023, 52（3）: 199-201.

[20] 王镇. 数字化背景下图书馆古籍资源开发问题研究[J]. 河南图书馆学刊, 2023, 43（3）: 92-94.

[21] 吴石玉. 图书馆古籍修复探索[J]. 卷宗, 2016, 6（3）: 89.

[22] 武宗锋. 图书馆信息资源共享系统运行机制探析[J]. 内蒙古科技与经济, 2023（2）: 136-139.

[23] 席玉秋. 图书馆信息资源建设[J]. 山东纺织经济, 2011（4）: 93-95.

[24] 姚建萍，洪美丽. 图书馆信息资源建设[J]. 教育，2019（52）：12.

[25] 尹光华. 图书馆古籍整理人才队伍建设研究[J]. 文化创新比较研究，2018，2（36）：146-147.

[26] 贠玉珍. 图书馆信息资源共建共享现状及发展探讨[J]. 内蒙古科技与经济，2021（1）：93，95.

[27] 张弛. 论图书馆信息资源配置[J]. 农业图书情报学刊，2009，21（5）：40-42.

[28] 张洺源. 现代图书馆信息资源建设与服务创新研究[J]. 办公室业务，2023（13）：164-166.

[29] 张艳辉. 浅谈图书馆古籍整理的原则与方法[J]. 数字化用户，2018，24（40）：138.

[30] 赵冬梅. 图书馆信息资源整合[J]. 情报科学，2005，23（3）：362-366.

[31] 赵霞. 图书馆信息资源整合研究[J]. 兰台世界，2010（14）：43-44.

[32] 周瑶. 高校图书馆短视频服务研究[J]. 智库时代，2023（9）：253-256.